当代德国教育政策研究论丛

总主编 姜 锋

当代德国职业教育研究

Aspekte der beruflichen Bildung in Deutschland

主编 Erich Thies 刘立新

本书出版获德国汉斯·赛德尔基金会资助

上海外语教育出版社
外教社 SHANGHAI FOREIGN LANGUAGE EDUCATION PRESS
www.sflep.com

图书在版编目（CIP）数据

当代德国职业教育研究／（德）埃里希·蒂斯，刘立新主编.
—上海：上海外语教育出版社，2018（2019重印）
（当代德国教育政策研究论丛）
ISBN 978-7-5446-5191-2

Ⅰ.①当… Ⅱ.①埃… ②刘… Ⅲ.①职业教育—研究—德国
Ⅳ.①G719.516

中国版本图书馆CIP数据核字（2018）第031427号

出版发行：上海外语教育出版社
（上海外国语大学内） 邮编：200083
电　　话：021-65425300（总机）
电子邮箱：bookinfo@sflep.com.cn
网　　址：http://www.sflep.com
责任编辑：陈　懋

印　　刷：江苏凤凰数码印务有限公司
开　　本：700×1000　1/16　印张 19.75　字数 265千字
版　　次：2018 年 7 月第 1 版　 2019 年 9 月第 2 次印刷

书　　号：ISBN 978-7-5446-5191-2 / G
定　　价：68.00 元

本版图书如有印装质量问题，可向本社调换
质量服务热线：4008-213-263　电子邮箱：editorial@sflep.com

总　序

　　当前我国社会正处于改革转型的攻坚时期，发展的关键时期，需要相应的智力和人才支撑。百年大计，教育为本，"人才兴则国家兴，人才强则国家强"，教育承担着历史的重任。2007年，党中央在十七大报告中作出了关于"优先发展教育，建设人力资源强国"的战略部署；2010年，国务院发布"国家中长期教育改革和发展规划纲要(2010–2020年)"，对我国中长期教育改革与发展规划作出了详细部署。这些战略部署均对我国的教育体制、教育政策和人才培养等提出了更高的要求，也明确了我国教育改革发展的大方向。教育要传承文化、创造知识、培养人才。教育应营造良好的学习和创新环境，为人才的创新与创业提供充分的养料，培养具有开拓精神、创新精神、人文情怀、社会责任和国际视野及全球行为能力的人才。我们这个时代的教育发展有着深刻的全球化印记，需要在国际范围内观察我国教育改革的发展，认清机遇与挑战，使我国在教育改革之路上聚集人类文明的智慧。研究世界教育强国的教育历史与现状则具有重要的现实意义和深远的战略意义。

　　德国地处欧洲中部，自然资源匮乏，拥有八千多万人口，却创造出世界排名第四的国民生产总值。德国既是思想家和哲学家的摇篮，又是科学家和工程师的摇篮。迄今为止，德国已孕育出近百位诺贝尔奖获得者。这个经历过两次世界大战的国家能在较短时间内迅速发展为世界工业强国和科技强国并屹然屹立于世界大国之林，与其先进的教育思想、完善的教育理念和较高的教育水平是分不开的。德国教育思想的精髓在于"以人为本"和在此基础上的国家责任。这些思想可追溯至文艺复兴时期的人文主义教育家约翰内斯·罗伊希林，以他为首的人文主义学者发表的《蒙昧者书简》反对当时欧洲大学的经院哲学权威，谴责经院哲学家焚烧犹太书籍的做法，揭露教皇和教会的丑陋行径，为马丁·路德的宗教改革作了很好的铺垫和准备。被誉为"德意志人的导师"的菲利普·梅兰希通是路德交往最紧密的伙伴之一，在宗教改革过程中积极推动教育体系改革，使当时的大学实现了人文主义和新教教义的结合，创立了基督新教的大学及中小学机构组织。他们的思想一脉相承，对整个德国教育发展有着深远的影响。正是在这一思想的影响下，德国孕育了不少在世界教育史上有着重要影响力的教育学家，例如"现代教育之父"约翰·弗里德里希·赫尔巴特，"幼儿教育之父"弗里德里希·威廉·福禄贝尔，"职业教育之父"格奥尔格·凯兴斯泰纳，"师范教育之父"的阿道夫·第斯多惠，"德国现代大学之父"威廉·洪堡等。纵观数百年的德国教育史，无论哪个时期的教育大师，都始终提倡和传承"以人为本"的教育理念，他们的学说对构建整个教育学科体系起着关键性的作用，构成德国教育思想的精髓，对当代德国教育仍具有启发意义。

　　当代德国教育改革活跃，教育科研投入保持连续增长的趋势，教育科研经费预算接近国民生产总值的10%。近十年来，德国高等教育领域实施了一系列的改革，并快速推进，特别值得一提的有"大学卓越计划"、"博洛尼亚进程"、"高校协定2020"以及"双元制高等职业教育战略"。这些都使德国高等教育得以高速发展，大学生入学率较改革前大幅提升。德国目前已成为继美国、英国之后的第三个理想留学地。外国留学生的占比逐年攀升。

德国不仅是外国大学生向往的留学目的地，也吸引着外国科研人员前往开展科研工作。德国双元制职业教育植根于德国，享誉全世界。其体系完备，实行半工半读制，由联邦、州、行业以及企业四个层面相互监督、共同参与和促进。双元制职业教育凭借很强的针对性和实用性，为德国经济和社会的发展提供了专业人才保障。德国职业教育体现的是教育的经世功能，实用性和人文素质相结合的原则是其关键理念。我国自上世纪80年代以来就开始研究、借鉴德国双元制职业教育体系，探索和建设具有中国特色的职业教育体系，取得了显著成绩，但我国职业教育体系仍然需要进一步改善办学的外部条件和内部结构，使职业教育更符合社会经济发展对人才的实际需求，为提升我国整体人口素质做出更大贡献。因此，我们需要继续研究德国职业教育的精髓，探讨如何解决我国职业教育发展中的问题与挑战。

"当代德国教育政策研究论丛"把当代德国各教育层面的改革与发展作为研究对象，依托上海外国语大学与我国教育主管部门及德国国际教育研究所合作举办的论坛，依次就高等教育、职业教育、中小学教育、学前教育等热点话题，邀请中德两国教育官员和专家学者进行对话与探讨，重点研究政府职能的转变、教育结构的优化与调整、教育发展方式及治理方式的转变、教学科研质量的提升、人才培养的模式和核心要素等问题，着力推动中德双方在教育政策顶层设计领域的交流与合作，为我国教育研究和政策制定提供参考。

上海外国语大学创建于1949年，是新中国成立后兴办的第一所高等外语学府。自建校以来，学校秉承"格高志远、学贯中外"的校训精神，已发展成一所培养涉外型、复合型外语人才的多科性、国际化、高水平特色大学。学校立足多语种、跨学科、跨文化综合优势，积极践行"服务国家战略需求，促进多元文明沟通，提升中华文化影响力"的使命，在语言、文学、文化学界和国际问题研究领域取得了扎实成绩。目前，上外拥有60余个研究机构和学术团体，以语言政策规划、国际外交战略、涉外舆情研究为核心，聚焦高水平的区域国别研究，主动服务中国对外交流事业，协同创新建设高校学术智库群，构建政产学研用紧密结合的成果应用渠道，努力为政府决策部门制定和实施相关政策提供智力支持。

在我国教育主管部门、德国国际教育研究所以及德意志学术交流中心的支持下，上海外国语大学于2014年10月成立了德国教育科学政策信息研究中心。该中心的主要任务在于全方位、多角度聚焦德国教育政策，对德国教育的历史与当下的发展动态进行深入系统的研究，以期为思考我国教育所面临的问题提供一些参考和借鉴。该中心正在编译德国教育史研究领域最具权威性、时间跨度最大、历史记载最为详实的七卷本《德国教育史》；策划"德国教育思想经典译丛"，按重要教育历史人物、教育学理论精华、教育核心主题三个类别，节选德国教育发展史上最有影响、最为重要的经典作品片段，并附相关评注和提示；编译官方权威文件《德国国家教育报告》；策划"当代德国教育政策研究论丛"等。此外，该中心网站还将利用德国联邦教育与研究部、德国文教部长联席会议、德国国际教育研究所、德国各大主流媒体、德国使领馆、德意志学术交流中心及德国科学基金会等网站的一手资料优势，跟踪德国教育政策动态与实施举措，译介重要内容，为我国政府部门和学界研究提供实时教育动态报告。

我诚挚地邀请各级教育工作者及广大读者关注和支持上海外国语大学德国教育科学政策信息研究中心的科研工

作，关注"当代德国教育政策研究论丛"，衷心希望我国在教育改革过程中能放眼世界、借鉴德国教育改革的成功经验，同时吸取其失败教训，走出一条符合我国国情的多元化改革之路，以更好地贯彻"教育强国战略"。最后我要感谢上海外语教育出版社在教育研究领域尤其是外语教育方面所做出的突出贡献，本教育论丛的出版也更好地体现了一家专业教育出版社高度的社会责任感和使命感。

姜 锋

2015年5月

目　录

苗晓丹（上海外国语大学德国教育科学政策信息研究中心）

借鉴德国职业教育模式，
建立现代职业教育体系

——中德职业教育国际研讨会综述

2015年10月17日至18日，"中德职业教育国际研讨会"在上海外国语大学召开。会议由上海外国语大学党委书记、中国驻德国大使馆教育处原公使衔参赞姜锋博士主持。教育部教育管理信息中心主任展涛教授、教育部职业教育技术中心研究所副所长刘立新博士、上海外国语大学学科办主任王志强教授、上海外国语大学德语系主任陈壮鹰教授、上海外国语大学苗晓丹博士、德国联邦教育及研究部前部长沙万女士(Anette Schavan)、德国各州文化教育部长联席会议前秘书长蒂斯教授(Erich Thies)、德国巴登-符腾堡州工商代表大会主席库利茨博士(Peter Kulitz)、《德国国家教育报告》撰稿人福塞尔教授(Hans Peter Füssel)、德国国际教育研究所所长雷教授(Sabine Reh)、德国《时代》周刊资深编辑凯尔斯坦先生(Thomas Kerstan)、德国赛德尔基金会驻华代表邵贝德博士(Bernd Seuling)等国内外专家应邀参会并作报告。本次研讨会受到了国内重要媒体如人民网、搜狐网、《澎湃新闻》、《文汇报》、《解放日报》、《光明日报》的广泛关注和报道。

研讨会共设三大主题：一是德国双元制中等职业教育模式；二是德国学术型高等职业教育；三是中国职业教育的基本概况及发展前景。本次研讨会旨在结合德国职业教育的现状与前景，为中国职业教育的发展建言献策，进一步优化我国职业教育的目标定位和发展模式，解决我国经济转型升级所面临的中、高等技能人才短缺问题提供决策咨询。会议讨论的内容包括德国双元制模式下的校企合作；双元制职业教育对保证专业人才的作用；德国学术型职业教育是否适应中国；中国经济转型背景下，建立现代职业教育体系对实现"中国制造2025"的意义；中国目前职业教育的基本结构、法律基础；建立现代职业教育体系的政府措施及前景挑战。会议围绕着德国职业教育的现状及中国建立现代职业教育体系迫切需解决的问题展开讨论，与会专家学者各抒己见、畅所欲言，既指出当今德国职业教育领域出现的新现象、新问题，又针对中国能否照搬德国双元制职教模式、学术型职教模式作了多角度的剖析，并对中国现代职业教育的发展提出了诚恳的建议。

一、德国双元制中等职业教育模式

德国作为一个高度发达的工业化国家，职业技术教育走在世界前列。双元制职业教育模式享誉世界，是企业与职业学校密切配合、实践与理论同时并举的职业教育制度，对德国中等技术人才储备起到不可替代的作用。因此，该模式成为包括中国在内的多个国家学习的对象。

20世纪30年代起，德国中央官僚机构开始通过制定统一的教学计划，将企业培训与职校教学紧密地联系在一起，这种校企合作的培训模式持续下来并得以发展。1948年德国教育委员会首次使用了双元制一词描述存在了100多年的校企共同培训的形式。1969年，德国政府颁布了《职业教育法》，标志着双元制作为一个完整的培训体系完成了制度化进程。20世纪70年代中期，为了满足没有条件单独承担培训工作的中小企业对培训的需求，在联邦政府的促进和资助下，行业协会建立了许多跨企业的培训中心，作为企业培训不足的补充。20世纪80年代后，德国对双元制职业教育不断进行修改和调整。1990年两德统一后，双元制职业教育进入新的发展时期，德国东部地区的职业教育仿照西部地区的标准进行改革。

1. 德国双元制中等职业教育的作用

2008年欧洲金融危机迅猛来袭，德国失业率位于全欧洲最低，这一奇迹也要归功于双元制下的人才储备。经济合作与发展组织在2014年的调查报告中称，双元制职业教育及其带来的专业人才技术水平，对稳定经济动荡做出了贡献。从就业市场的供需数据中，不难看出德国双元制职业教育的价值。德国目前专业人员匮乏，人口因素使能接受职业教育的年轻人数量急剧下降。到2015年，全德适龄工作人口数量将减少约350万，越来越多的企业将缺少四成的专业人员，这将成为经济下滑的一个风险因素。四分之一的企业目前面临就业岗位空缺的窘境。这些企业主要集中在非学术型行业，如技术、卫生护理、餐饮服务业。另外，德国自然科学领域的专业人才缺口也较为明显，预计2020年全德将缺少130多万专业工人。数学、计算机科学及技术等学科方面的高学历人才也将有约7万名的缺口。以德国教育重地巴登-符腾堡州(以下简称：巴符州)为例，目前求职人员的数量为385万人左右，到2030年此数字将持续下滑至不到330万人。与此同时，巴符州所能提供的工作岗位数将由392.5万减少至不到360万。工作岗位数在减少，但供需间的差距却愈加巨大。目前就业市场的供需差距为7.5万左右，到2030年差距会达到近30万。值得关注的是对高学历人才的需求缺口在2万到2.5万之间，而对具有双元制中等职业教育及继续教育背景人员的需求缺口将由目前的不到6万，陡增至31万。对从事常规类工种人员的需求将由现在的供大于求的局面翻转到2030年的求大于供，人数预计达6万人。由此可见，德国全境，包括中小企业集聚地在内的德国西南部地区并不缺少高学历人才，相反遇到的难题是亟需双元制职业教育培养出来的中等技术人才。

2. 双元制中等职业教育模式概况

德国双元制中等职业教育目前拥有国家统一提供的327种不同的须经培训的职业。教育期限分为36个月（大部分所涉职业）及24个月（8%的所涉职业）。2013年接受双元制中等职业教育的年轻人达到了140万，工业及贸易领域约占59%，手工业领域约占27%，自由职业领域约占8%。此外，手工业领域内的、自由职业领域内的女性受教育者比重分别在22%和94%比值内浮动。

德国完善的法律体系为双元制中的"企业教育"和"职业学校教育"这两端提供了有力的法律保障。针对"企业教育"，在联邦层面上，《联邦职业教育法》通过协调资方、劳方、行会和国家机关来组织除手工业领域外的职业教育。《手工业法》则针对手工业领域所涉及的职业，是对企业实施职业教育进行规定的法律。在其授权的基础上，由执行机构颁布关于职业教育实践的框架性法规。例如，《职业教育条例》、《实训教师资格条例》、《师傅证书考试条例》等。其中，全德统一的《职业教育条例》确保了各州职业资格证书的等值和互认。当地的职业教育负责机构为各行业的行会，负责监管各行业领域下《职业教育条例》的实施。参与职业教育的企业则须经州法定主管部门批准，其规模大小、设备状况、管理标准等基本要求，则由联邦相关部委、经济部和教育部共同商定。企业与学徒须签定《职业教育合同》，以确保双方义务的履行。针对"职业学校教育"，各联邦州颁布了相应的教育教学法律。职业学校的授课部分，以各州的教学大纲为准则进行课程规划及设置。此法律体系既保障了双元制模式下企业教育的实施，也保障了各州职业学校教学内容的统一。

3. 构建校企合作机制

企业和职校两个学习场所之间须在教育内容上保持框架方针的一致，从而实现教育目标的统一。校企合作便构成了实现此目标的中心条件。不仅《联邦职业教育法》对校企合作作出规定（第1条第

2款），同时负责学校职业教育的州教育部也制定了相应的规则，指出了合作的必要性(例如《柏林学校法》第29条第1款)。在实践上，职校学生的另一重身份是企业里的学徒，他们要在实训教师的指导下达到实训目标。然而这些具有实训资格的教师也是企业的员工，其更重要的任务是使学徒在其能力范围内完成其工作内容，实现企业利润。在职校里，职校教师承担的教学任务并不直接受企业的影响。法律上规定的实训教师和职校教师之间的合作，在实践中并没有予以强制性的实施，而是主要通过学徒本身的学习能力，将在两个场所学到的知识和经验整合为一。就两个学习场所的地位而言，大多数学徒更注重企业实训。其原因在于，如成功申请到企业学徒的位置，则可被职业学校顺利录取。学徒与企业签定的《职业教育合同》将在相关的行会予以登记。与之相比，职校录取学生则无需其他的正式手续。依据合同规定，企业支付给学徒报酬，而职校却没有类似的行为。在企业接受实训的时间大约为每个工作周的三分之二，剩余的三分之一时间在职校学习。结业考试出相应的行会组织，职校教师只是当场协助。

在促进校企联合培训的思路上，组织方式和教学内容两个角度最为重要。一般情况下，一家职业学校面对的是多家培训企业，从组织方式上有效地构建一家职校与多家企业的合作，从而减少合作中产生的交易成本。基本思路可以是：合作的企业通过小组的形式聚集在一起，设小组中的一个成员为"联络带"，通过它达到与职校的沟通及合作，或者通过行会来组织合作的企业。在此过程中需要注意的是企业在专业方向上、规模上以及各自所处的地区环境的不同。若区域性企业间已构成合作网络，则在此基础上构成的校企合作基础更为稳固。

从教学内容来看，企业以实践为导向的学习形式与职校以理论为导向的学习形式是不甚匹配的，对教学内容中所有元素的协调正是对双元制职业教育的中心挑战。在此意义上，校企合作也被理解为不同教学内容及教学法的融合，以至于使职业教育的双重目标，即获得"对于在可转换的工作环境下完成高要求的工作所必需的职业技能、知识和能力"及"职业经验"成为企业实训教学和职校理论教学的主题。因此，对双方教学内容的确定及规划是校企合作的首要任务。

二、德国学术型高等职业教育

1. 德国双元制中等职业教育面临的新问题

2013年德国参加双元制中等职业教育的人数不足50万，历史上首次低于大学新生的人数。这显然是具有影响性的转折，由之前的双元制学徒岗位申请供不应求的情况转变成了企业由于找不到合适的学徒而开出优惠条件主动招揽学徒。产生这一现象的原因不得不归结于德国年轻人对高学历高文凭的追求，认为高学历是未来职业的保障。这种被前联邦文化部长尤利安•尼达吕梅林所控诉的"学术化幻想"在其他国家也存在。对大学学历的盲目崇拜以及大学教育脱离就业市场的需求，结果往往是徒增高校毕业生的就业压力。德国教育与研究部前部长沙万认为，年轻人追逐高学历，根源是对"精英"的误解。接受大学教育并不是成为精英的唯一条件，企业才是培养实践型精英的场所。相比学术型精英而言，实践型精英更有机会占据好的工作岗位。如何处理好既满足年轻人对大学学历的追求，又使其接受实践型的职业教育是解决此问题的关键。

2. 双元制职业教育向高等教育领域延伸

德国早在20世纪70年代就对解决上述问题的途径进行了尝试和探索。基本思路是把位于中等职业教育阶段的双元制原则应用于高等教育阶段。因此，出现了职业教育高移的现象。这种现象主要体现在职业学院和双元课程两种形式当中。

20世纪70年代初期创建的双元制校企合作模式的职业学院，是一种特殊形式的高等教育，其机构本身并不属于高等教育范畴，但由于德国文教部长联席会议承认其文凭与应用科技大学的文凭等值，因此客观上使得职业学院享有高等院校的地位。2009年，德国巴符州的职业学院更名为"巴符州双元制大学"，被德国大学校长联席会议认定为同等于应用科技大学，从而真正确立其高等教育的地位。教学计划和培训课程由学校和企业组成的专业委员会共同制定，双方共同参与教学与实训过程。企业不仅参与专业理论知识的传授，还补充特种的应用性专业知识。在教学上采取工读交替的形式，技能培训主要在企业完成。

　　职业教育与高等教育衔接的另一条途径是德国高校开设的双元制课程。目前，此类学士和硕士课程的总量已达1000多门，其中90%的课程由应用科技大学开设，综合性大学只占10%。学生在高校学习的同时，又在企业从事相应的生产实践活动，课程内容与生产实践得到了有机结合。目前，双元制课程类型共分四种：大学理论学习与职业教育相融合、大学理论学习和企业实践相融合、大学理论学习和职业相融合、大学理论学习和职业平行。

　　上述两种形式拓宽了职业教育与高等教育的衔接途径，使学生在较短的时间内既能接受高等教育又能学到职业技能，实现学历证书和职业资格证书"双证"教育。

三、中国职业教育概况

1. 建立现代化职教体系的政治经济背景

　　近年来，随着我国经济发展进入重化工业加速发展阶段，廉价劳动力作为竞争优势已日渐减弱。在此背景下，中央深化了对经济增长方式的认识，强调提高科技进步在经济增长中的含金量，促进整个经济由粗放经营向集约经营转变。2015年5月中旬，由国务院颁布的战略计划明确指出，到2049年中国要进入工业强国之列。其相应的行动纲领《中国制造2025》在借鉴德国《高科技战略2020》下的未来项目"工业4.0"的基础上，制定了直至2025年的具体行动目标。

通过先进的信息技术，即"智能制造"实现工业现代化是此行动纲领的中心内容。这一点，不难看出中国在经济转型的过程中，以德国为参考和借鉴、以打造工业领域的高新技术为新一轮世界竞争的优势，实现从"制造大国"向"制造强国"的转变。那么，德国竞争力的主要要素又有哪些呢？世界经济论坛(World Economic Forum)最新发布的2014–2015《世界竞争力分析报告》指出，德国务实的双元制中等职业教育，为德国工业提供了扎实的人力资源基础，使高质量产品及服务得以保障，是"德国制造"难以撼动的基础。因此，适应当代经济社会发展需求的职业教育是促使我国经济增长方式转型的一个决定性因素。因此，中央政府对建设现代化的职业教育体系高度重视。2014年6月22日，《国务院关于加快发展现代职业教育的决定》公布，中国职教"升级版"大幕开启。6月23日第三次职业教育工作会议召开，六部委联合发布《现代职业教育体系建设规划》，加快构建现代职业教育体系，为经济增长方式及经济结构调整作贡献。从2015年国家预算报告中的一般公共预算账本支出增长中可以看出，节能减排补助资金、农田水利设施建设和现代职业教育增长幅度最大，分别为40.4%、33.5%和24.6%。对职业教育的支出增长排位第三，反映出职业教育是未来中国政策的重点之一。

2. 我国职业教育的基本结构

职业学校教育就目前而言是我国职业技术教育的主要形式，主要由各级职业学校承担。在中国，职业教育与普通教育相比地位较低，共包括3个层次，即初等职业教育、中等职业教育及高等职业教育。

◇ 在初等职业教育层次下，只有职业初中一种学校类型，属于九年制义务教育范畴。2014年教育部统计数据显示，此类中学共计26所，主要分布在经济不发达的农村地区，教育对象以农民子弟为主，教学内容包括普通课和专业课，专业课主要传授农业方面的基础知识。两类课程的比例基本保持在3:1。1983年根据《中共中央国务院关于加强和改革农村学校教育若干问题的通知》精神，在小学5年制的基础上，把农村的一部分普通初中，改办为4年制的职业初中，为农村输送初级技术人才，从而适应农村经济发展的客观需要。

❖ 中等职业教育是中国职业教育的主要组成部分。中等职业学校包括中等专业学校、职业高中、技工学校。学制为3年，在对学生进行高中程度文化知识教育的同时，根据职业岗位的要求有针对性地实施职业知识传授与职业技能教育。最后一类中等职业学校即成人中专，是改革开放以后发展起来的职业学校，主要培养具有初中文化程度的成年人为中等技术人员，学制为2或3年。我国中等职业学校共13大类270个专业。其中，第一产业的专业19个，第二产业的专业126个，第三产业的专业125个。目前我国中等职业教育在校生有1755.28万人，占高中阶段教育在校生总数的42.09%，此比例低于欧盟的相应比例数50%。2014年校师生比达到21.34:1，接近《中等职业学校设置标准》中师生比20:1的要求。

❖ 高等职业教育领域的学校类型主要包括高等专科学校和职业技术学院。高等专科学校及职业技术学院是全日制高等教育的重要组成部分。与4年制或5年制普通高等教育学校相比，这两类学校学制为2或3年，属于专科学历教育。招生对象为普通高中毕业生、高中同等学历者。其中高等专科学校的专业包括师范、医学及公安。而非师范类、非医学、非公安类的专科层次全日制普通高等学校称为职业技术学院，课程设置以不同领域下的技术专业为主。例如：信息技术领域、农业技术领域及工业技术领域等。教育部2014年的统计数据显示，两类学校共计1327所，在校生1006.6万人，规模首次突破千万人大关，规模占整个高等教育规模的40%。招生337.98万人，是普通本科院校招生总数的46.9%，比2013年增长5.8%，是"十二五"以来增长最快的一年。校师生比为17.57:1，与普通本科院校的17.73:1相当。《2015中国高等职业教育质量年度报告》显示，高职院校91%的毕业生为家庭第一代大学生，52%的毕业生家庭背景为"农民与农民工"，且4年来这两项比例均呈上升趋势。高职教育分为19个大类，下设78个二级类，共532个专业。

3. 政府推进建设现代职业教育体系的举措

高校改革向职业教育倾斜。教育部高校改革的方向已经明确，以建设现代职业教育体系为突破口，对教育结构实施战略性调整，调整重点为1999年大学扩招后"专升本"的600多所地方本科院校，它们将率先转为职业教育。本科教育转型职业教育不仅有助于增强职业教育的整体实力，同时也提高了它们在高等教育领域的地位，解决常见本科专业在就业市场上严重供大于求的局面，改变培养普通技能型人才的职校技校数量不足的情况，从而达到迎合市场需求、培养人才的目的。

扩展职业教育与本科教育的衔接。各省市均出台分类考试实施办法，实施"文化素质+专业技能"考试招生、中职学校推优招生入学和技能拔尖人才免试招生等措施，为学生接受高一层次职业教育提供多样化入学通道。在中高职衔接方面，各地探索出依托国家级示范性中等职业学校、高等职业院校、行业性或专业性职业教育集团开展五年一贯制、"3+2"分段培养等多种一体化培养人才的模式。大部分省市已启动中职、高职对接本科院校贯通培养人才的试点。

鼓励企业参与职业教育：支持企业建设兼具生产与教学功能的公共实训基地。推进国有企业设立专门机构（或安排专门人员）负责职工教育培训、对接职业院校，设立学生实习和教师实践岗位。对企业因接收实习生所实际发生的与取得收入有关的合理支出，按现行税收法律规定在计算应纳税所得额时扣除。将企业开展职业教育的情况纳入企业社会责任报告。研制职业教育校企合作促进办法，出台税收减免、设立专项资金、政府以购买服务等形式的激励政策推动企业参与举办职业教育。

支持民办职业教育。落实教育、财税、土地、金融等支持政策，鼓励各类办学主体通过独资、合资、合作等形式举办民办职业教育，扩大优质民办职业教育资源。以设立民办职业教育政府发展基金或专项资金、建立民办职业院校师生与公办职业院校同等待遇的保障机制等方式，推动职业教育办学体制多元化。

促进职业教育法制化。《职业教育法》于1996年颁布实施至今，已跟不上现代职业教育发展的需求。作为职业教育的基本法，其基本框架不够全面清晰。法律配套和衔接、立法技术及可操作性等方面也存在缺陷。目前，相关部门正在对《职业教育法》的体例结构和基本框架进行调整和修订，重新明确中央以及地方制定和实施对应法规的权利和责任；完善配套法规，并与《教育法》等相关法律衔接，形成现代职业教育法律体系。

四、德国职教模式对中国构建现代化职教体系的借鉴

纵观德国职业教育体系、社会各界在其中发挥的作用以及其本身为适应时代发展而进行的自我调整，对我国构建现代化职业教育体系的启迪如下：

第一，职业教育不同于普通教育，对国家的经济发展意义重大，是教育体系中最具多样性、灵活性和创新性的领域。德国的职教体系不仅涉及职业学校的建设、职教师资的培养，而且还与成百上千个工种职业、与各行业的行会以及相关政府部门紧密相关。在这一复杂的职教系统中，利益攸关方众多。挂靠德国教育部的联邦职业教育研究所，作为协调各利益群体达成妥协的"中枢"机构，这种模式为我国职教体系提供了示范。

第二，德国职业教育的成功得益于企业积极主动地参与职业教育事业并为此投资，这是现代职业教育体系成功运作的关键。当参与职业教育本身并没有给企业带来经济收益的时候，国家有必要通过法律赋予其相应的义务。除了这种自上而下的实施机制外，也可

以通过自下而上的方式，通过相关部门的牵线搭桥，使有员工储备需求的企业对接相应等级的职业学校。

第三，德国以家族企业为主的中小型企业对德国职业教育的助力尤其值得中国研究及选择性借鉴。在德国约占企业总数99%的中小企业贡献了约54%的增加值，拉动了62%左右的就业，这些工业及服务业中的隐形冠军也是德国双元制职业教育的主力军。由于其持有企业传宗接代的观念，所以对员工的储备和培训也自行归入企业发展规划之中。对于步入发展期的中国中小企业，要树立企业的传承观念，踏实做实业，减缓融资上市的步伐，这样才能使其投入职业教育成为可能，提供给年轻人培训岗位，起步阶段的培训费用可先由国家承担。另外，对于能力较弱的中小企业，职业院校也可为其提供专业咨询。

第四，社会对职业教育的认同是职校和企业获得良好生源的前提条件。除了提高职校生和职校毕业生的经济待遇以外，还要广泛宣传职业教育对人才培养、经济发展和社会稳定的积极作用，充分肯定职业教育，承认它与普通教育、应用型高校以及研究型高校的等值，为职校毕业生搭建好继续深造的桥梁，消除其学术发展的后顾之忧。

第五，德国双元制职教理念在高等教育体系下的灵活发展，是对实践应用能力和学术素养的深层次解读。在德国，双元制高等教育并非"次等"教育，其凭借优秀的生源及高质量的就业更加偏向"精英"教育。对于我国应用型本科院校的发展，这样的思路同样具有借鉴意义。我们应当积极寻找实践应用能力和学术素养的结合点，以两者互补的思路去设计课程，重新审视我国应用型本科院校的定位，培养出符合就业市场需求的高级应用型人才。

五、小　结

20世纪80年代初期，中德两国就在职业教育领域展开合作和交流。目前，全球新一轮技术革命来袭，带来了对制造业的冲击，面对这种颠覆性的挑战，中德两国都把提升制造业纳入国家发展战略。德国旨在培养专业技术人才的职业教育是实现其宏伟目标的秘密武器。因此，对德国职教模式的选择性借鉴有利于我国构建现代化的职业教育体系，从而实现"制造业强国"之梦。本次在上海外国语大学召开的"中德职业教育国际研讨会"，开启了中德职业教育领域研究合作的新篇章，也充分体现了该校德国教育科学政策信息研究中心在教育政策领域扎实的研究成果，该中心将继续发挥其在政策咨询方面的重要作用，推动中德两国在教育领域的深度合作与交流。

Annette Schavan

Bildung durch Ausbildung

I.

Georg Kerschensteiner (1854–1932) gilt in Deutschland als Vater der Berufsbildung. Er wirkte als Volksschullehrer und ab 1895 als Stadtschulrat von München.

Ausschlaggebend für sein Bildungskonzept im Kontext der Reformpädagogik waren seine Erfahrungen als Volksschullehrer und seine Enttäuschung über die vorherrschende Pädagogik, die geprägt war vom Auswendiglernen – also einem stark rezeptiven Lernen. Er entwickelte das Konzept eines selbstgesteuerten praktischen Tuns. Der Ernst der Arbeit war für ihn von zentraler Bedeutung. Er verstand Arbeit als einen pädagogischen Begriff. Die Berufsausbildung sollte der Weg zur Allgemeinbildung sein. Deshalb die Formulierung **Bildung durch Ausbildung**, analog zur **Bildung durch Wissenschaft**, die vor allem von Wilhelm von Humboldt (1767–1828) konzipiert wurde. Kerschensteiner war davon überzeugt, dass sich der Mensch am besten entfalten könne über den Beruf, zu dem er sich berufen fühlt. „Die Berufsausbildung steht an der Pforte zur Menschenbildung."[1] Bildung und Ausbildung sind danach keine Alternativen. Die Ausbildung beschreibt vielmehr den Weg zur Bildung.

Für Kerschensteiner war Bildung vor allem Charakterbildung

---

1 Kerschensteiner, G.: Berufs- oder Allgemeinbildung (1904). In: Dolch, J. (Hrsg.): Grundlagen der Schulorganisation. München 1954, 40–63, hier: 48.

(staatsbürgerliche Erziehung). „Das Wertvollste, was wir einem Schüler geben können, ist nicht das Wissen, sondern eine gesunde Art des Wissenserwerbs und eine selbstständige Art des Handelns."[1] Deshalb war die berufliche Bildung auch nicht in erster Linie eine „Vorbereitung auf die Anforderungen der industriellen Gesellschaft", vielmehr ein Weg der „Integration Heranwachsender in die staatsbürgerliche Gesellschaft".[2]

Im Mittelpunkt seines pädagogischen Konzeptes steht das Handeln: „Historische Belehrungen, wirtschaftliche Unterweisungen, Belehrungen über Einrichtungen, Gesetze und Aufgaben des Staates, Anweisungen mit den Mitteln des Unterrichts gewisse Parteirichtungen zu bekämpfen, das waren die kümmerlichen und bisweilen direkt falschen Mittel ... sie waren freilich die bequemsten und billigsten ... wir alle wissen: die bloße Belehrung hat noch niemanden zum Staatsbürger gemacht. Alles Wissen ist nur ein Werkzeug des Handelns. Auf das Handeln kommt es an, ob wir gute Staatsbürger sind oder nicht."[3]

So prägte Kerschensteiner den Begriff der Arbeitsschule. „Aus unserer Lernschule muss eine Arbeitsschule werden, die sich an die Spielschule der Kindheit anschließt."[4]

Kerschensteiner beschreibt die Vorzüge der beruflichen Bildung, in deren Mittelpunkt das Handeln steht, hinsichtlich der Möglich-

---

1   Kötteritz, E. V.: Georg Kerschensteiners Arbeitsschule und die Arbeitslehre der Gegenwart.
    Eine vergleichende Untersuchung. Wien 1997, IX.
2   Kutscha, G.: unter: https://www.uni-due.de/imperia/md/content/berufspaedagogik/kutscha_leitfaden_bildung_und_beruf_17-04-2008.pdf
3   Kerschensteiner, G.: 1920, vgl: Detjen, J.: Politische Bildung: Geschichte und Gegenwart in Deutschland. München 2013, 61.
4   Rede von Kerschensteiner zum 162. Geburtstags Pestalozzis: Die Schule der Zukunft eine Arbeitsschule; vgl.
    Theresia Hagenmaier; Werner Correll; Brigitte van Veen-Bosse (Hrsg.): Neue Aspekte der Reformpädagogik. Studien zur Anthropologie und Pädagogik bei Kerschensteiner, Dewey und Montessori. Heidelberg, 1. Aufl. 1964, 23.

keiten der Differenzierung, die sich an den Interessen und Entwicklungsmöglichkeiten der Schülerinnen und Schüler in einem modernen
Unterricht orientiert: „Man nennt den einen geschickten Methodiker,
der alle Schwierigkeiten im Erfassen einer neuen Sache so zerkleinern
kann, dass alle Schüler, wenn möglich gleichmäßig, wie auf einem
schiefen Asphaltpflaster in den neuen Vorstellungsinhalt hinüberrutschen. Dieses Lob ist aber ein sehr bedingtes. Für eine Klasse geistig armer Schüler ist er vielleicht ein geschickter, für eine Klasse von
Begabungen aller Art ist er aber ein sehr ungeschickter Methodiker ...
Man darf nicht den Adler die gleichen Flugübungen machen lassen,
die dem Sperling angemessen sind. Der allein ist der geschickteste
Methodiker, der seinen Unterricht so einzurichten versteht, dass jede
Begabung die ihr angemessene Schwierigkeit findet ... Genau wie
beim Bergsteigen kommt dann jeder in jeder Stunde soweit, wie seine
Kräfte reichen, während am Seile des missverstandenen methodischen
Betriebes nur die sogenannte ‚gleichmäßige Förderung' möglich ist,
die zwar unser heutiges einseitiges Schulsystem erlaubt, aber gleichwohl nicht selten den Schwachen überbürdet, den Starken dagegen
langweilt."[1]

II.

Aus diesen Ausführungen ergibt sich, was zum Selbstverständnis
der beruflichen Bildung in Deutschland seither gehört: es ist nicht
der Plan B für minderbegabte Schülerinnen und Schüler. Berufliche
Bildung umfasst das gesamte Spektrum der Begabungen und sie steht
also für besonders geeignete Wege der Bildung sogenannter schwacher

---

1   Kerschensteiner, G.: Produktive Arbeit und ihr Erziehungswert – Vortrag von 1906.

Schülerinnen und Schüler ebenso wie für die Begabtenförderung. Heterogenität ist ebenso ein Merkmal der beruflichen Bildung wie die Vielzahl der Berufsbilder in der industriellen wie in der digitalen Gesellschaft.

Berufliche Bildung ist eine in Deutschland bis heute anerkannte Tradition und fester Bestandteil des öffentlichen Bildungssystems. Sie umfasst rein schulische Ausbildungsgänge ebenso wie jene Ausbildungen, die durch die Kooperation der öffentlichen beruflichen Schule und einem Ausbildungsunternehmen zustande kommt. Handwerks- und Industriebetriebe investieren jährlich erhebliche finanzielle Mittel in die berufliche Bildung junger Menschen. Sie tun dies, weil damit eine gute Ausbildung ihrer künftigen Fachkräfte erfolgt. Ausbildungsordnungen sind das Ergebnis der Zusammenarbeit der jeweiligen Bildungsministerien und der Kammern des Handwerks und der Industrie. In keinem Bereich des öffentlichen Bildungssystems in Deutschland ist der Bezug von Bildung und Beschäftigungssystem so unmittelbar und erfolgreich, wie in der beruflichen Bildung.

Eine zentrale Voraussetzung für die Erfolgsgeschichte der beruflichen Bildung in Deutschland ist die Struktur unserer Wirtschaft. Den mit Abstand höchsten Anteil an Arbeits- und Ausbildungsplätzen stellen Familienunternehmen. Die Internationalisierung der beruflichen Bildung findet nicht selten ihre Grenze dort, wo diese Struktur der Wirtschaft nicht vorhanden ist. In Deutschland durchlaufen rund fünfzig Prozent der Schülerinnen und Schüler eine Ausbildung im Bereich der beruflichen Bildung. Darunter sind (vereinzelt) Absolventen der Schule nach der 9. Klasse (vor allem im Handwerk), Schulabsolventen mit mittlerem Abschluss (nach Klasse 10) sowie Abiturienten. Die berufliche Bildung ist darüber hinaus ein Erfolg versprechender Weg für Jene, die über den Besuch einer allgemeinbildenden Schule nicht zu einem Abschluss gekommen sind. Auch dies zeigt die große Bandbreite der erreichbaren Qualifikationen im Kontext der beruflichen Bildung.

Drei Besonderheiten der beruflichen Bildung, die nahezu Alleinstellungsmerkmale sind, möchte ich hervorheben:

1. Kein anderer Bereich des Bildungssystems ist so **vielfältig** wie die berufliche Bildung. Das wird schon deutlich an der Vielzahl der damit verbundenen Bildungsgänge. Vermutlich kann kein Experte sagen, wie viele Bildungsangebote im Bereich der beruflichen Bildung in Deutschland angeboten werden. Dies auch deshalb nicht, weil wir von einem gleichsam atmenden System sprechen, das in ständiger Weiterentwicklung ist. Die Bildungsangebote decken das gesamte Spektrum von der Behindertenpädagogik bis zur Begabtenförderung ab.

2. Kein anderer Bereich des Bildungssystems ist so **flexibel** wie die berufliche Bildung. Das ist die notwendige Antwort auf den technischen Fortschritt, die Veränderung von Unternehmenskulturen und Dienstleistungen, neue Unternehmenssparten und all das, was zur Dynamik der modernen Wirtschaft gehört. Ständig entstehen neue Berufsbilder beziehungsweise Bildungsangebote für die Weiterentwicklung bestehender Berufsbilder. Ein gutes Beispiel ist die Entwicklung vom Mechaniker und Elektroniker über den Mechatroniker zu einem jetzt notwendigen Profil, das im Kontext von Industrie 4.0 die Informationstechnologie aufnimmt.

3. Kein anderer Bereich des Bildungssystems hat eine so **kreative Lernkultur** wie die berufliche Bildung. Die Verbindung von Theorie und Praxis birgt große Chancen für die ständig sich weiterentwickelnde Lernkultur. Die Erfahrungen von Pädagogen

und Ausbildern tragen dazu ebenso bei. Unterschiedliche Lernorte, verschiedene Akteure und die Dynamik der Wirtschaft befördern pädagogische Innovationen. Manche Innovation hat Eingang in die allgemeinbildenden Schulen gefunden (Beispiel: Juniorfirmen).

Bildung durch Ausbildung – das ist der Anspruch auch heute. Unsere Sprache klingt anders als bei Kerschensteiner. Gleichwohl ist das zentrale Merkmal die Verbindung von Allgemeinbildung und Fachwissen, Theorie und Praxis geblieben. Fächer der Allgemeinbildung sind Deutsch, Fremdsprachen, Geschichte/Politik, Mathematik, Naturwissenschaften und Religion. Dieser Fächerkanon ist bedeutsam für die Ausbildung, für berufliche Weiterentwicklung und – wenn gewünscht und möglich – auch den Wechsel an eine Hochschule vor allem aber ist er wichtig, weil auch heute gilt: die Ausbildung zu einem Beruf und die Bildung des Menschen sind die beiden zentralen Bedeutungen und Ziele des Konzeptes beruflichen Bildung. Je rascher sich Lebens- und Arbeitswelten ändern, umso mehr gewinnt dieses Konzept an Bedeutung – vor allem wegen seiner pädagogischen Innovationsfähigkeit und damit verbundener kreativer Lernkulturen.

Das Prinzip dualer Ausbildung findet zunehmend Anerkennung in unserem Hochschulsystem. Vermutlich sind manche Ausbildungsgänge heute auch so anspruchsvoll, dass sie generell in den tertiären Bereich gehören. Die Zukunft liegt in einer besseren Verbindung der Angebote beruflicher Bildung im Sekundar- und Tertiärbereich. Das könnte auch die internationale Attraktivität stärken.

Internationales Interesse an der beruflichen Bildung aus Deutschland existiert seit Jahrzehnten. Viele Vereinbarungen wurden geschlossen. Wir wissen heute, dass sich Bildungssysteme nicht übertragen lassen. Sie stehen in einem kulturellen Kontext, der sich konkret auf die Realisierung von Bildungskonzepten auswirkt. Gleichwohl lassen sich grundlegende Prinzipien der beruflichen Bildung übertragen. Dazu gehört die Überzeugung vom Bildungswert der Ausbildung sowie von der pädagogischen Wirksamkeit, die Verbindung von Theorie und Praxis sowie die Partnerschaft von Schule und Unternehmen hat.

安妮特·沙万(德意志联邦共和国驻梵蒂冈大使、德意志联邦共和国教育与研究部前部长)

论职业培训型教育

一

格奥尔格·凯兴斯泰纳(1854—1932)被誉为德国职业教育之父。他曾任公立学校教师,自1895年起,担任慕尼黑市教育督导。

凯兴斯泰纳任公立学校教师的经历以及其对当时主流教学法(亦即"死记硬背"的高度接受型学习法)的失望,为其在教育改革框架下的教育理念的提出起了决定性的作用。他所提出的是一种自主管理、自我实践的理念。他认为,工作的严肃性是重中之重,并视工作为一种教育理念,职业教育是通向普通教育的途径,因此,应称为**"职业培训型教育"**(Bildung durch Ausbildung),与威廉·封·洪堡提出的**"学术型教育"**(Bildung durch Wissenschaft)理念并行。凯兴斯泰纳坚信,通过所从事的职业,人们可以获得最好的发展,"职业教育位于人类教育的入口处。据此,教育与职业培训二者不再非此即彼,职业培训更确切地讲是对教育途径的描述"。

凯兴斯泰纳认为,教育主要是塑造性格(国家公民教育)。"我们能够教会学生的最珍贵内容绝非知识,而是一种获得知识的合理方式以及一种付诸实施的自主方式。"因此,职业教育首先并非是"为适应工业社会的要求而做出的准备",而是"成年人融入国家公民社会的途径"。

凯兴斯泰纳教育理念的核心是实践："历史的教训、经济的指导、关于体制、法律和国家职能的说教、用课堂材料抗争某些党派方针的指示，这些都是差劲的、有时甚至是错误的方法。【……】但它们无疑是最便捷、最廉价的方法。【……】然而众所周知：仅凭说教，无法塑造国家公民。所有的知识只是实践的工具。我们能否成为合格公民，取决于我们的实践。"

因此，凯兴斯泰纳提出了劳作学校的概念，"劳作学校必须要从我们的学习型学校中产生，并与童年的游戏学校紧密相连"。

凯兴斯泰纳还指出了职业教育的优越性。职业教育的核心是实践，鉴于学生们在现代课堂中展示出的兴趣和发展潜能的差异性。"如果一位教师在把握新事物时能够简化所有的困难，使得所有学生，如果能均衡的话，就像从一条倾斜的沥青路面划入全新的课堂内容，那么我们称其为灵活的方法学专家。但这一赞誉是有限制的，亦即面对一个班级思维迟钝的学生，他可能是非常灵活的教学法专家；然而面对一班天资聪颖的学生，他却是不灵活的。【……】绝不能让鹰参与麻雀的飞行练习。只有最灵活的方法学家才能合理地安排课堂，使得每一个学生都能遇见并解决适合自己的困难。【……】就如同登山，每人每小时内只能完成他们力所能及的路程，而在错误的教育方法牵引下，也许能达到所谓的"均衡促进"，虽然，这是我们今天单一的学校体系所允许的，但却让能力差的学生感到负担过重，能力强的学生感到无聊。"

二

以上表述详细反映了德国职业教育当中理所应当的一部分：它绝非是为资质愚钝的学生准备的后备计划。职业教育针对所有天赋迥异的学生，亦即是，它既是适合所谓的能力较差学生学习的特殊道路，又是一条拔尖人才的培养之路。职业教育的标志是不均一性，如同工业社会和数字社会中的职业千姿百态一般。

职业教育是德国延续至今的传统，也是公共教育体系的重要组成部分。它既包括完全的学校教育，又涵盖那些通过与公共职业学校和培训企业合作实现的职业培训。手工业和工业企业每年都在青年职业教育方面投入巨额资金。如此行事，只是为了未来的相关从业者能够获得良好的职业教育。职业教育的章程是教育部和手工业、工业商会共同合作的结果。在德国的公共教育领域中，没有哪一个领域如职业教育一样能够把教育与就业联系得如此直接、如此成功。

德国职业教育成功的核心前提是德国的经济结构。家族企业提供了绝大部分的工作及培训岗位。一旦此种经济结构不存在，职业教育的国际化往往会受到限制。在德国，大约50%的学生经历过职业教育领域中的培训，其中包括(少量的)读完9年级的中学毕业生(主要从事手工业)、取得了中等毕业证书的中学生(10年级之后)以及文理高中毕业生。此外，对于读过普通中学却没能顺利毕业的学生而言，职业教育也是一条通向成功之路。同时，这也反映了人们通过职业教育可以获得各种各样的资格证。

在此，我想要强调职业教育的三个独一无二之处：

1. 教育体系中没有哪一个领域像职业教育这样**多种多样**。培训类别的多样性明显反映出这一特点。也许没有哪一位专家可以回答德国的职业教育领域究竟提供了多少教育培训项目，因为我们谈论的是不断发展的体系。这些教育培训涵盖了从残疾人教育学到特种人才培养等各个领域。

2. 教育体系中没有哪一个领域像职业教育这样**灵活**。这是对科技进步、企业文化和服务业转变、新型企业的产生以及所有属于现代经济活力组成部分的必然回应。新型职业以及为促使现有职业继续发展的教育培训项目层出不穷，例如，机械师与电子工程师二者结合，催生了电子机械师，而今又在工业4.0大背景下成为信息技术所要求的必备素质。

3. 教育体系中没有哪一个领域像职业教育这样有如此**创造性的学习文化**。理论与实践的结合为不断发展的学习文化提供了巨大的机遇。而教育工作者与培训师的经验同样对此做出了贡献。不同的教学地点、不同的参与者以及经济的活力推动教育创新。某些创新形式应用到了普通学校当中（例如：小型企业）。

职业培训型教育——这是当今社会的要求。我们的表达虽不同于凯兴斯泰纳，但核心内容，即普通教育与专业知识、理论与实践相结合是一成不变的。普通教育的科目有德语、外语、历史／政治、数学、自然科学及宗教。这些科目规范对于培训、对于职业发展——如果有需要且有可能的话——对于向高等学校的过渡至关重要，因为如今大家依然认同：职业培训和公民教育二者具有核心重要性，也是职业教育理念的目标。生活与工作变化越快，这一理念越显得重要——主要原因在于其教育创新能力以及与此相连的创造性的学习文化。

双轨制培训的原则日益得到了我们高等教育体制的认可。也许还有些培训项目当下要求很高，使其一般适用于第三期教育。而未来就在于第二期和第三期的职业培训项目间衔接得更好。这同样会增强国际吸引力。

数十年来，德国的职业培训始终得到国际社会的关注，也签署了很多协议。而今我们明白，教育体制是不可复制的。它立足于文化框架，这一框架又作用于教育理念的贯彻。但是，职业教育的根本原则是可以借鉴的，即坚信职业培训的教育意义及其教育影响、理论与实践相结合以及学校和企业的伙伴关系。

（张若玉　译）

Erich Thies

Akademische Berufsbildung:
Ein Konzept auch für China?

In Deutschland, Österreich und der Schweiz gibt es seit Jahrzehnten eine von Staat und Betrieben gemeinsam verantwortete, praxisorientierte *duale Berufsausbildung*. Die Betriebe stellen Ausbildungsplätze und Lehrlingsausbilder zur Verfügung, suchen junge Leute dafür aus und bezahlen für sie eine Ausbildungsvergütung. Einen oder zwei Tage in der Woche besuchen sie eine staatliche Berufsschule, die die erforderlichen theoretisch-fachlichen Kenntnisse vermittelt. Ausbildung im Betrieb und Berufsschule dauern in der Regel drei Jahre. Nach einigen Jahren Berufserfahrung haben sie die Möglichkeit, sich weiter zu qualifizieren – bis hin zum Studium in einer Universität. Das deutsche Bildungssystem ist also prinzipiell durchlässig, auch wenn nur Wenige diesen Weg gehen.

Hinzu gekommen ist das Modell der *Berufsakademien*, in denen junge Leute mit Abitur bis zum BA-Abschluss studieren. Sie sind jeweils ein halbes Jahr im Betrieb und ein halbes Jahr in der Akademie. Auch hier stellen Firmen Ausbildungsplätze zur Verfügung, suchen sich junge Leute aus und finanzieren sie über eine Ausbildungsvergütung, die keinen Lohn darstellt. Das heißt, die *Betriebe,* nicht die Hochschulen, bestimmen, wer an der Berufsakademie, bzw. Dualen Hochschule studiert. In Baden-Württemberg studieren zur Zeit mehr als 30.000 Menschen auf diese Weise. Sie haben häufig bereits Stellenangebote vor ihrem Examen und sind begehrte, weil hochqualifizierte Mitarbeiter in allen Sparten einer

Firma. Sie stellen das mittlere Management dar oder sind spezial-
isierte Facharbeiter. Die Berufsakademie oder Duale Hochschule
ist eigentlich eine logische Weiterentwicklung der dualen Berufsausbildung, eine Weiterentwicklung, die geeignet ist, den in den letzten Jahren massiv gestiegenen Qualifikationsansprüchen an einen
Beruf zu genügen. Sie ist eine qualifizierte Berufsausbildung auf
Hochschulniveau. Zwischen einem Automechaniker von früher und
einem Mechatroniker von heute liegen Welten. Der erfolgreiche Abschluss von Lehre und Berufsakademie vermittelt also *zwei* formal
anerkannte Qualifikationen: eine abgeschlossene Lehre für einen
Beruf und den BA, der dem Abschluss an Fachhochschulen gleichgestellt ist.

　　Die wirtschaftliche und auch politische Stabilität eines Landes
werden weit mehr durch kleine und mittlere Unternehmen (KMU)
als durch große Firmen gewährleistet. In Baden-Württemberg wird
dieses besonders sichtbar. Die neuen Arbeitsplätze auf hohem
technischen Niveau werden vor allem durch kleine und mittlere
Unternehmen geschaffen, also über eine diversifizierte Struktur,
und nicht durch große Firmen oder gar durch den Bankensektor.
In Baden-Württemberg ist es gelungen, neben Universitäten und
Forschungsinstituten an zentralen Stellen des Landes, mit einem
ausgebauten, dezentralen System an Fachhochschulen sowie die
Duale Hochschule, ehemals Berufsakademien, sowohl den Forschungs-
bereich als auch den Ausbildungsbereich hervorragend abzudecken.
Das Innovationspotential eines eng kooperierenden Systems von
kleinen und mittleren Unternehmen und Akademien und Hochschu-
len/Universitäten ist enorm und Kennzeichen einer Hochschul- und
Wirtschaftsstruktur, die im internationalen Wettbewerb bestehen
kann.

Die letzten Jahre mit ihren Finanzkrisen haben gezeigt, dass die duale Berufsausbildung einen erheblichen *Stabilitätsfaktor in Wirtschaft und Politik* darstellt. Die Jugendarbeitslosigkeit ist in Deutschland, Österreich und der Schweiz außerordentlich gering. Die weitaus meisten Jugendlichen haben eine *Berufsperspektive* für ihr Leben, über die sie ihre spätere Familie ernähren können. In Staaten wie Italien, Griechenland und Spanien beträgt die Jugendarbeitslosigkeit dagegen regional mehr als fünfzig Prozent. Die Perspektivlosigkeit Jugendlicher ist in diesen Staaten ein erheblicher politischer Unruhefaktor. Das zeigen Streiks und Demonstrationen.

Gleichwohl ist anzumerken, dass sich auch in Deutschland die Folgen einer *Fehlsteuerung* bemerkbar machen. Auch in Deutschland hat man die Universitäten stark ausgebaut und die Fachhochschulen mit ihrer berufsbildenden Funktion vernachlässigt. Auch in Deutschland streben Institutionen wie die Fachhochschulen nach „oben", wollen den Universitäten auch in ihrem Forschungsanspruch gleichen und stehen dabei in der Gefahr, ihren genuinen Auftrag zu vernachlässigen, nämlich für praxisbezogene Berufe auf wissenschaftlicher Grundlage auszubilden. Wenn es inzwischen in Deutschland mehr junge Menschen an Universitäten und Fachhochschulen gibt als solche, die eine Berufsausbildung im Betrieb anstreben, entspricht das nicht dem Bedarf von Wirtschaft und Gesellschaft. Es wird dabei in der Regel vergessen, dass auch Universitäten für Berufe ausbilden. Auch die Humboldt'sche Universitätsidee ist davon geprägt. Es ist davon auszugehen, dass nur einige wenige Prozent der Studierenden – und das gilt für Deutschland wie für China – für die Forschung, das heißt wissenschaftliche Arbeit im engeren Sinn geeignet sind. Die meisten Studierenden suchen eine hochqualifizierte Ausbildung für einen Beruf, mit dem sie in der Gesellschaft eine angemessene Position einnehmen können, durch die ihre Arbeit anerkannt und entsprechend honoriert wird und mit der sie ihre Familie ernähren können.

ÜBERLEGUNGEN ZU EINER DUALEN HOCHSCHULE IN CHINA

Die duale Berufsausbildung hat in Deutschland eine lange Tradition und ist nicht einfach auf China zu übertragen. Dem stehen in China massive Interessen von Eltern und Jugendlichen entgegen, die der irrigen Auffassung sind, dass ausschließlich über eine universitäre Ausbildung, möglichst an Spitzenuniversitäten, ihre spätere gesellschaftliche Stellung gewährleistet wird. Zudem gibt es bisher keine Anzeichen dafür, dass kleine und mittlere Unternehmen (KMU) in China bereit wären, ihre eigenen jungen Leute auszubilden und hierfür Ausbildungsplätze, Lehrlingsausbilder und Ausbildungsvergütungen bereitzustellen. Die Idee der Corporate Identity eines Unternehmens und die Vorstellung von produktiver Loyalität und Zugehörigkeit des Arbeitnehmers zum Unternehmen reicht anscheinend nicht so weit, dass Unternehmen bereit sind, Geld für die Ausbildung von Jugendlichen zur Verfügung zu stellen, um diese früh am sich zu binden.

Man sollte prüfen, ob eine *Akademische Duale Ausbildung*, die in enger Zusammenarbeit mit ausgewählten Betrieben einer *definierten Wirtschaftsregion* Chinas Ausbildungsplätze anbietet und die mit einem Akademischen Abschluss beendet wird, ein Modell darstellt, das die erforderliche *praktische Betriebsausbildung* mit einer *Hochschulausbildung* verbindet. Letzteres müsste so strukturiert sein, dass das Interesse von Jugendlichen und Eltern an einer akademischen „höheren" Ausbildung befriedigt wird und zugleich berufspraktische Erfahrungen vermittelt werden. Politisch müsste dafür Sorge getragen werden, dass eine solche Ausbildung gesellschaftlich und von den Betrieben akzeptiert wird.

Die jetzige Situation führt zu einer steigenden Zahl von *arbeitslosen Akademikern*. In China müssen jungen Menschen extrem hart arbeiten, um ihr Gaokao auch so zu bestehen, dass sie an einer Universität zugelassen werden. Ihr gesamtes „Lernleben" ist geprägt durch ein *enormes Arbeitspensum*, durch *hohe Erwartungen* an sich selber und durch hohe finanzielle Leistungen und Erwartungen der Eltern. Bislang war es selbstverständlich, dass ein erfolgreiches Studium auch mit der Hoffnung, gar Sicherheit, auf einen gut bezahlten Arbeitsplatz in Wirtschaft oder Staatsverwaltung verbunden war. Umso massiver ist die *Enttäuschung und Unzufriedenheit* von Jugendlichen und Eltern, wenn die bisher begründete Erwartung nicht erfüllt wird. Absolventen von Universitäten müssen mit schlecht bezahlten Tätigkeiten vorlieb nehmen, für die ihre gesamte Anstrengung und Ausbildung nicht erforderlich gewesen wäre. Das wird als Gesichtsverlust und persönlich und familiär als *„Absturz"* erlebt.

So wächst ein *„akademisches Proletariat"* heran, dessen politisches Potential und Sprengkraft nicht unterschätzt werden darf. Es sind ja in der Regel kluge und geschulte, aber massiv von Staat und Gesellschaft enttäuschte junge Menschen, mit denen man es zu tun hat. Und es sind solche Menschen, die wegen des festgelegten Bildungssystems Chinas nun keine Chance mehr sehen, ihr ursprüngliches Lebensziel zu verwirklichen. Sie haben beruflich und auch persönlich eigentlich nicht mehr viel zu verlieren. Die beschriebene Situation stellt für sie einen „Bruch" in ihrer Lebensplanung dar, der nicht mehr zu heilen ist.

Eine Auflösung dieses Dilemmas zwischen gesellschaftlichen Erfordernissen und persönlichen Interessen ist schwierig und kostet viele Jahre politischen und staatlichen Bemühens, weil sich Einstellungen und Vorurteile verändern müssten. In jedem Fall wird es erforderlich sein, eine chancenreiche, hochqualifizierte berufspraktisch bezogene Alternative zur rein universitären, forschungsbezogenen Ausbildung zur Verfügung zu stellen.

1. Es sollten deshalb in einer vom Staat definierten *Region* Firmen gewonnen werden, vor allem kleine und mittlere Unternehmen (KMU), die Ausbildungsplätze anbieten und bereit sind, die jungen Leute zu betreuen und zu finanzieren. Ein Teil der Kosten könnte anfangs vom Staat getragen werden.

2. Der Staat sollte in diesen Regionen *Akademien oder Duale Hochschulen* gründen, die berufsspezifische akademische Abschlüsse vergeben und die eng mit ausgewählten Unternehmen zusammenarbeiten. Die Lehrenden müssen selbst über qualifizierte Berufserfahrung in Betrieben verfügen. Diese Hochschulen oder Akademien haben *keinen* eigenen Forschungsauftrag. Das Studium schließt mit einem speziellen Master ab.

3. Die *qualifiziertesten* Absolventen der Dualen Hochschulen oder Akademien sollten die Möglichkeit haben, ihre Ausbildung an Universitäten ihrer Wahl fortzuführen. Mithilfe staatlicher Informationspolitik sollte man sich bemühen, die bisherige strikte Trennung zwischen Arbeit nach universitärer Ausbildung (mit weißem Kragen) und „normaler" praktischer Arbeit (mit blauem Overall) „aufzuweichen".

4. China hat anscheinend gute Erfahrungen mit *Modellregionen* gemacht, um deren Übertragbarkeit nach einer gewissen Zeit prüfen können. Auch diese Ausbildungsform könnte ein Modell in einer Region darstellen.

5. Zugleich sind wissenschaftsbasierte, praxisorientierte Ausbildungseinrichtungen ein hervorragendes Mittel *regionaler Wirtschafts-*

förderung. China hat zahlreiche sehr starke Wirtschaftsregionen. Sie können bei Bedarf auf die Absolventen von guten Universitäten und deren Forschungspotential zugreifen. Die der Berufsbildung dienenden Dualen Hochschulen oder Akademien dagegen sind geeignet, *dezentral* hochqualifizierte Arbeitskräfte für KMU zur Verfügung zu stehen. Das gilt besonders für die Unternehmen, die selber nicht über die Kapazität verfügen, betriebsinterne Probleme zum Beispiel der Organisation, des Ein- und Verkaufs, der Logistik, des Materials zu lösen. Neben den Ausbildungsaufgaben könnte auch zu den genuinen Aufgaben dieser Akademien oder Dualen Hochschulen gehören, Unternehmen bei ihren firmenspezifischen, praktischen Problemen zu *beraten.*

6. Eine solche einschneidende Umsteuerung im Bildungsbereich müsste politisch begleitet werden, indem der Staat die Institutionen und ihre Absolventen einer Modellregion durch „Labels" und besondere Ehrungen öffentlich hervorhebt. Eine dauerhaft tragende gesellschaftliche *Anerkennung und Akzeptanz* kann sich im Laufe der Jahre dann ergeben, wenn Absolventen der Dualen Hochschulen oder Akademien durch Unternehmen akzeptiert werden und wirtschaftlich erfolgreich arbeiten.

埃里希·蒂斯(德国文教部长联席会议原秘书长)

学术型职业教育：中国职业教育的参考？

数十年来，德国、奥地利和瑞士三国一直运行着一种由国家和企业共同负责、以实践为导向的**双元制职业培训**。企业提供培训岗位和学徒培训师，甄选年轻人参加培训，并支付给他们培训津贴。学徒们每周有一到两天去国立的职业学校上课，学习必备的专业理论知识。通常情况下，在企业和职业学校的培训时长为三年，学徒积累几年的工作经验后，便有机会进一步深造——直到在大学读学位。因此，德语国家这种教育体系原则上是可渗透的，虽然只有少数人会走这条路。

此外还有一种职业学院的模式，通过文理中学毕业考试的年轻人可在那儿拿到大学本科毕业文凭，其中需要一年半在企业实习，一年半在学院上课。在这种模式下，企业也同样会提供培训岗位，甄选年轻人，并提供培训津贴，不过这并不算工资。这就意味着，由**企业**而不是由高校决定去职业学院或双元制高校学习的人选。在巴登–符腾堡州(以下简称"巴符州")，目前有三万余人在该模式下学习。他们在参加考试前就已经找到去处了，因为高水平的员工在公司的各个部门都十分抢手。他们成为企业的中层管理人员，或是具备专业水平的技工。职业学院或双元制高校实则是双元制职业教育的延续，其发展符合逻辑，能够很好地满足社会对某一职业日益发展的资质需求，是一种高校层面的高水准职业教育。以前的汽修工人和现在的机械电气师根本不可同日而语。成功结束学徒生涯和顺利从职业学院毕业，学员们收获了**双重**认证：完成了职业上的学徒期和获得了等同于应用科技大学毕业的本科文凭。

保证一个国家经济和政治的稳定，不仅依赖大企业，更多地则要依靠中小企业。这一点在巴符州体现得尤为明显。新的高技术水平工作岗位大多由中小企业创造，即产生于多样化的产业结构中，而不是产生于大型企业或是银行业。巴符州以其不断扩大的、分散的职教体系获得成功。除了综合性大学和科研院所之外，应用科技大学、双元制大学，即之前的职业学院同样覆盖了研究领域和培训领域，效果十分显著。中小型企业、研究院和高校/大学之间密切合作机制所产生的创新潜力是巨大的，也是高校和经济体系能够经受国际竞争的一大特征。

前些年爆发的经济危机表明，双元制职业教育已成为**经济和政治领域的一个稳定因素**。德国、奥地利和瑞士三国的青年人失业率维持在特别低的水平。绝大多数年轻人**职业前景好**，维持生计没有问题，能为未来建立家庭提供基础。而在意大利、希腊和西班牙等国家，青年人失业率在部分地区超过半数，年轻人觉得前途无望，成为这些国家政治不稳定的一个很大因素，这一点从罢工和游行可以看出。

尽管如此，我们同样看到，德国因**调控失误**而产生的后果也已显山露水。德国同样在大力扩建大学，忽视应用科技大学的职业教育功能。在德国，应用科技大学等机构也力求向"高处"发展，想要和大学的科研要求比肩，却因此忽略了自己真正的使命——即在科研基础上为实践型职业培训人才。这是危险的。如果有更多的年轻人去读大学和应用技术大学，而不是去企业参加职业培训，这并不符合经济和社会的需求。人们往往会忘记，大学也可以提供职业培训的。洪堡的大学思想也主张这点，只有极少数的大学生适合从事严格意义上的学术工作，即从事研究工作——这一点适用于德中两国。大部分的大学生应该寻求职业上的高水平培训。工作有助于大学毕业生在社会中找到适合自己的位置，通过工作得到认可，获得相应的报酬并以此供养家庭。

对中国双元制高校的几点思考

双元制职业教育在德国有着悠久的传统，但并不能简单地嫁接到中国。中国家长和年轻人对职业教育并无太多好感，他们错误地认为，只有接受大学教育、最好是就读名牌大学才能保证未来的社会地位。至今或许还无迹象表明，中国的中小企业已做好准备，去培训本国年轻人，并为此提供培训岗位、学徒培训师和培训津贴。一个企业的共同价值观、员工对企业的归属感和忠诚度似乎并不足以令企业十分乐意为青年人提供培训资金，使其早早地与企业对接。

应该考察一下；一个**学术性的双元制职业教育**，在**中国某个经济地区**选择若干企业开展密切合作，提供培训岗位，并在培训结束后提供学术类毕业文凭，这是否是一种将必备的**实践性的企业培训与高校教育**相结合的模式。最终需要有制度性的措施，满足年轻人和父母对"更高"的学术教育的心理需求，同时传授实践性的工作经验，让这种教育获得社会和企业的接受和认可。

目前的情况导致**大学毕业生失业**人数高企。中国的年轻人不得不刻苦学习，参加高考，进入大学。他们的整个"学习生活"的特征是**沉重的课业负担**、对自己**有很高的期待**，高投入高产出以及父母的殷切希望。直到现在，大家还理所当然地认为，读好大学就有希望，就能保证在企业和国家机关获得一份好工作，两者密不可分。然而，一旦期望落空，年轻人和父母的**失望和不满**就越多。大学毕业生们不得不将就从事一份收入不高的工作，而他们之前的努力和教育或许根本就派不上用场。这让人感到丢脸，无论个人还是家庭都会有"**失败感**"。

"**学术无产阶级**"由此产生，他们所爆发出来的政治破坏力不可低估。"学术无产阶级"通常是聪慧且受过教育的年轻人，他们会对国家和社会极度失望，觉得再也看不到实现自己最初生活目标的机会。因此，他们在职业和个人方面也没有更多的东西可以失去。上述境况是他们人生规划中的"裂痕"，永远难以治愈。

面对社会需求和个人利益之间的两难困境，找到解决办法相当困难，这需要国家和政府多年努力，因为人们的观念和偏见有待转变。无论如何，有必要发展机会多、水平高的职业实践教育，使之成为纯大学的、以研究为导向的教育之外的另一种选择。

1. 应由国家指定某个**地区**的企业，尤其是中小企业，提供培训岗位，愿意辅导和资助年轻人。在初始阶段，国家可以承担部分费用。

2. 国家应当在相关地区兴建**职业学院或双元制高校**，这些学校可授予职业类学术文凭且与各企业密切合作。教师自身必须拥有丰富的企业工作经验。这类高校或学院本身**没有**科研任务，学生毕业可拿到特定的硕士文凭。

3. 这些学校**最优秀**的毕业生有机会进入自己选择的大学进一步深造。在国家的信息政策的帮助下，应努力消除接受大学教育后参加工作(白领)和"普通"实践型工作(蓝领)之间的严格区分。

4. 看起来中国在建设**示范区**方面是拥有丰富经验的，其引进消化的能力经得起时间的检验。此类教育形式也可成为一个地区的样板。

5. 同时，以学术为基础、实践为导向的教育机构也是**推动地区经济发展**的利器。中国的经济发达地区众多，在有需要时，它们可招到优秀大学的毕业生，发挥其科研潜力。与之相对，服务于职业教育的双元制**高校**适合**分散性地**为中小企业提供高水平的劳动力。这一点尤其适用于一些并不具备整体实力解决企业内部问题，如组织、采购和销售、物流、原材料等问题的中小企业。除了培训职能外，职业学院和高校的真正任务还在于，在中小企业遇到公司特有的困难、实际操作有问题时为它们提供**咨询**服务。

6. 教育领域的大转型应有政策配套，国家可通过"贴牌"和给予特殊荣誉的方式让示范地区的教育机构和毕业生在社会上获得公众的赞誉。随着时间的推移，这些双元制高校或学院的毕业生被企业接受并在工作中表现优异，他们就能得到长期稳定的社会**认可和接受**。

（马　绎　译）

Peter Kulitz

Duale Ausbildung als Königsweg der Fachkräftesicherung

Für viele Nationen war und ist es ein Phänomen, wie Deutschland die Krisen der jüngsten Zeit gemeistert hat – seien es der heftige Konjunktureinbruch im Zuge von Weltwirtschafts- und Finanzkrise oder auch die Verwerfungen in der Euro-Zone. Mehr noch, unsere Wirtschaft hat daraus Stärke gewonnen und ist die Export- und Konjunkturlok Europas. Auch stehen wir gerade im Südwesten mit einer Arbeitslosenquote von aktuell 4,0 Prozent vor der Vollbe-schäftigung. Bei der Jugendarbeitslosigkeit sind wir mit nur 3,3 Prozent nationale Spitze. Viele Betriebe bleiben auf ihren offenen Stellen ‚sitzen', finden auf dem Markt gar nicht so viele Fachkräfte, wie sie eigentlich benötigen. In unseren Nachbarländern sieht es da ganz anders aus, einige kämpfen schon länger mit hohen zweistelligen Arbeitslosenquoten – auch mittelfristig ohne Aussicht auf deutliche Besserung.

Dieses ‚German Job-Wunder' gründet sich vor allem auf ein Reservoir an passgenau ausgebildeten Fachkräften, die von Anfang an dual, also parallel im Betrieb praktisch und in der Berufsschule theoretisch ausgebildet werden. An vielen Berufsschulen ist es darüber hinaus möglich, Zusatzqualifikationen zu erwerben. Die Berufseinsteiger schließen dabei einen Ausbildungsvertrag mit einem Unternehmen, durchlaufen alle Abteilungen, die für ihren Beruf relevant sind und bauen so auch von Anfang an eine Bindung zum Betrieb auf. Umkehrt erkennen auch die Ausbilder Stärken und

Schwächen, können die jungen Fachkräfte vor allem nach dem Abschluss dort einsetzen, wo sie am stärksten sind. So starten dual Ausgebildete direkt nach ihrem Abschluss und auch oft schon davor in ihren Berufen ,voll durch', sind fachlich wie theoretisch top, kennen die Produkte und Abläufe im Unternehmen gut und erbringen deshalb hohe Wertschöpfung ohne die in vielen Ländern üblichen Adaptionsphasen. Unser Fachkräftepotenzial und dessen duale Gewinnungsmethode bilden so einen bedeutenden Stabilitätsfaktor für unsere Wirtschaft und das politische System. Wir Deutsche haben uns also einen Standortvorteil erarbeitet, der nicht auf speziellen Bodenschätzen oder einem reichen Überschuss an Arbeitskräften gründet. Vielmehr fördern wir mit dem System der dualen Ausbildung die Entwicklung von Arbeitskompetenz, welche Effizienz, Kenntnis von Betrieb, Produkt und Fachmaterie optimal mit den Fähigkeiten und Fertigkeiten der Person in Einklang bringt. Oft entstehen zahlreiche Innovationen oder Weiterentwicklungen direkt aus Vorschlägen in der Fertigung und Arbeitspraxis, an welche ein Stab von Ingenieuren in der Entwicklungsabteilung beim Entwurf gar nicht denken konnte. So verbinden sich hochqualifizierte und fachqualifizierte Arbeit zu einer harmonischen Einheit, bilden unser fachliches Yin und Yang.

Freilich hat sich dieses ausgewogene System in Deutschland nicht ,über Nacht' etabliert. Vielmehr reichen die Ursprünge der Lehrlingsausbildung bis ins Mittelalter, erste Ansätze sogar schon bis ins klassische Altertum zurück. Ein von den Zünften geprägtes, abgestuftes Modell der Ausbildung, das vom Lehrling über den Gesellen bis zum Meister reichte, hat sich im Spätmittelalter durchgesetzt und bezog sich bis weit ins 20. Jahrhundert vorwiegend auf den handwerklichen Bereich. Die rein fachliche Ausbildung war dabei nur ein Teil der Lehre – es ging ebenso um das Hineinwachsen und die Bewährung in einer umfassenden Lebensordnung, die das Zunftwesen vorgab. Parallel zum Erlernen des Handwerks bis zur Perfektion lief also ein Prozess der persönlichen Reifung und Persönlichkeitsbildung ab. Mit dem Aufkommen und Erstarken des Wirtschaftsliberalismus und der zunehmenden Industrialisierung lösten sich die Zünfte auf. Im Ergebnis kam die Krise über das etablierte und eingespielte Modell fachlicher wie persönlicher (Aus-) Bildung. Die personalintensive Industrieproduktion der Frühzeit hatte Bedarf an Arbeitskräften, die sehr viel leisten konnten und dabei so schnell wie möglich arbeitsfähig waren – die zuvor bis zur Meisterschaft entwickelte Kombination möglichst hoher Arbeitsqualität und ausgeprägtem Fachwissen waren nur noch nachgeordnete Ziele. Die Ausbildung kann deshalb mit heutigen Maßstäben gemessen als geradezu eindimensional und nachlässig betitelt werden. Weil das Kaiserreich den Arbeitermittelstand jedoch als Kraft gegen die stärker werdende Sozialdemokratie benötigte, erließ der Hof Ende des 19. und zu Beginn des 20. Jahrhunderts Gesetze in großer Zahl, um Ausbildung und Berufsstände der Arbeiterschaft wieder zu stärken. Im Zuge des Handwerker-Schutzgesetzes bekamen die Handwerkskammern 1897 den Status von Körperschaften des öffentlichen Rechts verliehen, was die Freiwilligkeit zugunsten der Pflichtmitgliedschaft in Berufsinnungen zur Folge hatte. Gleichzeitig regelte eine neue Gewerbenovelle Vorschriften, Bestimmungen und das Vorrecht für die Lehrlingsausbildung des Handwerks. 1908 koppelte der »kleine Befähigungsnachweis«, das Recht zur Ausbildung an den Meistertitel (das Recht, ein Handwerk auszuüben, stand auch weiter Gesellen zu).

Die Ursprünge des heutigen Berufsschulwesens fallen auch in diese Zeit. Aus zu Beginn religiösen und gewerblichen Sonntagsschulen wurden im Zuge der Bemühungen, das Bildungsniveau der Unterschicht zu steigern, allgemeine und berufliche Fortbildungsschulen. Sie waren zugleich als Bindeglied zu verstehen, die in dieser Zeit bestehende Erziehungs- und Bildungslücke zwischen Volksschule und Militärdienst zu schließen. So hoffte das liberale Bürgertum durch eine bessere Integration von Jugendlichen aus den unteren Schichten zu verhindern, dass die unterdrückte Arbeiterklasse die geltende bürgerliche Sozial- ordnung ganz in Frage stellte und in der Folge sprengte. Anfang des 19. Jahrhunderts gingen diese Fortbildungsschulen im eigentlichen Berufsschulwesen auf und die breite Masse besuchte sie: 1911 galt dies für fast 94 Prozent der jungen Menschen eines Jahrgangs. Nach dem Ersten Weltkrieg führte die SPD als regierende Partei eine Fortbildungspflicht bis zum 18. Lebensjahr ein. Der noch heute geläufige Begriff »Berufsschule« entstand allerdings später, und zwar 1923 in Preußen, ohne jedoch einheitlich verwendet zu werden. 1938 folgte die einheitliche Benennung in »Berufsschule«, »Berufsfachschule« sowie »Fachschule« und die »Pflichtberufsschule« wurde eingeführt.

Eine Lehrlingsausbildung jenseits der Handwerksberufe – zuerst in der Industrie zum Facharbeiter – gibt es seit Mitte der 1920er Jahre. Seit 1930 nahmen die Kammern Prüfungen dieser Lehrlinge ab. In der Ausbildung galt es, komplette Arbeitsgänge zu erlernen, die dafür in Einzellehrschritte zerlegt wurden und Lernabschnitte mit steigen- dem Schwierigkeitsgrad bildeten. Praktisch unterrichtet wurden diese in Lehrwerkstätten im Rahmen von Lehrgängen. Der heute zentrale Begriff für die Kombination von Berufsausbildung in Theorie und Praxis, das »duale System«, entstand 1964. Einschneidende rechtliche Änderungen wurden 1969 vorgenommen. Es wurde ein 'Berufs- bildungsrecht' gesetzlich verankert, welches die Interessen und Er- fordernisse von Staat, Arbeitgebern und Arbeitnehmern zusammenführte. Über die Jahre zerfaserte, unklare Ausbildungsrechte für verschiedene Berufe wurden wieder zusammengeführt und der Einfluss des Staates auf die Ausbildung abgesichert. In diesem Zuge fiel die Federführung in der beruflichen Bildung auf nationaler Ebene dem Bundesministerium für Bildung und Wissenschaft zu. Diese Schritte haben nach wie vor Bestand und bilden damit quasi den Schlussakkord im Wandel des deutschen dualen Berufsbildungssystems, wie wir es kennen und nutzen.

Die lange und durchaus wechselvolle Tradition der dualen Ausbildung zeigt gut, warum das Modell so erfolgreich ist. Erstens ist es natürlich gewachsen und damit über Jahrzehnte ausgereift. Zweitens erfüllt es in seiner Art und seinem Anspruch einen ganzheitlichen Bildungsauftrag für junge Menschen, der fachlich wie theoretisch untermauert ist. Weder soll also möglichst viel und möglichst breit gestreutes Wissen in den Köpfen der Lehrlinge landen, noch sollen diese eine Unzahl fachpraktischer Vorgänge erlernen, die sie im Grundsatz für vieles, im Kern aber für keine Tätigkeit richtig vorbereiten. Ziel ist, und der Erfolg gibt uns dabei Recht, die Erfordernisse und das Wissen der jeweiligen Berufsbilder optimal einzuüben und nach erfolgreichem Abschluss selbstständig auszuführen wie anzuwenden. Man kann an dieser Stelle festhalten, dass der wirtschaftliche Aufschwung Deutschlands nach dem Zweiten Weltkrieg ohne das duale Berufsbildungssystem so, wie er stattgefunden hat, nicht möglich gewesen wäre.

In der Regel dauert eine ‚klassische' Ausbildung drei Jahre; es gibt aber auch dreieinhalb- sowie zweijährige Berufsbilder. Mehr Fachwissen und Fachkönnen kann in aufbauenden Schritten erworben werden durch in der Regel berufsbegleitende Weiterbildungsmodelle zum Berufsfachwirt oder Techniker und nachfolgend zum Meister oder IHK-Betriebswirt. Auch ein anschließendes (Fach-)Studium ist nach entsprechender Berufspraxis ohne Abitur möglich. Ebenso gibt es für leistungsstarke Jugendliche mit (Fach-)Abitur, also den höchsten Schulabschlüssen, Kombimodelle von Aus- und Weiterbildung, die beispielsweise den Finanzassistenten oder Handelsfachwirt zum Ziel haben. Hier wird der Beruf der Bankkaufleute oder von Kaufleuten im Groß- und Einzelhandel mit der Weiterbildung zum Bank-Finanzassistenten beziehungsweise zum Handelsassistenten in einem Ausbildungs-Modul kombiniert. Für Abiturienten bietet sich die Möglichkeit, Fachpraxis im Betrieb und ein grundständiges Studium mit Bachelor-Abschluss im Rahmen eines Dualen Studiums zu verbinden. Diese Studienangebote werden von Unternehmen ausgeschrieben, die mit ihren Studenten dann ebenso wie bei der dualen Ausbildung einen Arbeitsvertrag schließen. In jeweils halbjährlichen und/oder dreimonatigen Phasen wechseln Praxisteile, also Arbeitssequenzen im Betrieb, mit Studienmodulen an der Hochschule ab bis zum Bachelorabschluss. Dieser duale Hochschulabschluss befähigt ebenso wie ein klassischer Uni-Bachelor zum Master-Studium an Universitäten. Unser System ist also höchst durchlässig und ermöglicht Weiterbildung und stetigen Aufstieg quasi ein Arbeitsleben lang. Auch in Österreich und der Schweiz haben sich in etwa vergleichbare duale Modelle entwickelt, die mittels verschiedener Weiterqualifizierungsmöglichkeiten beruflichen Aufstieg und hohes Qualifikationsniveau bis auf Universitätsebene ermöglichen.

Dass dieses Modell gut funktioniert, wie es sich in Deutschland entwickelt hat und was es auszeichnet, haben wir beleuchtet. Deshalb ist es jetzt an der Zeit, ein Blick auf die tatsächlichen Bedarfszahlen zu werfen. Einige Skeptiker halten den Ländern, die vorwiegend dual qualifizieren, gerne vor, dass es wirtschaftliche Performanz auf

Spitzenniveau schlussendlich doch nicht ohne eine beträchtliche Schar an akademisch hochqualifizierten Wissensarbeitern geben könne. Gerade die OECD – für viele maßgebliche Instanz zur Beurteilung des weltweiten Bildungsniveaus – war lange scharfer Kritiker unseres Berufsbildungssystems. Deutschland produziere zu wenige Hochqualifizierte, falle damit im weltweiten Benchmark ab und das werde sich irgendwann einmal rächen bei der weiter steigenden Globalisierung auch in den Belegschaften der Unternehmen, bei zunehmender Verflechtung internationaler Teams. Ich sage Ihnen: Solche Aussagen sind und bleiben bloße Drohschemen, wenn man das System einmal voll durchschaut hat. Interessanter Weise scheint dies auch bei der OECD angekommen zu sein: Seit vergangenem Jahr wird auch hier umgedacht und Deutschland in Studien und Gutachten für sein Bildungssystem gelobt. Vielmehr trage jetzt die duale Ausbildung und das daraus resultierende Fachkräfteniveau sehr zur Leistungsfähigkeit der Wirtschaft und zur Stabilisierung konjunktureller Schwankungen bei. Ein Fazit aus diesem Umschwung: Man darf bei weltweiten Vergleichen nie übersehen, dass der theoretische Abschluss an beruflichen Schulen in keinem Fall mit dem Abschluss einer echten dualen Ausbildung vergleichbar ist, außer man möchte natürlich unbedingt Äpfel mit Birnen vergleichen. Selbst in den USA, die ja für ihr im Durchschnitt hohes Niveau akademisch qualifizierter Arbeitskräfte gerne gelobt werden, hat Präsident Obama im Februar 2013 in seiner Rede an die Nation viel Lob für das deutsche Schul- und Berufsbildungswesen gefunden. Er sagte: *„Right now, countries like Germany focus on graduating their high school students with the equivalent of a technical degree from one of our community colleges. So those German kids, they're ready for a job when they graduate high school. They've been trained for the jobs that are there."* Deshalb betone ich deutlich: Die duale Ausbildung ist der Königsweg zur Fachkräftesicherung einer modernen Volkswirtschaft. Genau aus diesem Grund habe ich den Titel für meinen Beitrag gewählt.

Natürlich brauchen auch Deutschland und dessen starker Südwesten akademisch hoch qualifizierte Fachkräfte vor allem im MINT-Bereich der Mathematik, Informatik, Naturwissenschaften und Technik. Unsere Hochschulen, die in vielen Rankings europa- und weltweit zu den besten Einrichtungen in ihren Fachbereichen zählen, machen hier einen hervorragenden Job und versorgen unsere Betriebe mit erstklassig ausgebildeten Wissenschaftlern, findigen Programmierern und pfiffigen Ingenieuren. Aber wie hoch ist der Fachkräftebedarf der Wirtschaft an Akademikern und dual ausgebildeten Facharbeitern nun wirklich, in welchem Verhältnis werden sie gebraucht?

Die Industrie- und Handelskammern haben zur Analyse ein besonderes Tool entwickelt, den so genannten »IHK-Fachkräftemonitor«. Dieses Instrument zur Analyse von Fachkräfteangebot und -nachfrage in ganz Baden-Württemberg, in seinen Regionen und Branchen, ermöglicht auf Prognosebasis einen Blick in die Zukunft bis zum Jahr 2030. Hier möchte ich wesentliche Aspekte herausgreifen, welche die Bedeutung und den Wert der dualen Ausbildung – auch als Chance für die so ausgebildeten Fachkräfte – untermauern. Werfen wir zuerst einen Blick auf die Fachkräftelücke, denn in Deutschland sehen wir uns durch den demografischen Wandel einer stetig schwindenden Zahl an jungen, ausbildungsfähigen Menschen gegenüber. Wir werden im Gesamtschnitt immer älter, die Zahl der Geburten ist niedrig, weshalb immer weniger Mädchen und Jungen im ausbildungsfähigen Alter für die Wirtschaft zur Verfügung stehen. Ohne hier auf die Hintergründe und Ursachen im Detail einzugehen, ergeben sich folgende Zahlen:

Bis 2025 geht die Summe der Personen im erwerbsfähigen Alter im gesamten Bundesgebiet um ca. 3,5 Millionen zurück. Der Fachkräftemangel wird so für immer mehr Betriebe – mittlerweile geben dies 40 Prozent an – zum wirtschaftlichen Risiko. Jedes vierte Unternehmen hat schon heute deutlich Schwierigkeiten, seine offenen Stellen zu besetzen. Die Engpässe betreffen besonders technische Berufe, den Gesundheits- und Pflegebereich sowie die Gastronomie und das Hotelgewerbe. Vor allem im nicht-akademischen Bereich werden uns Fachkräfte massiv fehlen. Betrachten wir beispielsweise die deutsche Lücke bei den naturwissenschaftlichen Berufen, wird das besonders deutlich: Hier fehlen uns im Jahr 2020 zwischen Nordseeküste und Alpenrand gut 1,3 Millionen Facharbeiter, aber nur 70.000 MINT-Akademiker.

Zurück in unser Bundesland: Das Angebot an Fachkräften allein in Baden-Württemberg quer über alle Berufsgruppen und Qualifikationsniveaus wird von heute rund 3.850.000 Arbeitskräften bis zum Jahr 2030 in einer steten Abwärtsbewegung auf unter 3.300.000 abfallen. Im gleichen Zeitraum entwickelt sich die Nachfrage in einer Wellenbewegung von derzeit 3.925.000 Stellen auf knapp 3.600.000 Arbeitsplätzen. Somit geht diese zwar auch zurück, entscheidend ist jedoch die Lücke zwischen Angebot und Nachfrage. Die Schere, welche heute schon da ist, öffnet sich von knapp über 80.000 gesuchten Fachleuten auf die gigantische Zahl von fast 330.000 fehlenden Fachkräften. Interessant ist auch, wie diese Bedarfslücke nach Qualifikationsniveaus betrachtet aussieht. Hier zeigt sich, dass der Engpass bei akademisch Qualifizierten – oder anders im Sinne der OECD formuliert, bei Hochqualifizierten – konstant zwischen 20.000 und maximal 25.000 pendelt. Demgegenüber vergrößert sich die Kluft bei den beruflich Qualifizierten, also Fachkräften mit einer dualen

Ausbildung und/oder Weiterbildung als Fachwirt, Techniker oder Meister, von derzeit knapp über 60.000 auf die gigantische Zahl von fast 310.000. Als Vergleich: Auch bei den Helferberufen, also bei Jobs mit einfachen, wenig komplexen (routinehaften) Tätigkeiten ohne formalen Bildungsabschluss oder maximal einjähriger Basisausbildung, wird aus einem Überschuss von derzeit 100.000 Personen eine Lücke von knapp unter 60.000 Arbeitskräften im Jahr 2030. Interessant dabei ist, dass sich auch hier der Bedarf höher entwickelt und damit die Lücke größer wird als bei den Akademikern. Daran lässt sich doch leicht und eindeutig erkennen, dass Deutschland und auch der erfolgreiche, hoch innovative Südwesten als Heim vieler ‚Hidden Champions' und eine der erfinderischsten Regionen in der EU, kein akademisches Problem, sondern ein massives Fachkräfteproblem dual ausgebildeter Kräfte bekommt.

Die Ursachen, welche ich Ihnen hier nicht verschweigen möchte, hängen zwar vor allem am demografischen Wandel, sind aber in der Tiefe vielschichtiger. Natürlich werde ich hier nicht in die Detailanalyse gehen, denn das würde einen eigenen Beitrag gut füllen. Was man aber auf den Punkt gebracht sagen kann ist, dass auch bei uns das Streben nach einem möglichst hohen Abschluss – als vermeintliches Glück für eine gute berufliche Zukunft – zugenommen hat. Begünstigt wird dies durch immer höhere Schülerzahlen an Gymnasien und in der Folge deutlich größere Abiturientenzahlen – in Baden-Württemberg machen sie schon weit mehr als 50 Prozent eines Jahrgangs aus. Das alleine ist noch kein Problem. Gerade auch die leistungsstarken Jugendlichen könnten mit einem dualen Ausbildungsmodell wunderbar durchstarten und sind in den Betrieben herzlich willkommen. Allerdings kommt es häufig vor, dass sich Absolventen, unterstützt von ihren Eltern, sagen: „Wenn ich jetzt schon den höchsten Schulabschluss gemacht habe, der mich zum Studium zulässt, dann studiere ich auch!" Als Ergebnis stehen nicht nur größere Abbrecherzahlen an den Hochschulen zu Buche, weil das Anforderungsniveau dort ob der hohen Erstsemesterquoten noch einmal ansteigt. Viele Studierende merken auch erst im Studium, dass ihnen die Theorielastigkeit mit dem vielen Stoff ohne echten Praxisbezug und ohne bedeutende Praxisphasen, wie sie in der dualen Ausbildung fester Bestandteil sind, nicht liegt. Besonders in naturwissenschaftlichen Fächern oder Fachbereichen, in denen echte Befähigung zusätzlich zum Lernwillen vorhanden sein muss, hilft dann nur noch der Ausstieg. Weiter ist es schon lange nicht mehr so, dass alle Absolventen eines Studiums auch eine adäquate Stelle finden. Selbstverständlich brauchen wir gute Akademiker aus allen Fachrichtungen und unsere Universitäten bilden auch entsprechend gut aus. Allerdings ist der Markt für Archäologen, Kunsthistoriker und Philosophen sehr begrenzt, oft außerhalb der Uni gar nicht wirklich vorhanden. Wenn wir hier nicht gegensteuern, und zwar alle Entscheidungsträger aus Politik und Wirtschaft zusammen, dann laufen wir sehenden Auges der Gefahr einer gigantische Fehlallokation des knappen Gutes Fachkräfte direkt in die Arme. Denn was sollen unsere Betriebe mit Akademikern, die nicht bedarfsgerecht – deutlicher gesprochen falsch – ausgebildet und dabei vielleicht sogar überqualifiziert sind. Sie müssen entweder aufwändig nachqualifiziert oder gar ganz neu qualifiziert werden. Das ist ein Problem für beide Seiten! Dazu kommt, dass echte Berufsorientierung an unseren Schulen – gerade den höheren – kaum vorkommt. Häufig höre ich als Unternehmer und auch im Rahmen meiner IHK-Tätigkeit von jungen Menschen Sätze, die fehlende Berufsorientierung unterstreichen. Da soll »irgendwas mit Computern oder Medien«, gerne auch in Kombination oder mit Beifach »Wirtschaft« studiert werden. Meist enden diese Gespräche mit »mal schauen«. Das zeigt deutlich, dass über die Berufsbilder, deren Inhalte und Anforderungen sowie Alternativen an unseren Schulen quasi kaum bis gar nicht gesprochen wird. Viele Lehrkräfte kennen die Vorzüge und Möglichkeiten des dualen Ausbildungssystems nicht wirklich – sie haben ja studiert und empfehlen dass dann auch gerne weiter. Dass dual ausgebildete Berufe zum Teil besser bezahlt werden als so mancher Uni-Abschluss, können Sie sich nicht vorstellen. Ich kann Ihnen sagen, dass es aber in der Praxis so ist. Dass unsere dual aus- und weitergebildeten Fachkräfte im Unternehmen gefragt und anerkannt sind, dass sie sichere Jobs mit ausreichend Einkommen haben, um ihren Familien ein gutes Leben zu ermöglichen. Eine duale Ausbildung ist im Vergleich zu einem Universitätsstudium kein Abstieg, kein Beruf zweiter Klasse – es ist vielmehr eine weise Wahl mit allen Möglichkeiten nach oben.

Eine Änderung, die speziell unser Bundesland neu betrifft, empfinde ich persönlich als ebenso gravierend, nämlich die Abschaffung der verbindlichen Grundschulempfehlung. Bis vor wenigen Jahren war es so, dass beim Wechsel von der Grundschule in eine weiterführende Schule egal welchen Niveaus eine verbindliche Empfehlung der Lehrkräfte für die Schüler ausgesprochen wurde. Diese zeigte klar auf, für welchen Schultyp das Mädchen oder der Junge geeignet erschien. Im Zweifel hatten die Eltern eine Wahlmöglichkeit. Diese Bindung an das Expertenurteil der Lehrer ist nun aufgehoben. Sie sprechen zwar immer noch eine Empfehlung aus, die jedoch nicht mehr bindend ist. Da bei uns in Deutschland der Wechsel nach der vierten Klasse mit ungefähr zehn Jahren sehr früh erfolgt, ist diese Entscheidung umso gravierender. Viele Eltern wollen aus sehr verständlichen Gründen das Beste für ihre Kinder, also die ideale Ausgangslage für die spätere Berufswahl, und probieren ihr Glück und das Glück ihrer Kinder deshalb auf dem Gymnasium. Entsprechend scheitern einige auch. Vielleicht ist das eigene Scheitern oder das der Kinder bei uns ein kleinerer Gesichtsverlust als im asiatischen Kulturkreis. Allerdings ist dies auch bei uns im Gegensatz zu beispielsweise den angelsächsisch geprägten Kulturen – vor allem den USA – ein Problem, ein Makel, der nachwirkt. Vor allem sind die Folgen für die Kinder und jungen Menschen selbst gravierend. Denn wenn die Schulkarriere und der Berufseinstieg von Misserfolgen bestimmt ist, können wohl kaum die eigenen Potenziale abgerufen werden, wenn man im passenden Beruf oder beim passenden Schulabschluss angekommen ist. Um all diesen Entwicklungen gegenzusteuern, arbeitet der BWIHK als Dachverband intensiv mit der Politik im Land zusammen und unsere zwölf IHKs in Baden-Württemberg werben offensiv für die Vorzüge und Möglichkeiten der dualen Ausbildung. Glauben Sie mir, wir schaffen das!

Wir können auch schon Erfolge unserer Bemühungen zeigen. Beispielsweise wird es in Baden-Württemberg ab dem kommenden Schuljahr das neue Schulfach „Wirtschaft, Berufs- und Studienorientierung" an allen Schulen geben. Auch hat die Landesregierung auf unseren Einsatz hin eine Leitperspektive „Berufsorientierung" für das Schulwesen verabschiedet. Mit diesen Maßnahmen wird nicht nur mehr dringend notwendiges Wirtschaftswissen im Unterricht verankert, es wird auch wichtige Berufsorientierung vermittelt. Zusätzlich bieten die IHKs geeignete Weiterbildungsangebote für Lehrkräfte an, um diese mit aktuellem Wirtschaftswissen fit zu machen für den neuen Unterricht, beispielsweise auch über Praktika in Unternehmen. Um ein wichtiges Element kämpfen wir derzeit doch, die verbindliche Einführung eines ‚Tages der Berufsbildung' an allen Schulen. Wir sehen darin eine wichtige Kontaktmöglichkeit für Schüler, Betriebe und unsere IHK-Bildungsprofis. Auch sollen dort die Erwartungen an Azubis und dual Studierende aus Sicht der Unternehmen nahe gebracht werden, damit Schüler wissen, was von ihnen erwartet wird und wo sie Verbesserungspotenzial bei sich selbst haben. Die Regierung ist von dieser Idee angetan, hat sich aber noch nicht zu einer gesetzlichen Regelung durchgerungen. Wir bleiben aber am Ball.

Sicher ist, dass wir die Nachwuchslücke aus eigener Kraft nicht werden schließen können. Dies trifft auch Baden-Württemberg, obwohl wir einen positiven Wanderungs- und Bevölkerungssaldo haben. Deutschland ist also auf die Zuwanderung von jungen Menschen und Fachkräften angewiesen. Auch durch die zahlreichen Flüchtlinge, welche derzeit in die EU und vor allem nach Deutschland strömen, ergeben sich Perspektiven für unsere Wirtschaft. Jedoch eher auf lange Sicht, wenn diese Menschen zum Beispiel durch ausreichend Sprachkenntnisse fit genug für unseren Arbeits- und Ausbildungsmarkt sind.

Kommen wir nun zur Kernfrage, die uns heute besonders beschäftigt: Ist die duale Ausbildung ein ebenso gutes Qualifizierungsmodell für China? Alle modernen Volkswirtschaften, vor allem auch Ihr Land, müssen sich heute Gedanken machen, wie sie ihr Arbeitskräftepotenzial optimal qualifizieren. Wenn der Großteil von Leistungen einer Nation nicht über günstige Preise am Markt und die rein personalintensive, aber wenig qualifizierte Arbeitsleistung abgedeckt wird, sie also zu den ‚Werkbänken dieser Welt' gehört, braucht ein Land ein gutes, klar strukturiertes Konzept zur Berufsbildung. Ein Konzept, das theoretisches Wissen und fachliches Können in einem harmonischen Mix vermittelt. Genau das kann ein dualer Ansatz vorzüglich. China hat lange von den Besten gelernt und produziert nun in vielen Bereichen auf Top-Niveau, liefert viele Innovationen. Nun gilt es diese Leistung auf ein passendes Bildungskonzept zu übertragen.

Chinas Bildungssystem orientiert sich stark an amerikanischen und traditionellen Einflüssen. Während die Aus- und Umgestaltung der Universitätsausbildung, die ja immer auch gesellschaftliches Aushängeschild ist, mit sehr viel Eifer angepackt wird, fristen praktische und fachbezogene (Berufs-) Bildungsgänge noch ein Schatten-dasein. Alles ist darauf ausgelegt, dass Schüler ihr *gaokao* so gut bestehen, dass es für die Universität reicht. Wenn die Punktzahl des Abschlusses aber trotz harter Arbeit und viel Einsatz nicht genügt, gibt es aus Sicht von Eltern, Lehrern und Schülern nur noch einen Bildungsweg ‚zweiter Klasse'. Die Punktzahl entscheidet aus Sicht der Betroffenen über Wohl und Wehe, über Anerkennung und Zukunftschancen, über Stolz oder Gesichtsverlust. Gleichzeitig spüren aber immer mehr junge Chinesen, die es vermeintlich geschafft haben, dass trotz Top-Qualifikation nicht genügend Jobs am Markt sind, die das gute Leben ermöglichen, welches ein Universitätsabschluss ihnen suggeriert hat. Sie kämpfen um jede Stelle, oft auch unter Qualifikationsniveau, hoffen auf ihre Chance am Arbeitsmarkt. Hier droht die reale Gefahr eines neuen Bildungsprekariats. In Deutschland kennen wir dies unter dem geflügelten Satz „der studierte Philosoph, der nach seinem Abschluss hauptberuflich Taxi fährt". Gleichzeitig erfolgt die Berufsbildung auf der wichtigen Facharbeiterebene in China losgelöst von der betrieblichen Praxis. Die Schulen bilden also eigenständig ohne Einbezug der chinesischen Wirtschaft und weitgehend ohne allgemein gültige Ausbildungsstandards aus. Wenn es Kooperationsmodelle mit Unternehmen gibt, dann sind diese oft sehr ineffizient.

So gibt es Probleme von zweierlei Seiten: Erstens steht China vor einer Flut an Akademikern, die zwar hoch gebildet sind, aber eben nicht so ausgebildet, wie Bedarf in der Wirtschaft besteht. Zweitens vermittelt das grundständige Berufsbildungssystem kaum oder keine Fachpraxis in den Betrieben, was entsprechende Anlern- und Qualifizierungsphasen ,on the job' notwendig macht. In beiden Fällen kommt nicht das heraus, was die Wirtschaft braucht, nämlich passgenaue Fachkräfte, die in den Betrieb und seine Abläufe eingebunden sind oder zügig eingebunden werden können. Deshalb tut China gut daran, diesen Zustand zu verändern, um die Ausbildung attraktiver und passgenauer zu machen sowie die Bildungsströme besser hin zum tatsächlichen Bedarf der Wirtschaft zu lenken.

Natürlich muss die Chance einer Berufsausbildung, am besten die einer echt dualen Ausbildung unterhalb des akademischen Universitätsniveaus, auch erst einmal in den Köpfen der Menschen ankommen. Bislang gilt dieser Weg ja als sehr unattraktiv. Es ist auch geboten, dass ein Wandel im chinesischen Berufsbildungssystem in Harmonie und mit dem gebotenen kulturellen Respekt für die Traditionen Chinas zu erfolgen hat. Allerdings ist ein Umdenken im Sinne der westlichen Marktwirtschaft aus meiner Sicht zum Beispiel bei der Entlohnung dualer Azubis sinnvoll. Auch wenn Deutschland eines der wenigen Länder auf der Erde ist, in dem Bildung durch staatliche Subvention zum größten Teil kostenfrei stattfindet und auch wenn bei uns eine Lehre nicht von Beginn an vom Betrieb entlohnt war, so ist doch das Gehalt ab dem ersten Tag einer Lehre nach deutschem Vorbild ein wesentliches Element, um deren Attraktivität zu erhöhen. Schließlich durchlaufen junge Menschen nicht nur einen qualitativ hochwertigen Bildungsprozess, sondern sie erbringen eine Wertschöpfung, für die sie bezahlt werden. Sie stehen damit zu einem gewissen Maß auf eigenen Beinen, entlasten ihre Familien oder können diese sogar unterstützen. Sie haben damit neben allen Möglichkeiten für eine gute Zukunft nach Ausbildungsende schon während der Bildungsmaßnahme Erwerbserfolg, der entsprechend mit ihrem Lern- und Praxisfortschritt zunimmt (generell steigt in Deutschland das Ausbildungsgehalt in drei Stufen je nach Lehrjahr und Fortschritt). Gerade da die vorhergehende schulische Ausbildung Eltern in China viel Geld kostet, könnte dies das Ansehen und den Stolz beim Azubi und dessen Familie enorm steigern.

Grundsätzlich braucht China ein gutes System echter dualer Ausbildung dringend. Wenn Sie sich beispielsweise den tatsächlichen Bedarf an Fachkräften unserer seit Jahrzehnten sehr gut entwickelten Wirtschaft im Südwesten Deutschlands anschauen – die Zahlen habe ich Ihnen ja dargestellt und erläutert – dann erkennt jeder, egal ob Schüler, Eltern, Lehrer oder auch Politiker, das wahre Potenzial, welches in einem solchen Bildungsweg schlummert. Auch die chinesische Wirtschaft, die sich ja immer weiter spezialisiert und in vielen Bereichen zur Weltspitze aufschließt, braucht mehr denn je gut ausgebildete Facharbeiter, die ihren Job beherrschen. Die Zeit der Massenproduktion mit einem Heer von kaum grundständig qualifiziertem Personal in der Fertigung neigt sich dem Ende. Deshalb bemerken gerade auch deutsche Betriebe, die mit chinesischen Partnern vor Ort im Rahmen von Joint-Ventures oder mit eigenen Standorten in China aktiv sind, eine extreme Schere von hoher Jugendarbeitslosigkeit, zahlreichen schlecht qualifizierten Wanderarbeitern vor allem vom Land, die sich tageweise über Wasser halten, und einem extremen Facharbeitermangel. Die große Mehrheit der Firmen gibt in Umfragen immer wieder an, dass ihr größtes Problem im Finden von qualifiziertem

Personal bestehe; der überwiegende Teil bildet vor Ort selbst aus. Sie haben mit großer Energie und auch Dank des Einsatzes seitens des AHK-Netzwerkes und besonders der chinesischen Politik, genauer dem Ministerium für Arbeitskräfte, einige gute Ansätze auf den Weg gebracht. So gibt es seit zwei Jahren eine duale Ausbildung zum Mechatroniker, Industriemechaniker und Elektroniker, die in einem Diplom mündet, das sowohl in China als auch in Deutschland anerkannt ist. Die chinesischen Fachkräfte sind somit auch direkt für den deutschen Arbeitsmarkt qualifiziert. Im Startjahr 2013 nutzen rund 200 junge Chinesen und rund 40 Betriebe diese Chance von Theorie an der Uni und Praxis im (deutschen) Betrieb. Die erfolgreiche Zukunft des chinesischen dualen Systems kann durchaus in deutsch-chinesischen Ausbildungsclustern liegen. Wir haben die Erfahrung und eine lange Tradition dieser Ausbildungsform. Dies ist natürlich nur ein Licht am Sternenhimmel des chinesischen Arbeitsmarktes und es ist noch ein weiter Weg zu gehen, um die von Fachkreisen geschätzt mehrere hunderttausend Arbeitskräfte große Fachkräftelücke im Reich der Mitte zu schließen.

Da aber nach einem chinesischen Sprichwort *auch der längste Weg mit dem ersten Schritt beginnt,* ist gerade unsere heutige Tagung eine gute Möglichkeit, weitere konkrete Ansätze zu diskutieren und neue Ideen aus der Taufe zu heben. Ich freue mich sehr, Teil dieses Prozesses zu sein und sage nur leise: Wenn die deutsche duale Ausbildung für uns ein lange bewährter Königsweg zur Fachkräftesicherung ist, dann sollten ihn in einem Land großer Weisheit wie China auch Kaiser einmal gehen.

彼得·库利茨博士（巴登-符腾堡州工商代表大会主席）

双元制职业教育——
专业人才的有力保障

　　无论是全球经济与金融危机迅猛来袭，抑或是欧元区内面临的分裂危险，对许多国家而言，德国如何能战胜近期这一连串危机，显得非同寻常。不仅如此，德国经济在此期间还持续走强，甚至是欧洲出口和经济的火车头。目前，德国西南部地区在充分就业的条件下失业率为4.0%，青年失业率仅为3.3%，为各联邦州最低。许多企业尚有空缺的专业人才岗位，而在就业市场上无法找到那么多的专业人才。我们周边国家的情况则截然不同：一些国家的失业率长期维持在两位数的水平，居高不下，且在未来中长期尚未预见有明显的好转。

　　这一"德国就业奇迹"主要依赖于精准培养的专业人才储备措施，这些专业人才从一开始就参加双元制职业教育，即在企业参加实习实训的同时，又在职业学校接受理论教育。此外，在许多职业学校内，他们还可以学习到其他技能。职场新人与企业签订了培训协议，在与其工作相关的所有部门轮岗；因而，自工作伊始，他们就具有了企业归属感。同样，培训方也能从中了解受训人员的优缺点；在年轻专业人才毕业之后，将他们安排到他们最擅长的工作岗位上。这样，接受过双元制职业教育的专业人才在毕业之后、有时甚至在入职之前，即可直接"完全融入"职场生活中。他们的专业知识同理论知识一样扎实，熟悉产品与企业运作，因而很快可创造出可观的劳动价值，而无需经历在许多国家通常遇到的职业适应期。我们的专业人才储备措施和双元制学习模式构成了我们经济与政治体系稳定发展的一个重要支柱。这意味着，我们德国人之所以能有区位优势，并非基于特殊的矿藏或充裕的劳动力，而是通过双元制职业教育体系提升工作能力，促使工作效率以及企业运作知识、产品知识和专业材料知识与员工的能力和技能达到完美的融合状态。大量的革新或持续研发常常直接源于生产制造与劳动实践的各项建议，这些金点子是研究开发部门的工程师们在初始设计时完全想不到的。这样，高学历工作人员与专业技术人员相互取长补短，成为一个优势互补的专业团队。

　　当然，德国这种和谐的职业教育培训体系并非一夜之间形成的。学徒教育的起源可以追溯到中世纪，甚至在古希腊罗马时代就已出现最初的萌芽。中世纪晚期采用行会主导的分层教育模式，即从"学徒"成长为"伙计"直至晋升为"师傅"。直至20世纪，手工行业均以这种模式为主。纯粹的专业培训仅是教学的一部分——学徒还要适应并遵守行会组织规定的全方位的生活准则。学习手工艺直至精通的过程，也是个人成熟与品格塑造的过程。随着经济自由主义的发展壮大以及工业化进程，行会解散了，享有盛誉的专业知识教育与个人品格相结合的培养模式陷入困境。早期工业生产中人力密集型模式需要干得又多又快的劳动力，而以前要成长为"师傅"需结合高质量的工作技能与卓越的专业知识，在这里却沦为次要目标。所以，工业化早期的教育模式从今天的标准来看完全是一维的、不够严谨的。在19世纪末20世纪初，由于德意志帝国需要工人中坚力量来对抗日益强大的社会民主主义势力，所以宫廷出台了一系列法律，以进一步加强工人阶层的培训与职业水平。《手工业者保护法》颁布之后，手工业者协会于1897年获得公法社团的合法地位，因而规定了手工业者在从业时须自愿加入手工业同业公会的要求。同时，新的行业公约调整了有关手工业学徒培养的规章、法令与优先权。1908年，《小资格证书》与为晋升获取"师傅"头衔的资格渠道打通（"伙计"继续拥有独立从事手工行业工作的资质）。

现今的职业学校教育就源于这一时期。最初的宗教和工商业的周日学校努力提升底层民众的教育水平，发展成为普通职业进修学校。这类学校填补了国民学校和兵役之间的教育空缺。自由资产阶级希望源于底层阶级的青少年能更好地融入现有的社会制度，以免被压迫的工人阶级质疑现行的资本主义社会秩序，从而出现社会动荡。19世纪初，这些普通职业进修学校并入原有的职业教育体系内，广大民众慕名前往求学。1911年，同一个年级中就有近94%的年轻人就读此类学校。第一次世界大战之后，社会民主党作为执政党推行职业进修教育，学生须参加各类职业进修直至年满18周岁。至今仍在使用的"职业学校"这一概念稍晚出现，1923年产生于普鲁士，但当时未能在全国统一推行。1938年，"职业学校"、"职业专科学校"、"专科学校"以及"义务职业学校"获得统一命名。

20世纪20年代中，手工业学徒教育初具雏形——首先在工业企业出现专业工人。自1930年起，商会为学徒举办考试。在职业培训过程中，学徒们必须习得完整的工作流程，工作流程被划分为单独分项的过程，实行难度递增的阶梯式学习方案。实际上，当时的授课是在学徒工场按照教学进程进行的。而双元制，即当今职业培训中把理论与实践相结合的核心概念，产生于1964年。1969年，国家做出了重大的法律变更，颁布了"职业教育法"，这一法律兼顾了国家、雇主和雇员的利益与需求。人们把多年来琐碎而模糊的、针对不同职业的各种职业教育权利整合在一起，国家针对职业培训的框架自此确立了下来。联邦教育和科研部负责在国家层面上制定职业教育政策。正如我们所认识的那样，这些举措依然发挥着作用，成为德国双元制职业教育演进历程中的大事。

双元制职业培训悠久且多变化的传统，证明这一模式是成功的。首先，它自然生长，历经数十载的发展，日臻成熟；其次，它以自身独特的培训方式与教学要求完全符合年轻人理论与专业知识相结合的学习需求。它既不要求学徒掌握尽可能多、尽可能广的零散知识，也不让他们过多投入那些为许多工作却并不能为职业发展真正做好准备的专业实践活动。它的目的在于：让每一位参加职业培训的学徒都能掌握必要的知识，并在顺利通过毕业考试之后，能够独立地实践与操作。因此，我们坚信：如果德国没有引入双元制职业教育体系，德国二战后的经济腾飞就不会出现。

"传统的"职业教育学制通常为三年，但也有三年半或两年半的情况。毕业后，学徒原则上可以通过在职继续教育培训，掌握更多的专业知识与专业技能，成长为中高级技工或技术员，最终晋升为"师傅"或德国工商代表大会企业管理人才。完成相关职业培训之后，学徒即便没有高校入学资格，也能够进入高等专科院校学习。同样，我们也为持有职业高级中学毕业证书的年轻人提供职业教育与继续教育相结合的职业培训模式，比如培养他们成为财务助理或贸易专业人员。银行职员以及批发零售业从业人员通过参加继续教育培训，获取银行财务助理或贸易助理资质。我们还为高中毕业生提供双元制职业教育培训的机会，他们既参与企业实习，又学习完整的大学课程并完成本科学业。与双元制职业培训一样，这类学习项目由企业公布，企业与学生签订劳务合同。学习模式规定：学生要每半年或三个月参加一次实习，即到企业中工作，直至本科毕业。与传统的本科学习一样，参加这一双元制大学学习模式的学生在毕业之后也可以继续攻读硕士学位。我们的这一体系高度灵活，可使工作中的继续教育与职业发展成为可能。如今，奥地利和瑞士也采用了类似的双元制培训模式。两国的双元制培训模式同样也是通过职员参加各类继续教育培训，从而将职场升迁与提高业务水平完美结合，培训职员达到大学水平。

我们已经介绍了双元制职业培训的良好运转状况、在德国的发展历史及其明显的优势。现在，我们来关注一下该类培训岗位的现实需求量。一些对双元制职业培训持有异议的人喜欢批评实施双元制职业培训的国家，他们认为高端商务经济行为最终离不开大量具备高端学术水平的知识型人才。许多人认为，经济合作与发展组织是一个评价全球教育水准的权威机构。这一组织在很长一段时间内对我们的职业教育体制评头论足。它认为，德国培养的高端人才太少，在这方面落后于其他国家；在日益蓬勃的全球化进程中，在企业全体员工与国际团队成员交流增多的情况下，缺乏高端人才现状将给德国发展带来负面影响。而我想对各位说：如果大家通观双元制职业培训的整个发展历程，这些说法现在是、将来也会一直是纯粹的威胁之辞。有趣的是，这一说法似乎传到经济合作与发展组织那里：从去年起，经济合作与发展组织转变了它的看法，在其研究报告和评价鉴定中赞扬了德国的教育体制，并认定双元制职业培训以及培养出的专业技术人才为眼下提高经济效益、稳定经济局势作出了贡献。从经济合作与发展组织的转变可以得出结论——我们在全球范围的比较中绝不能忽视：学习纯理论知识的职业学校毕业生与那些真正意义上的双元制职业培训生是不具有可比性的。即使在以劳动力平均学历较高而为人称道的美国也不例外。2013年2月，奥巴马在一次公众演讲中大加赞赏德国的学校教育和职业教育体系。他说："现如今，德国等国家专注于培养其高中生获得技术类毕业文凭，该文凭等值于我国的社区大学文凭。这样的德国孩子在中学毕业时就做好了就业准备。他们受到的培训是为现有职业量身定做的。"因此，我要强调：双元制职业培训是保障现代国民经济拥有专业人才的有力措施。正是出于这个原因，我以此作为本文的标题。

德国与其经济发达的西南地区亟需高学历的专业人才，尤其是在数学、计算机科学、自然科学与工程学科领域。无论在欧洲排名榜还是在世界排名榜上，我们的高等院校的一些专业均名列前茅，为各类企业输送了一流的科学研究人员、机敏的编程员以及精明能干的工程师。但是经济界对高学历专业人才以及双元制专业工人的现实需求是怎样的，他们获得录用的比例又如何呢？

为便于分析，各级工商代表大会研制了一种工具——"工商代表大会专业人才监控系统"。这一系统能够分析出全巴符州各区域与行业针对专业人才的供需状况并能预测到直至2030年的数据。这里，我想选取几个重要方面来论证一下双元制培训的意义与价值以及职业培训毕业生的职场前景。我们先来了解一下德国所面临的专业人才匮乏缺口。出于人口因素等原因，参加职业教育培训的年轻人数量急剧下降。整体来看，德国人口不断老化，出生率低，因而能参加职业培训的适龄年轻人越来越少。这里，我们不去细究背景原因，但数据显示：到2025年，全德国处于就业年龄的人口数量将减少约350万。越来越多的企业将缺少四成的专业工作人员，这将成为经济下滑的一个风险因素。四分之一的企业目前面临就业岗位空缺、无法找到新生力量加以补充的窘境。困难重重的行业集中在技术工种、卫生护理行业、餐饮业以及酒店业。特别在非学术型行业专业人才奇缺，例如德国自然科学领域专业人才的缺口尤为明显。在2020年，全德境内缺少130多万专业技术人员，数学、计算机科学、自然科学与工程学科方面的高学历人才却只缺少7万名。

　　回到巴符州：在巴符州意欲应聘不同职业类型、不同技能要求工作的总数是385万人左右。到2030年，这一数字将持续下滑至330万人以下；同一时间段内，巴符州所提供的工作岗位数将由392.5万个减少至360万个以下；所提供的工作岗位数虽然减少，但供需间的差距愈加巨大。虽说现今供需差距为8万左右，到2030年差距将会达到33万。值得关注的是：不同学历水平人员之间的供需差异，对高学历人士的需求缺口保持在2-2.5万之间；而对具有双元制或继续教育背景的人员(技术人员、技师等)的需求缺口将由目前6万出头陡增至31万。可以比较的是：即使在助理帮工型职业，即那些简易、常规类工种，无需正式培训结业证书或至多只需一年基础培训的就业领域目前供大于求达到10万人，但到了2030年反而求大于供将在6万人上下。此外，还需关注到：助理帮工型职业市场供需失衡状况比高学历人才失衡状况更糟糕。从而可以得出明确的结论：德国全境，包括发展强劲、富含创意的西南地区，这一地区作为诸多"隐形冠军公司"的聚集地乃至欧盟发明最多的地区并不缺少高端人才，相反遇到的难题是亟需双元制职业培训出的专业人才。

造成以上局面的原因虽然一方面在于人口因素，但另一方面从深层次而言在于多方面的因素。这一点我并不想隐瞒，当然，我在这方面并不想加以细述，因为这样得要长篇大论了。问题关键在于：在我们德国追求尽可能高的学历被视为获取美好职业未来的保障，这一看法愈加受到追捧。具体体现在文理中学的学生人群庞大、最终毕业人数越来越多。在巴符州，处于同一年龄段的青年人群中有一半以上就读文理中学。初看起来，其本身并无问题。成绩好的青年人往往能更快适应双元制职业培训体系并迅速地得到企业方的认可。然而事实现状却是：文理中学毕业生得到父母支持，往往这样想："既然我已获取了就读大学资格，那我得要去上大学！"结果导致就读大学比例节节攀升，由于大学学科专业要求再次提升，因而辍学人数越来越多。许多大学生读了大学方才醒悟，大学学习偏重理论知识，缺少实际操作，与双元制职业培训恰好相反，大学学习并不适合他们。尤其是在自然科学专业以及那些除了学习意愿外还需要确凿学习能力的领域，不少学生不得不中断学业。大学毕业生找不到对口工作早已司空见惯。我们当然需要各领域的优秀大学毕业生，德国大学业已培养出许多优秀的毕业生。然而需要考古学者、艺术历史学家以及哲学家的市场毕竟极其有限，除了在大学工作之外，几无其他出路。倘若我们不能反向调控此局势，我们将眼睁睁地面对有限人力资源的错误分配。我们企业界应如何面对那么多的大学生呢？他们并不符合职场需求或者具体地说是被"错误方式"培养出来的、其能力也许大大超过职场需求。他们或是必须费时费力补充技能，或是重新参加职业培训。对企业及大学毕业生双方而言，都是个大问题！另外，在德国学校未开设"职业规划"课程，尤其是高级学校。我在工商代表大会工作期间，作为企业家，时常会听到年轻人对缺乏职业规划抱怨。那些年轻人应该攻读计算机科学、媒体新闻学、或是辅修经济学。他们谈话的结束语大多是："走一步算一步，看看再说吧。"这显示出：
在学校里，师生基本没有或根本没有探讨过职业前景规划的内容与
要求以及其他成才途径。许多中学教师并未真正意识到双元制职业
培训的优势与可操作性，毕竟他们本人都是大学毕业，因而也乐意
推荐学生们去大学读书。这些教师不能想象部分双元制职业培训毕
业生的薪金待遇已经高于部分大学毕业生。我可以明确地告诉大
家，事实确实如此。双元制职业培训毕业生受到企业欢迎并得到了
认可，拥有稳定的待遇与良好的工作，能和家人一起过上体面的日
子。与大学学习相比，参加双元制职业培训并不是在走下坡路或是
在从事二等职业，反而是个明智的选择，这一抉择充满着晋升的前
景。

　　我个人认为，巴符州新近废除了强制性的小学生升学推荐制
度，这一项措施是具有跨时代意义的。直到近几年，从小学升学至
高一级的学校均需要由小学教师提出推荐意见。这份推荐意见明确
指明这位小姑娘或者这个小男孩应该就读哪种类型的高一级学校。
家长持有异议的话，也可做出其他选择。现在这种教师推荐制度
被取消了。虽然教师依旧会提出推荐性的意见，但其功能作用已不
再那么举足轻重了。由于我们德国小学四年级学生在毕业时就得做
出这种选择，而年龄也就十岁左右，这么早做出的一个抉择意义非
凡。许多父母亲出于可理解的原因为自己子女选择最佳教育，为他
们的未来职业选择最理想的出发地，因而自己和孩子都愿意试试运
气，看看能否在文理中学读书跟得上。而有些学生确实跟不上。对
德国孩子来讲，这是一场自我失败体验，相比亚洲文化圈而言，还
不算是桩太丢脸的事。当然与盎格鲁-撒克逊文化圈，特别是美国文
化圈相比，这场失败对德国人而言是一种困惑，一种耻辱，它将持
续发挥负面作用。对孩子和青少年而言，这一结局很难接受，因为
学业困难、工作不顺，年轻人今后很难再正常发挥出自我潜能。为
了避免上述情况发生，巴符州工商代表总会与州政府积极合作，巴
符州下属的12个地区性工商代表大会正扩大宣传力度，竭力宣扬双

元制职业培训的优点以及培训之后的就业可能性。请相信我们能做好这件事！

我们努力的结果是令人满意的。例如从下一学年度开始，将在巴符州所有学校开设一门新科目《经济、职业与大学学习入门指导》。在我们的积极推动下，巴符州政府审议通过了《职业导向书》，为学校提供指导意见。采取这些措施之后，学生在课堂上不仅可学到亟需掌握的经济基础知识，而且对自己职业发展有了个基本的轮廓概念。此外，德国工商代表大会还组织师资培训，使这些教师掌握最新经济知识，开设新课堂，了解企业中的实习情况。我们正在努力动员所有学校组织学生前往企业参加一次"职业教育开放日"。我们把开放日看作是学生、企业、工商代表大会职教专家恳谈的好机遇。企业方可当面表达对文理中学学生及双元制大学生们的期盼要求，以便于学生们自查在哪些方面尚有潜力可以挖掘。州政府对此建议持肯定态度，但尚未颁布相关法令，但我们会一直努力推动此建议能最终付诸实施。

单靠自我力量肯定无法弥补未来劳动力的缺口。尽管巴符州的人口发展显示正面趋势，但未来也将遇到缺乏劳动力的问题。德国需要依赖外来的年轻人及专业人才。近期涌入欧盟地区，特别是来到德国的大批难民将来也可在德国经济界大展拳脚。从长远角度而言，这些难民得先过德语语言关，方可进入德国职业教育培训机构与劳动力市场。

我们来谈谈我们今天关注的核心话题：德国双元制培养模式对中国是否具有借鉴作用？包括中国在内的所有当代国民经济体都在思考，如何对其潜在的劳动力进行职业培训，以期发挥出雇员的最大潜力。一个国家要想摆脱仅靠价格低廉、以低劳动效率人员密集型产业为主的"世界工厂"经济格局形象，必须建立一套卓有成效、组织结构清晰的职业教育培训体系。这个方案就得先把专业技能融入理论知识之中，再传授给学生。这正是双元制职业教育培训的优势所在。中国早就学习了世界最先进的工艺，许多产品稳居世界领先地位且有不少科技研发硕果。现在正是将这些成果转移到职业教育培训方案的好时机。

　　中国的教育体制很大程度上受到美国及传统思想的影响。中国大学教改工作正在如火如荼地进行，引起了社会的广泛关注，而专业性强、侧重实践的职业教育却是默默无闻、乏人问津。学生的高考成绩是全社会焦点话题，关键就是要达到大学最低录取线。若是经过勤奋学习之后，高考成绩依旧不理想，那么家长、老师与学生才将参加职业教育培训列为备选方案。高考分数关系到考生家庭的幸福与苦恼、社会认可度与未来前途、是引以自豪还是丢失脸面。与此同时，越来越多的中国青年人也清醒地意识到：尽管学富五车，依靠大学毕业文凭并不一定能让他们找到工作，过上好日子。他们得要争取每个工作机会，常常包括那些低于他们专业水准的工作岗位。这就造成了一个真实版的高级知识分子失业危机。在德国有这么一句大家熟知的话"大学哲学系学生毕业后主要是去开出租车"。基于企业实际需求，中国的职业教育重点培育企业专业技术人员。但问题在于：职业学校各自独立培养学生，中国企业并未参与其中，而且各个职业学校所制定的培训标准都不一样。即使有些职业学校已与企业建立了合作关系，但收效不佳。

　　这样就存在两方面的问题：一方面，中国拥有数量庞大的高校毕业生，虽然拥有高学历，但并未契合经济界的要求。另一方面，职业教育体系几乎不传授新员工需掌握的实践知识或者提供必备的专业化现场实践。在这两种情况下，中国教育并未培养出经济界所需求的能迅速适应工作的专业人才。因此，中国职教改革方向定位恰当，要改变现状，使职业教育更具吸引力，培养出符合经济需求的精准人才。

　　诚然，我们首先要让真正的双元制职业教育理念，最好在大学学术水准的范畴下，深入到大众的意识中。迄今为止，职业教育培训缺乏应有的魅力。中国职业教育改革应当与中国传统和谐相处，并且充分尊重中国传统观念。就我看来，接受西方市场观念，向参加双元制职业培训的学员支付报酬，有着积极的意义。即使德国属于世界上较少的国家之一，由政府向企业方发放补助金，大多数职业教育培训并不向学员收费；即使我们的企业方并不在培训伊始发放报酬，但职业培训第一天的报酬是增加吸引力的重要因素。学员们毕竟不仅接受了高质量的职业培训，而且他们在培训过程中也为企业方创造出了劳动价值，其劳动理应获得报酬。参加职业培训的学员在一定意义上经济获得独立，减轻了家庭负担，甚至还能贴补家里。职业培训学员除了拥有职业培训之后获取好的工作岗位机遇之外，在培训期间，按其在学习和实践操作上的发展状况，还可获得越来越高的薪资待遇(德国培训员工薪资通常分为三个等级，随培训期限及良好表现而递增)。中国父母亲恰恰在上文提及的传统学校教育中开销巨大，其孩子参加双元制职业培训，将提升学生及家庭的荣誉和自豪。

　　中国亟需一个运行良好的、真正的双元制职业教育体系。正如我先前提及并分析到的数据，观察一下德国西南部几十年来良好的经济发展趋势、职业培训毕业生在那儿有多受欢迎，每个人(包括学生、家长、教师，还有政治家)都感受到双元制职业教育培训的魅力是无穷的。中国的经济愈加专业细分，且在诸多领域已经达到了世界顶级水平，愈加需要经过职业培训、掌握技能的专业技术工人。由一大批几乎无专业资质的人员构成的劳动密集型生产方式的时代行将结束。中德合资企业或是德方独资企业在中国当地就急需高技能的专业技术工人。与此相对，中国年轻人失业比例高，存在数量相当大的低技能民工群体，他们仅能艰难维持生计。根据针对这些公司的民意调查，他们目前遇到的最大瓶颈就是很难找到合格的应聘者；不少企业已在当地启动职业培训项目。他们花费了大量精力，借助于工商代表大会网络，并与中国人力资源和社会保障部合作，取得了初步成效。两年以来，在中国已开展培养机电一体化工人、工业机械师与电子工程人员的职业培训，培训证书为中德两国承认。在中国培训出来的毕业生技能达到在德国劳动力市场直接就业的水准。合作开始的第一年(2013年)，已有约200名中国年轻人和40家左右的(德国)企业享受了这一机会。只要中德双方在职业培训方面紧密合作，中国双元制体系调整必将获得成功。我们具有丰富经验，这一培训模式已成为我们一大传统优势。据专家估计，中国需要几十万的高技能职业培训毕业生，中德在当前职业培训方面的成功合作好比璀璨星海中的点点星光，发展前景光明。

中国谚语说得好：千里之行，始于足下。今日之论坛恰能给予我们探讨具体方案、萌发新理念的机会。我很高兴能参加这次论坛，不禁想轻轻地说一声：倘若双元制职业培训对我们德国来讲是条保障专业人才、久经考验的通向理想的成功道路，那么对智慧大国中国而言，该模式不啻是条实现中国梦的康庄之衢。

（吴声白、徐冠群、张若玉　译）

Hans-Peter Füssel

Lernortkooperation
– zentrale Voraussetzung erfolgreicher dualer Ausbildungen

1. Duale Bildungsgänge in Deutschland

Duale Bildungsgänge gelten als ein besonders erfolgreiches Modell beruflicher Bildung, die deutschen Erfahrungen werden dabei oftmals als Vorbild wahrgenommen[1]. Duale Bildungsgänge sind dadurch gekennzeichnet, dass in einer einheitlichen, auf einen Berufsabschluss hin ausgerichteten Ausbildung an zwei unterschiedlichen Lernorten Fähigkeiten und Fertigkeiten erworben werden, die eine umfassende Vorbereitung für eine spätere berufliche Tätigkeit bieten. Dass dabei aus der Verschiedenartigkeit der Lernorte Probleme erwachsen können, dass die Verzahnung und Bezugnahme von Ausbildungsinhalten an den beiden Lernorten zu einer besonderen Herausforderung bei der Gestaltung und Durchführung der entsprechenden Ausbildungen führen können, ist naheliegend. Mit der Betonung der besonderen Bedeutung einer Kooperation der verschiedenen Lernorte wird die Dualität in Deutschland nicht nur diskutiert, sondern es werden unter diesem Begriff auch mögliche – und notwendige ! – Konsequenzen aus der Unterschiedlichkeit dieser Lernorte gezogen und praktisch

---

[1] Um für Interessenten einen entsprechenden Ansprechpartner zu bieten, hat die Bundesregierung eine eigene Einrichtung gründet, das „German Office for International Cooperation in Vocational Education and Training" (GOVET), s. dazu nur die Homepage unter: http://www.bibb.de/de/govet_2350.php (Aufruf vom 15.September 2015).

umgesetzt.

Ursprünglich umfassten duale Bildungsgänge nur diejenigen der dualen Berufsausbildung im Sekundarbereich. Inzwischen ist das Modell dualer Bildung auch auf den Tertiärbereich mit der Einführung dualer Studiengänge übertragen worden[1]. Während Erstere den Auszubildenden oder die Auszubildende und Schüler oder Schülerin auf einen Abschluss in einem anerkannten Ausbildungsberuf vorbereiten, geht es bei dualen Studiengängen um integrierte Ausbildungen an Hochschulen, bei denen die Studierenden im Rahmen des Studiums praktische Lernerfahrungen in organisierten Praxisphasen in Unternehmen und Betrieben absolvieren und das Studium mit einem Bachelor- bzw. Masterabschluss beenden.

2. Duale Berufsausbildung

Deutschland kennt, abhängig vom angestrebten Abschluss, zwei Wege der beruflichen (Erst-)Ausbildung: die duale Ausbildung sowie die Ausbildung im Schulberufssystem. Dabei umfasst das Schulberufssystem Ausbildungsgänge primär in den pflegerischen und erzieherischen Dienstleistungsbereichen, die in vollzeitschulischer Form durchgeführt werden und überwiegend durch Regelungen der Bundesländer näher ausgestaltet werden[2]. Während über die Jahre hinweg der Zugang zum Schulberufssystem mit rund 210.000 Teilnehmerinnen und Teilnehmern relativ konstant blieb[3], nimmt

---

1 Vgl. dazu Wissenschaftsrat (Hrsg.): Empfehlungen zur Entwicklung des dualen Studiums – Positionspapier. Köln 2013. S. 7ff. ; dazu nur Nickel, S../Püttmann, V.: Duales Studium – Wachstumsbereich in der Diskussion, in. Wissenschaftsmanagement Nr.6/2014, S.52.

2 Zur Begrifflichkeit vgl. Autorengruppe Bildungsbericht: Bildung in Deutschland, Bielefeld 2014, S.99.

3 S. Autorengruppe Bildungsbericht, S.278.

die Anzahl der Neuanfänger und -anfängerinnen im dualen System in Deutschland kontinuierlich ab: eine Zahl von unter 500.000 Einsteigern in die duale Ausbildung im Jahre 2013[1], die unterhalb derjenigen der Studienanfänger und -anfängerinnen lag[2], war und ist Thema einer breiten öffentlichen Debatte[3].

Für die duale Berufsausbildung stehen in Deutschland gegenwärtig 327 unterschiedliche Ausbildungsberufe zur Verfügung[4], die bundeseinheitlich angeboten werden. Werden Ausbildungen im handwerklichen Bereich durchgeführt, so gilt für den betrieblichen Teil der Ausbildung als einheitliches, bundesweit geltendes Regelungswerk die Handwerksordnung (HwO[5]), für die große Mehrzahl der Ausbildungsberufe in Industrie und Handel findet das (Bundes-)Berufsbildungsgesetz (BBiG[6]) Anwendung; beide Gesetze enthalten wortidentische Regelungen.

Darüber hinaus unterscheiden sich Ausbildungen nach ihrer Dauer: die weit überwiegende Zahl der Ausbildungsgänge kennt eine (Regel-)Ausbildungsdauer von 36 Monaten, in nur 8% aller angebotenen Ausbildungsberufe dauert die Ausbildung 24 Monate[7].

Von den rund 1,4 Millionen jungen Menschen, die sich 2013 in einer dualen Ausbildung befanden, wurde der größte Teil (rund 59%) in Industrie und Handel ausgebildet, im Handwerk sind rund 27%

---

1   Genau waren es 497.427, s. Autorengruppe Bildungsbericht, a.a.O.
2   Dort waren es 510.672 Anfänger und Anfängerinnen, s. Autorengruppe Bildungsbericht, a.a.O.
3   Dazu der Beitrag auf dieser Tagung von T. Kerstan; s. auch Autorengruppe Bildungsbericht, S.5 f.
4   Bundesinstitut für Berufsbildung: Datenreport zum Berufsbildungsbericht 2015, Bonn 2015, S.127.
5   Vom 24.September 1998 (BGBl. I, S.3074) i.d.F. vom 31. August 2015 (BGBl. I, S.1474).
6   Vom 23.März 2005 (BGBl. I, S.931) i.d.F. vom 31.August 2015 (BGBl. I, S.1474).
7   Bundesinstitut, Datenreport, S.128; 16% der dualen Ausbildungsgänge sind sogar auf 42 Monate hin ausgerichtet.

aller Auszubildenden und in den Freien Berufen[1] rund 8%[2] in Ausbildung. Dabei schwanken die Anteile weiblicher Auszubildender zwischen 22% im Handwerk und fast 94% bei den Freien Berufen[3].

3. Struktur der dualen Berufsausbildung

Ein Ausbildungsberuf im Rahmen der dualen Ausbildung, der zu einem bundesweit anerkannten Abschluss führen soll, muss eine Reihe von formalen Voraussetzungen erfüllen, um als solcher zu gelten. Insbesondere muss sichergestellt sein, dass der betriebliche Teil der Berufsbildung nach einer bundeseinheitlich geltenden „Ausbildungsordnung" erfolgt, d.h., dass bestimmten inhaltlichen Festlegungen für die Inhalte der Ausbildung Rechnung getragen werden muss (§§ 4 Abs.2 BBiG, 25 Abs.2 HwO): so sind nicht nur die Dauer der Ausbildung und deren sachliche und zeitliche Ausbildungsabschnitte zu bestimmen, sondern es sind auch die *„beruflichen Fertigkeiten, Kenntnisse und Fähigkeiten, die mindestens Gegenstand der Berufsausbildung sind (Ausbildungsberufsbild)"*, sowie Einzelheiten der Ausbildungsinhalte in einem „Ausbildungsrahmenplan" zu beschreiben (§§ 5 Abs.1 BBiG, 26 Abs.1 HwO). Die entsprechenden Regelungen werden von den zuständigen Bundesministerien erlassen (§§ 4 Abs.1 BBiG, 25 Abs.1 HwO).

Für den zweiten Lernort, die schulische Berufsbildung in der Berufsschule, werden demgegenüber die entsprechenden Vorgaben von den für diese Schulen zuständigen Landesschulministerien

---

1   D.h. als Medizinalhilfskräfte, im Bereich der rechtsberatenden Berufe, bei Steuerberatern etc.
2   Bundesinstitut, Datenreport, S.133.
3   Bundesinstitut, Datenreport, S.137.

erlassen; es gilt hierfür also das Recht jedes der sechzehn Bundes-länder. Allerdings werden die für den fach- und berufsspezifischen Unterricht in der Berufsschule geltenden „Rahmenlehrpläne" zwischen den Bundesländern im Rahmen der Kultusminister-konferenz (KMK) abgestimmt, so dass in der Praxis weitestgehend einheitliche Lehrpläne auch für den schulischen Teil der beruflichen Ausbildung in allen Bundesländern gelten.

Gleichwohl bleibt die Notwendigkeit, auch auf der Ebene der formalen Bestimmungen zu Abklärungen zwischen den „Ausbildungs-rahmenplänen" für den betrieblichen Teil der Berufsausbildung und den „Rahmenlehrplänen" für den schulischen Teil zu kommen. Für die hierfür notwendige Koordinierung findet nach wie vor ein bereits aus dem Jahre 1972 stammendes „Ergebnisprotokoll"[1] Anwendung, das die näheren Einzelheiten der Abstimmung regelt[2].

4. „Lernortkooperation" in der dualen Berufsausbildung

So wichtig eine Abstimmung der Rahmenvorgaben auf der Ebene der Ausbildungsinhalte für die duale Ausbildung ist, so sehr bleibt die Koordinierung auf der Ebene der einzelnen Ausbildungseinrichtun-gen vor Ort von hoher Bedeutung: nur wenn diese zusammenarbei-ten, kann es gelingen, das Ziel einer einheitlichen Ausbildung an zwei unterschiedlichen Lernorten erfolgreich zu verwirklichen. „Lernort-kooperation" wird damit zur zentralen Bedingung, zugleich aber auch

---

1   Gemeinsames Ergebnisprotokoll betreffend das Verfahren bei der Abstimmung von Ausbildungsordnungen und Rahmenlehrplänen im Bereich der beruflichen Bildung zwischen der Bundesregierung und den Kultusministern (-senatoren) der Länder vom 30.Mai 1972 = http://www.kmk.org/fileadmin/veroeffentlichungen_ beschluesse/1972/1972_05_30-Ergebnisprot-Ausbildungsord-rlpl.pdf (Aufruf vom 15.Serptember 2015).
2   Vgl. auch § 92 Abs.1 Nr.5 BBiG.

zu einer Herausforderung für alle Beteiligten.

a. Rechtliche Vorgaben zur „Lernortkooperation"

„Lernortkooperation" muss dabei von beiden Lernorten angestrebt und umgesetzt werden. Für den betrieblichen Teil der Ausbildung enthält dafür § 1 BBiG eine Regelung, die in ihrem Absatz 2 aber eher einen Zustand beschreibt als eine Anforderung an die Beteiligten formuliert, wenn es dort heißt:

„(1) Berufsbildung wird durchgeführt

1. in Betrieben der Wirtschaft, in vergleichbaren Einrichtungen außerhalb der Wirtschaft, insbesondere des öffentlichen Dienstes, der Angehörigen freier Berufe und in Haushalten (betriebliche Berufsbildung),

2. in berufsbildenden Schulen (schulische Berufsbildung) und

3. in sonstigen Berufsbildungseinrichtungen außerhalb der schulischen und betrieblichen Berufsbildung (außerbetriebliche Berufsbildung).

(2) Die Lernorte nach Absatz 1 wirken bei der Durchführung der Berufsbildung zusammen (Lernortkooperation). "

Auch von Seiten der für die schulische Berufsbildung zuständigen Landeschulverwaltungen gibt es jeweils eine entsprechende Regelung, die ihrerseits auf die Notwendigkeit der Kooperation zwischen den beiden Lernorten verweist; als Beispiel sei auf das Schulgesetz von Berlin[1] verwiesen, in dem es im § 29 Abs.1 heißt:

„Die Berufsschule vermittelt Schülerinnen und Schülern, die in einem Berufsausbildungsverhältnis stehen, insbesondere die für den gewählten Beruf erforderlichen fachtheoretischen Kenntnisse und erweitert

---

1   Vom 26. Januar 2004 (GVBl. S.2) i.d.F. vom 26.März .2014 (GVBl. S.78).

die Allgemeinbildung in Anknüpfung an die beruflich erworbenen Einsichten und Erfahrungen. Sie erfüllt mit den Ausbildungsstätten einen gemeinsamen Bildungsauftrag. Die Berufsschule und die Ausbildungsstätte sind dabei jeweils eigenständige Lernorte und gleichwertige Partner in der dualen Ausbildung. Die Erfüllung des gemeinsamen Bildungsauftrags setzt eine enge Zusammenarbeit und Abstimmung der Partner in inhaltlichen und organisatorischen Fragen voraus.“

Auch wenn die Regelungsinhalte der beiden Vorschriften in Teilen durchaus unterschiedlich sind, so betonen jedoch beide die Notwendigkeit der Kooperation, um das Ziel der Einheitlichkeit der jeweiligen beruflichen Ausbildung erreichen zu können.

b. Zur Praxis der „Lernortkooperation“

Mit einer bloßen, im Gesetz festgeschriebenen Anforderung ist aber, wie naheliegend, die notwendige Kooperation weder eingeleitet noch umgesetzt, sondern bleibt Aufgabe für die an der Berufsbildung Beteiligten. Und dabei bietet es sich an, die verschiedenen Beteiligten, an die die Forderung nach Kooperation herangetragen wird, genau zu unterscheiden und auch deren Bedingungen des Ausbildens zu berücksichtigen. Desweiteren scheint es sinnvoll, jene strukturellen Merkmale zu benennen, die ein Zusammenwirken beider Lernorte als gleichberechtigt erschweren, bevor dann näher gefragt werden kann, wie und auf Grundlage welcher Ansätze „Lernortkooperation“ gelingen kann.

aa. Beteiligte an der „Lernortkooperation“

Im Mittelpunkt der Ausbildung stehen notwendig die Auszubildenden, die aber zugleich – für den schulischen Teil der Ausbildung – Schülerinnen und Schüler der jeweiligen Berufsschule sind. Sie unterliegen damit unterschiedlichen Bedingungen, im Betrieb den betrieblichen Anforderungen und auch Hierarchien, wie sie sich auch sonst in Arbeitsverhältnissen darstellen : ihr primärer Ansprechpartner im Betrieb ist der Ausbilder oder die Ausbilderin; diese verfügen zwar über bestimmte, zusätzlich erworbene Qualifikationen[1], Ausbilder sind nicht immer nur für Ausbildungsaufgaben innerbetrieblich verantwortlich; die Erfüllung der jeweiligen, spezifischen betrieblichen Aufgaben hat im Zweifel Vorrang vor den Ausbildungsanforderungen. Auszubildende werden in diese Vorgaben einbezogen, auch sie tragen im Rahmen ihrer Möglichkeiten mit dazu bei, betriebliche Aufgaben zu erfüllen und betriebliche Ziele zu erreichen.

In den schulischen Zusammenhängen gelten demgegenüber die im Schulbereich geltenden Bedingungen: die Zusammenfassung in der Berufsschule an nach Ausbildungsjahr und Fachlichkeit organisierten Klassenverbänden sowie ein Fächer- und Unterrichtsspektrum, das einzelbetriebliche Spezifika notwendig und bewusst nicht in den Mittelpunkt rückt und das darüber hinaus auch allgemeinbildende Inhalte mit umfasst. Die unterrichtenden Lehrkräfte sind, anders als die betrieblichen Ausbilder, nur im Rahmen der Schule tätig, voll und umfassend auf diese Aufgabe hin qualifiziert und erfüllen in diesem Sinne ihre Aufgaben; ihre fachspezifische Qualifikation haben sie grundlegend in der Ausbildung erfahren und durch Fortbildung aktualisiert; unmittelbare und alltägliche Erfahrungen betrieblicher Zusammenhänge prägen ihr Handeln unmittelbar nicht.

Eine direkte, durch die jeweilige Tätigkeit geforderte Zusammenarbeit zwischen Ausbildern im Betrieb und Lehrkräften an den Schulen ist zwar – wie dargestellt – nach der Rechtslage vorgesehen, gleichzeitig aber von der Durchführung der konkreten

---

1   Die sog. Ausbildereignung, s. §§ 28 ff. BBiG, 22 ff. HwO.

Ausbildung her nicht zwingend geboten: jede an der Ausbildung beteiligte Person, sowohl im Betrieb als auch in der Schule, kann grundsätzlich ihren Teil auch ohne Beteiligung und Absprache mit dem oder der anderen durchführen, in der Erwartung, dass es dann dem oder der Auszubildenden gelingt, die an den unterschiedlichen Orten gemachten Lernerfahrungen für sich selbst zusammenzuführen.

Von nicht geringer Bedeutung sind im Rahmen von Kommunikationsprozessen zwischen betrieblichen Ausbildern und Lehrkräften auch die je unterschiedlichen Selbstverständnisse, entwickelt aus den verschiedenen (Ausbildungs-)Wegen hin zur nunmehr ausgeübten Position im Rahmen der Ausbildung junger Menschen, den jeweils höchst unterschiedlichen Anforderungen an die Auszubildenden im Rahmen von betrieblicher Nachwuchsförderung einerseits, temporärem Schulbesuch andererseits; unterschiedliche „Kulturen" treffen aufeinander und werden im Zweifel durch Unterschiede im beruflichen Status (bis hin zu den Vergütungen) noch verstärkt.

bb. Zur Gleichwertigkeit der Lernorte

Aus der Sicht der Auszubildenden ergibt sich eine Gleichgewichtigkeit beider Lernorte eher nicht; zu stark sind die Symbole, die sich als ein Übergewicht der betrieblichen Ausbildung interpretieren lassen. Das beginnt damit, dass der Eintritt in eine duale Ausbildung davon abhängig ist, dass die Bewerbung um einen betrieblichen Ausbildungsplatz erfolgreich war[1]; ist ein Ausbildungsplatz gefunden, so ergibt sich die Aufnahme in die Berufsschule von selbst. Mit dem Ausbildungsbetrieb wird ein förmlicher Ausbildungsvertrag geschlossen[2], der dann

---

1　So waren am 30.September 2014 insgesamt 603 420 Personen auf der Suche nach einem Ausbildungsplatz; 81 188, immerhin gut 13%, hatten zu diesem Stichtag (noch) keinen Ausbildungsplatz gefunden; so Bundesinstitut, Datenreport, S.12.

2　§ 10 BBiG.

bei der zuständigen Kammer registriert wird[1]; die Aufnahme in die Berufsschule erfolgt demgegenüber ohne weiteren förmlichen Akt. Der Betrieb zahlt dem Auszubildenden eine Ausbildungsvergütung[2], die Schule naheliegenderweise nichts. Die im Betrieb verbrachte Zeit umfasst etwa zwei Drittel der Arbeitswoche, für die Schule beliebt das restliche Drittel. Für den Besuch der Berufsschule erfolgt eine gesetzlich geregelte Freistellung durch den Betrieb[3]. Die Abschlussprüfung[4] wird durch die zuständige Kammer abgenommen, Lehrkräfte der Berufsschule wirken dort mit[5]. Insgesamt wird durch diese, auch gesetzlich entsprechend geregelten Elemente ein Vorrang des betrieblichen Teils der dualen Berufsausbildung betont, der für jede Form von „Kooperation" zumindest eine Herausforderung darstellt.

cc. Gelingensbedingungen für „Lernortkooperation"

Die vorstehenden Ausführungen zeigen, dass eine Reihe von Problemen überwunden werden müssen, um die erwartete und im Interesse der Einheitlichkeit einer Ausbildung an zwei Lernorten auch notwendige Zusammenarbeit zu ermöglichen und zu sichern. Bei den Schritten hin zum Erreichen dieses Zieles lassen sich technisch-organisatorische Bedingungen und solche pädagogisch-didaktischer Art unterscheiden[6].

In technisch-organisatorischer Hinsicht ist bei der Zusammenarbeit zwischen Betrieb und Schule im Ausgangspunkt zu berücksichtigen, dass der *einen* Berufsschule eine Vielzahl von Ausbildungsbetrieben gegenübersteht, deren Auszubildende gemeinsam diese

---

1   §§ 34 BBiG, 28 HwO.
2   § 17 BBiG.
3   § 15 BBiG.
4   §§ 37 BBiG, 31 HwO.
5   §§ 39 BBiG, 33 HwO.
6   Wie der bereits zitierte § 29 Abs.1 Satz 4 des Schulgesetzes von Berlin ebenfalls zeigt.

eine Berufsschule besuchen. Dies verlangt, dass Kooperationsformen entwickelt werden, die eine Zusammenarbeit aller Beteiligten möglich machen, wobei nicht jeder Ausbildungsbetrieb unmittelbar und direkt in entsprechende Kooperationsforen eingebunden sein muss. Auf Seiten der *einen* Berufsschule ist die Mitarbeit in entsprechenden Gremien im Zweifel deutlich einfacher zu organisieren als auf Seiten der Betriebe. Hier wird daran gedacht, dass entweder die Betriebe selbst einen oder mehrere Ansprechpartner der Schule als eine Art „Transmissionsriemen" benennen oder dass die zuständige Kammer hier Hilfestellung leistet. Wichtig bei der Entwicklung von Kooperationsformen ist dabei auch, sowohl die Breite der Verschiedenartigkeiten von Ausbildungsbetrieben (sowohl fachlich als auch bezüglich der Größe des Betriebes) ebenso zu berücksichtigen wie das jeweilige regionale Umfeld. Das Ziel, beständige und regional verankerte „Netzwerke" als Grundlage für die „Lernortkooperation" zu entwickeln, verlangt, die entsprechenden Rahmenbedingungen zu beachten und in den zu entwickelnden organisatorischen Rahmen mit einzubeziehen.

Der Gleichgewichtigkeit der Partner Schule und Betrieb kommt bei dieser der Zusammenarbeit eine besondere Bedeutung zu – und dies erscheint umso wichtiger, als diese, wie bereits ausgeführt, eher nicht der allgemeinen Wahrnehmung entspricht. Insgesamt muss „Lernortkooperation" zu einem Grundsatz des Handelns beider Institutionen, von Schule und Betrieb, werden, darf also nicht zu einer Aufgabe nur für damit beauftragte Personen bzw. Gremienmitglieder werden.

Unter inhaltlich-didaktischen Gesichtspunkten wird das Wissen um das Ausbildungshandeln des jeweils anderen Lernortes zu einer Grundvoraussetzung jeder Form der Zusammenarbeit. Dies schließt dann notwendig funktionierende Formen der gegenseitigen Information ein. Eine formale Zuordnung etwa des praktischen Handelns und Lernens (nur) im Betrieb und einer auf die Schule beschränkten theoretischen Erarbeitung und Reflexion der betrieblichen Praxis[1] wird dem nicht gerecht, denn gerade die Verzahnung aller Elemente der Ausbildung ist die zentrale Herausforderung, die eine duale Berufsausbildung stellt. Wird „Lernortkooperation" in diesem Sinne als didaktisches Prinzip für die gesamte Ausbildung verstanden, so ergibt sich, dass das doppelte Ziel der Berufsausbildung, *„die für die Ausübung einer qualifizierten beruflichen Tätigkeit in einer sich wandelnden Arbeitswelt notwendigen beruflichen Fertigkeiten, Kenntnisse und Fähigkeiten (berufliche Handlungsfähigkeit)"* sowie die *„erforderlichen Berufserfahrungen"* zu erwerben[2], sowohl für den betrieblichen als auch für den schulischen Teil der Ausbildung zum Leitmotiv werden muss, dessen nähere inhaltliche Bestimmung und Ausgestaltung primärer Gegenstand der Zusammenarbeit sein muss; *Pätzold* spricht insoweit vom *„Prinzip berufsbezogener Lehr-und Lernprozesse"*[3], das sich allein schon aus dem erwähnten, vorgegebenen Ziel der Ausbildung ableitet: das Erreichen gemeinsamer Ausbildungsergebnisse, der Prüfungserfolg der Auszubildenden und schließlich deren Bewährung in beruflichen Handlungsfeldern[4].

Eine solche Form der Zusammenarbeit verlangt den Willen und die Bereitschaft der Akteure beider Lernorte, diese Zusammenarbeit auch zu wollen. Dieses Ziel wird – jedenfalls unter dem Aspekt einer inhaltlich erfolgreichen, nicht nur formalen Kooperation – im Zwei-

---

1 S. hierzu Bund-Länder-Kommission für Bildungsplanung und Forschungsförderung (Hrsg.): Kooperation der Lernorte in der beruflichen Bildung (KOLIBRI) – Abschlussbericht –, Reihe Materialien zur Bildungsplanung und zur Forschungsförderung Heft 114, Bonn 2004, S. 6.
2 So § 1 Abs.3 BBiG.
3 Pätzold, G.: Lernfelder – Lernortkooperationen: Neugestaltung beruflicher Bildung, 2.Aufl. Bochum 2003, S.73.
4 Pätzold, S.72.

fel nur dann zu erreichen sein, wenn beide Seiten hiervon Vorteile für die Ausbildung in ihren je unterschiedlichen Zusammenhängen erwarten; eine bloße Anordnung von „Lernortkooperation" wird nur in den seltensten Fällen Erfolge bewirken[1]. Umso wichtiger ist es daher, positive Erträge der Zusammenarbeit gemeinsam zu suchen und zu betonen; der Wille zur Kooperation und der Wille zum Erfolg auf beiden Seiten, das Erleben partnerschaftlichen Wirkens sind hierbei zentrale Bausteine. Nur wenn diese Voraussetzungen erfüllt sind, wird es gelingen, jene in der Praxis vielerorts (noch) *„festzustellende Zusammenhanglosigkeit der Lernorte (zu) überwinden"*[2].

5. Duale Studiengänge

Die Entwicklung von dualen Studiengängen und insbesondere die Gründung einer Dualen Hochschule[3] beschreibt eine relativ neue Entwicklung in Deutschland. Im Oktober 2014 wurden – bei allen Schwierigkeiten der exakten Erfassung[4] – insgesamt 1505 duale Studiengänge angeboten[5], an denen insgesamt 94 723 Studierende eingeschrieben waren[6]; 301 der angebotenen Studiengänge, d.h. 20% werden von privaten, oftmals firmeneigenen Hochschulen angeboten[7]. Mit rund zwei Drittel aller Studiengänge sind die Fachhochschulen der relativ größte Anbieter[8]. Bezüglich der Studienrichtung ist fast ein

---

1 Pätzold, S.70.
2 Pätzold, S.69.
3 Die Duale Hochschule Baden-Württemberg als staatliche Hochschule nahm im Jahre 2009 ihren Betrieb auf.
4 Wissenschaftsrat, S.10 f.
5 Bundesinstitut, Datenreport, S.249.
6 Bundesinstitut, Datenreport, S.254 – dies entspricht mehr als einer Verdoppelung innerhalb von 10 Jahren: 2004 waren es noch 40 982 Studierende, so Bundesinstitut, a.a.O.
7 Bundesinstitut für Berufsbildung: AusbildungPlus – Duales Studium in Zahlen 2014, Bonn 2015, S.8.
8 Insgesamt 1014 von 1505, so Datenreport, S.250.

Drittel aller Studiengänge den Wirtschaftswissenschaften zuzuordnen, rund 15% dem Maschinenbau/Verfahrenstechnik und rund 12% der Informatik[1].

6. Struktur dualer Studiengänge

Innerhalb der dualen Studiengänge werden zwei Modell unterschieden: die praxisintegrierenden und die ausbildungsintegrierenden. Während der ersten Gruppe rund 49% aller Studiengänge zuzurechnen sind, sind es bei den ausbildungsintegrierenden rund 39%[2]; relativ schneller wachsen dabei gegenwärtig die praxisintegrierenden Studiengänge[3].

Strukturell unterscheiden sich die beiden Studienmodelle darin, ob eine betriebliche (oder vollzeitschulische) Ausbildung in das Studium an einer Hochschule verpflichtend integriert ist (so das ausbildungsintegrierende Modell) oder ob lediglich längere Praxisphasen ohne weitern beruflichen Abschluss in das Studium einbezogen sind (so das praxisintegrierende Modell)[4]. Bei der praxisintegrierenden Form des dualen Studiums ist gegenüber sonst möglichen, in das Studium integrierten Praxisphasen die deutlich engere und auch curricular abgesicherte Form der Einbeziehung der Praxisanteile prägend; als Abschluss wird ein Hochschulabschluss, Bachelor oder Master, erreicht. Beim Hochschulabschluss unterscheidet sich die ausbildungs-

---

1 In absoluten Zahlen vom Oktober 2014 sind dies 487 wirtschaftswissenschaftliche Studiengänge, 232 in Maschinenbau/Verfahrenstechnik und 182 in der Informatik, so Bundesinstitut, Datenreport, S.251.
2 Bundesinstitut, Datenreport, S.250.
3 Bundesinstitut, AusbildungPlus, S.6.
4 S. nur Wissenschaftsrat, S.7 f.; auch Kupfer, F./ Köhlmann-Eckel, C./ Koller, C.: Duale Studiengänge – Prxisnahes Erfolgsmodell mit Potential ? – Abschlussbericht –, Wissenschaftliche Diskussionspapiere des Bundesinstituts für Berufsbildung, Bonn 2014.

integrierende Form des Dualen Studiums nicht, wohl aber sieht sie über dem Hochschulabschluss hinaus noch den Erwerb eines Abschlusses einer beruflichen (Erst-)Ausbildung vor; die Besonderheit liegt also darin, dass systematisch integriert in den Studiengang an einer dualen Hochschule auch eine berufliche Ausbildung stattfindet; spezifische Anrechnungsverfahren von Inhalten aus beiden Ausbildungselementen sichert, dass keine Doppelungen stattfinden[1].

Bereits die beschriebenen strukturellen Unterschiede der beiden Modelle zeigen, dass die Organisation eines ausbildungsintegrierenden Studienangebots einen erheblich höheren und intensiveren Koordinierungsaufwand erfordert, was erklärt, dass der relative Anteil dieses Modells an allen Angeboten weiter sinkt[2].

7. „Lernortkooperation" in dualen Studiengängen

In seinen „Empfehlungen" aus dem Jahre 2013 formuliert der Wissenschaftsrat zunächst als „*Mindestanforderungen*":

> „*Dualität* verlangt sowohl einen angemessenen Umfang der Praxis-anteile als auch eine Verbindung und Abstimmung der Lernorte. Diese Verbindung muss strukturell mindestens durch eine organisa-torische Koordinierung der Lernorte und inhaltlich mindestens durch eine Nähe von Studienfach und beruflicher Ausbildung/Tätigkeit gegeben sein"[3].

„*Dualität*" und „*Studium*" sind so nach dem Modell des Wissen-schaftsrates unabdingbare Voraussetzungen für eine Anerkennung als

---

1   S. nur Wissenschaftsrat, S.9.
2   Wissenschaftsrat, S.10.
3   Wissenschaftsrat, S.22.

dualer Studiengang[1].

Zur näheren Beschreibung dualer Studiengänge sieht der Wissenschaftsrat die Einbeziehung von insgesamt sechs „Dimensionen" vor, deren erste die *„Beziehung der Lernorte"* ist[2]. Hierzu heißt es beim Wissenschaftsrat:

> *„Diese Dimension zeigt auf, in welchem Maße die Lernorte inhaltlich, zeitlich und institutionell verzahnt sind. Merkmale sind u. a. gemeinsame Gremien von Hochschulen und Praxispartnern, regelmäßige Kooperationsprojekte, gegenseitige Besuche der Betreuer von Hochschule und Praxispartner oder Betreuung von Praxisphasen durch Dozenten und vice versa. Zentral ist hier das Maß der Abstimmung von Lerninhalten und Modulen, die Eingliederung der praktischen Anteile in das Curriculum und ihre Anrechnung im ECTS-System[3]. Auch die zeitlich-organisatorische Vereinbarkeit kann hier aufgezeigt werden."*[4]

---

1 Wissenschaftsrat, S.23.
2 Wissenschaftsrat, S.24 f.
3 European Credit Transfer System, d.h. das europaweit gültige System der Anrechnung von Studienleistungen.
4 Derr Vollständigkeit halber seien auch die weiteren, vom Wissenschaftsrat benannten „Dimensionen" zitiert: **„2. Wissenschaftlicher Anspruch:** Für diese Dimension sind der Umfang der akademischen Ausbildungsanteile, die wissenschaftlichen Anforderungen des Studienangebots und ihre Übereinstimmung mit denen der entspre chenden regulären Studiengänge zentrale Kriterien. Wichtig sind zudem die zu erbringenden Prüfungsleistungen, der Bezug zur Forschung sowie die Qualifikation und Zusammensetzung des Lehrpersonals.
3. Gestaltung des Praxisbezugs: Mit Hilfe dieser Dimension wird spezifiziert, wie intensiv und in welchem Zeitumfang die praktische Ausbildung in den Unternehmen und Einrichtungen sowie den Fachschulen innerhalb des Studienangebotes gestaltet ist. Kriterium ist also nicht die bloße Dauer der Praxisphasen, sondern die Intensität des Lernprozesses und das Niveau der Inhalte beim Praxispartner. Für die Anrechnung der am praktischen Lernort erworbenen Studienleistungen ist die wissenschaftliche Begleitung des Praxislernens bedeutsam. Weitere Kriterien können etwa die Betreuungsinfrastruktur auf der Praxisseite sein und nicht zuletzt die Möglichkeit, einen gesonderten Berufsabschluss zu erlangen.
4. Leistungen des Praxispartners: Diese Dimension zeigt in erster Hinsicht auf, in welcher Form und mit welcher Perspektive die Studierenden in den Unternehmen oder Einrichtungen eingebunden sind. Dazu zählt die Art des Beschäftigungsver- （转下页）

Diese Ausführungen des Wissenschaftsrates zeigen deutlich, welche zentrale Bedeutung der „Lernortkooperation" auch bei den dualen Studiengängen zukommt[1]. Dabei ist auffällig, dass auch der Wissenschaftsrat an dieser Stelle[2] wiederholt, was im Hinblick auf Voraussetzungen und zugleich die Probleme von „Lernortkooperation" im Rahmen der beruflichen Bildung oben bereits genannt und ausgeführt wurde: *„stabile und vertraglich geregelte Kooperationsbeziehungen"* werden benannt, eine Abstimmung von *„Curricula und Lernzielen"* wird verlangt, *„Inkongruenzen der Lerninhalte"* müssten thematisiert und beseitigt werden, die *„Einrichtung von Gremien mit Vertretern beider Seiten"* wird *„mit Nachdruck"* empfohlen, der *„unmittelbare inhaltliche Austausch zwischen den Beteiligten"* als geboten erachtet, zumal dieser Austausch dann auch eine *„Zusammenarbeit bei der Studierendenauswahl"* ermöglichen würde; *„lernortübergreifende Konzepte (der) Betreuung der Studierenden"* würden *„allen Betreuenden tiefere Einblicke in Studieninhalte"* ermöglichen; verlangt wird insgesamt eine *„strukturelle Verzahnung"* als *„Basis für die*

(接上页注4) hältnisses inklusive der Regelungen zu Vergütung, Sozialleistungen u. ä., Übernahmegarantien oder Bleibeverpflichtungen sowie die Möglichkeit, die Praxisphasen in unterschiedlichen Unternehmen bzw. an verschiedenen Standorten eines Betriebs oder einer Einrichtung zu absolvieren. In zweiter Hinsicht können hier auch die Leistungen des Praxispartners gegenüber der Hochschule aufgezeigt werden.
5. Unterstützungsleistungen der Hochschulen: Mit dieser Dimension werden die konkreten hochschulischen Angebote jenseits der Vermittlung fachlicher Lerninhalte beschrieben, sei es im Bereich der Betreuungsinfrastrukturen, der konkreten Verzahnungselemente wie Module zur Praxisreflexion oder seien es eigenständige Angebote für dual Studierende wie Beratungszentren und/oder Veranstaltungen.
6. Kosten und Finanzierung: Diese Dimension soll anzeigen, ob für die Studierenden Gebühren (bei privaten Hochschulen oder weiterbildenden Studiengängen) anfallen sowie ob und in welchem Maße sich die Unternehmen finanziell an den Studiengängen beteiligen. Letzteres kann etwa durch Beiträge zur Finanzierung der Betreuungsinfrastrukturen oder durch die (teilweise oder vollständige) Übernahme von Studiengebühren erfolgen; auf diese Weise gelangen private Drittmittel in die Hochschulen. Auch die private oder öffentliche Trägerschaft der Hochschule bzw. Berufsakademie spielt hier eine Rolle."
1   So ausdrücklich auch Wissenschaftsrat, S.26.
2   Wissenschaftsrat, S.26 ff.

inhaltliche Verbindung der Theorie- und Praxisphasen", wobei nach der Vorstellung des Wissenschaftsrates ein *„zeitlicher Mindestumfang von 50% des Studiums am akademischen Lernort"* als notwendig erachtet wird.

Deutlich wird, dass es strukturelle Anforderungen gibt, die erfüllt sein müssen, um „Lernortkooperation" möglich zu machen – und zwar unabhängig, ob es sich um eine duale Berufsausbildung oder um duale Studiengänge handelt.

8. „Lernortkooperation" als Herausforderung an alle Beteiligten

Eine besondere Schwierigkeit jeder Form der Zusammenarbeit von Lernorten liegt in den spezifischen Zielsetzungen von auf wirtschaftliche Ziele hin ausgerichteten Betrieben und Unternehmen, die dann auch Fragen beruflicher Bildung diesen Zielen zu- und im Zweifel auch unterordnen: die Mitwirkung an Formen dualer Bildung dient unter diesem Gesichtspunkt der Gewinnung des eigenen Nachwuchses, ist also Teil von innerbetrieblichen Personalstrategien. Durch die Tätigkeit von Auszubildenden bzw. Studierenden im Betrieb finden gegenseitige Prozesse des Kennenlernens und zugleich auch der Einarbeitung statt, die bei einer späteren Übernahme eines Auszubildenden bzw. Studierenden sonst entstehende Einarbeitungskosten sparen helfen, also einem wirtschaftlichen Kalkül folgen. Dass derartige wirtschaftliche Überlegungen in Schulen und Hochschulen nicht im Vordergrund stehen, sollte allen Beteiligten klar sein, ohne dass damit ein Urteil über die jeweils besseren oder angemesseneren Gründe für ein Engagement an Ausbildung verbunden sein sollte. Die aus der Unterschiedlichkeit der Sichtweisen folgenden Verschiedenartigkeiten, nicht nur in den Kommunikationsstrukturen, sollten dabei bewusst benannt und auch gelebt werden, denn nur dann kann, Willen und Durchhaltevermögen auf beiden Seiten vorausgesetzt, „Lernortkooperation" als Grundvoraussetzung dualer Bildungsgänge erfolgreich sein und gelingen. Dass sie gelingen kann, müsste und sollte dabei allen Beteiligten klar sein, denn es geht bei allen Maßnahmen und Schritten im Rahmen von dualen Bildungsgängen letztlich immer um diejenigen, die von einer „Lernortkooperation" profitieren sollen: die Auszubildenden und die Studierenden.

汉斯-彼得·福塞尔(德国国际教育研究所研究员)

学习场所的合作

——双元制职业教育成功的核心前提

1. 德国双元制教育模式

双元制教育模式是职业教育中一种极其成功的模式,德国的经验通常被视为榜样。双元制教育模式的特点在于,学生在统一的以培训结业为导向的培训过程中,在两个不同的学习场所学习理论知识和实际技能,从而为以后的职业道路做全方位的准备。但是我们也应该注意到,学习场所的不同性可能带来一些问题。此外,两个学习场所的培训内容的紧密关系和依赖关系也可能给相应的培训形式和实施带来特殊的挑战。在德国,强调不同的学习场所的合作对双元制的特殊意义不仅限于讨论,而且更从学习场所的差异性中得到可能或者必要的结论,并付诸实施。

双元制教育模式最初只包括第二领域的双元制职业教育。而如今,随着双元制大学课程的引入,它已经过渡到了第三领域。培训学员和中学生为一个须经培训和认证的职业结业考试做准备,而双元制高等教育课程则与培训融入高校有关,在读大学生们在就读期间完成在公司和企业实践学习经历,获得学士学位和硕士学位并结束学业。

2. 双元制职业教育

依据结业考试，德国有两条职业教育的道路：双元制教育和中学职业体系内的教育。中学职业体系主要包括护理和教育服务领域的培训过程，其形式为全日制学校，主要根据联邦州的规定进行进一步的组织和安排。近年来加入中学职业体系的人数相对稳定，保持在21万人左右，而德国双元制体系的新学员人数则持续减少：2013年参加双元制教育的新学员不足50万人，低于大学新生的人数，这已成为近年和当前公众热议的话题。

目前，德国的双元制职业教育拥有国家统一提供的327种培训职业。如果手工业领域实施双元制教育，那么对于教育过程中的企业这一部分来说，《手工业法》（HwO）就是全国统一适用的法规。《（联邦）职业培训法》（BBiG）则适用于大部分工业领域和贸易领域的培训职业。这两个法律包含相同的规定。

此外，职业培训还有时长的差别：大部分职业培训的（规定）培训时长为36个月，在现有的培训职业中仅有8%为24个月。

2013年接受双元制培训的约140万年轻人中，大部分（约59%）在工业和贸易领域接受培训，所有接受培训者中约有27%在手工业领域，大约8%为自由职业。此外，接受培训的女性比例在（22%）手工业和几乎达到94%（自由职业）之间浮动。

3. 双元制职业教育的结构

双元制职业教育框架中的培训职业必须满足一系列形式上的条件，其结业考试才能在全国得到认可。尤其必须确保职业教育中的企业部分按照全国统一适用的"教育规范"进行实施，也就是说，培训的内容必须遵守一定的规定（《联邦职业培训法》条款4.2，《手工业法》条款25.2）：这不仅规范了教育时长及实质上和时间上的培训阶段，同时还阐述了"职业技能，知识和能力是职业教育的基本内容(职业形象)"，以及"培训框架计划"中培训内容的细节(《联邦职业培训法》条款5.1，《手工业法》条款26.1)。相应的规定由相关联邦部门颁布(《联邦职业培训法》条款4.1，《手工业法》条款25.1)。

　　针对第二个学习场所即职业学校中的职业教育，则由专门负责学校事宜的各联邦州政府部门颁布相应的规定；16个联邦州对此都享有权力。但是，为各州职业学校里专业性和职业性强的课程而制定的"框架教学计划"则由文化部长会议(KMK)商议决定，从而确保统一的教学计划在实施过程中也适用于所有联邦州职业教育中的学校部分。

　　对针对企业部分的"培训框架计划"和针对学校部分的"框架教学计划"进行形式上的确定同样十分必要。针对必要的协调则一如既往地运用1972年的"结论报告书"，其对协调的细节作了规定。

4. 双元制职业教育中"学习场所的合作"

　　双元制教育在教育内容层面框架方针的一致有多重要，在各个教育配置层面的现场协调就有多重要：只有这样协作，才能实现在两个不同学习场所统一培训的目标。如此一来，"学习场所的合作"成为中心条件，同时也是对所有参与者的一个挑战。

a. "学习场所合作"的法律规定

　　"学习场所的合作"必须力争在两个学习场所得以实施。对此，《联邦职业培训法》第1条对教育中的企业部分进行了规定，但其第2款与其说是对参与者的要求，毋宁说是对一种状态的阐述，原文如下：

(1) 实施职业教育

1. 在企业中，在企业以外相应的机构中，尤其是与公共服务、自由职业及家政相关的机构(企业职业教育)，

2. 在职业学校中(学校职业教育)以及

3. 学校和企业职业教育以外的其他职业教育机构(企业外的职业教育)。

(2) 根据第1条，实施职业教育过程中，学习场所应相互合作(学习场所的合作)。

同时，负责学校职业教育的联邦州学校教育管理部门也制定了相应的规定，指出了两个学习场所之间合作的必要性。比如柏林学校法的第29条第1款指出：

职业学校中主要向接受职业教育的学生们传授对其所选职业必要的专业性理论知识，并结合其在职业方面所获得的认识和经验来扩展其普通教育。职业学校与培训机构完成其共同的教育任务。同时，职业学校和培训机构在双元制教育中分别为独立的学习场所和等值的合作伙伴。双方在内容及组织方面的密切合作和协调是共同完成教育任务的前提。

即使两条法规的规定内容在某些地方完全不同，但是二者都强调了合作的重要性，以实现职业教育的统一性目标。

b. "学习场所的合作"的实践

尽管有法律明文规定，但可想而知，二者必要的合作并未被推广实施，所以这个任务就落到了职业教育的参与者身上。要明确区分被告知合作要求的不同的参与者并考虑其参加培训的条件。此外，在详尽考虑怎样实现以及在何种基础上实现"学习场所的合作"之前，先认清妨碍两个学习场所等值合作的结构上的特征也十分重要。

aa."学习场所的合作"的参与者

接受培训的学员必然是职业教育的核心，但从教育中的学校部分来看，他们同时也是各个职业学校中的学生。因此，他们要满足不同的条件，在企业中要满足企业的要求和遵守等级制度，正如在实际的工作环境中一样：他们在企业中请教对象首先是实训教师；尽管这些实训教师都拥有某些其他的资历，但他们并非只负责企业内部的培训任务。完成每项企业的特定任务可能比达到培训要求更重要。接受培训的学员应在其能力范围内，尽力为完成企业任务和实现企业目标作出贡献。

在学校领域则有相对应的条件：职业学校中根据学年和专业而建立的班级社团以及专业和课程综合体系，而个别企业的特性则必然亦有意识地不会成为其核心，同时它也应包含普通教育的内容。执教的教师与企业中的实训教师不同，他们只在学校工作，完全有资历胜任并完成这项任务。他们的专业能力主要从培训中获得，并通过进修不断更新。企业关系中的直接和日常的经验并不直接影响他们的行为。

如上文所说，尽管法律上规定企业中的实训教师与学校老师之间应进行必要的直接合作，然而在具体的培训实施过程中却并没有强行予以实施：每个培训参与者无论在企业还是在学校，基本上都可以在不参与和不与其他人商量的情况下完成其任务。同时，他们希望他们或是培训学员能将在不同场所学习到的知识和经验自行整合起来。

在企业实训教师和学校老师之间的交流过程中，双方对自我的不同的认识也十分重要。在培训年轻人的过程中，不同的(培训)道路带来了目前的境况。企业对年轻接班人的支持以及临时上学给接受培训的学员们提出了极其迥异的要求。不同的"文化"相碰撞，而职业地位的差异(包括津贴的差异)甚至可能进一步强化二者的矛盾。

bb. 学习场所的平衡

从培训学员的角度看，两个学习场所之间并不存在平衡。人们很容易认为企业培训更占优势。其原因在于，参加双元制教育依赖于参加者是否已成功申请到企业培训的机会。如果参加者已经得到了培训的机会，那么就自然会被职业学校录取。学员与培训企业签订正式的培训合同，然后这一合同将在相关的协会登记。而与之相比，职业学校录取学生则不需要其他正式的手续。企业提供给培训学员一份培训津贴，而学校却没有类似的行为。学员在企业里呆的时间大约为每个工作周的三分之二，剩余三分之一的时间学员们在学校学习。根据法律的规定，企业可以免除学员上职业学校。结业考试由相应的协会负责组织，职业学校的老师只是在场协助。总的来说，不仅如此，法律相关的规定也强调双元制职业教育中的企业部分的优先地位。这至少对任何形式的"合作"都是一种挑战。

cc. "学习场所的合作"的成功条件

上述阐释表明，为使期待中的必要的合作成为可能，并确保有利于实现两个学习场所培训的一致性，必须克服一系列问题。在实现合作这个目标的过程中，要区别技术组织条件和这些教育教学方式。

从技术组织方面来说，企业和学校开始合作时要注意，一家职业学校面对的是多家企业，其学员一起在这一家职业学校进修。这就要求发展一个适合所有参与者的合作形式，而同时又不是每一家培训企业都必须被直接捆绑到相应的合作形式中。相应小组内的合作在职业学校方面要比在企业更容易组织。此处要注意，要么企业自身视学校的一个或多个联系伙伴为"传送带"，要么有关协会提供支持。发展合作形式时重要的是，不仅要注意到培训企业的不同性(不仅专业上的，还有企业规模大小)，还有各自的地区环境。目标是发展稳定的、地区性的"网络"作为"学习地点合作"的基础，这要求注意相应的框架条件，并将其纳入即将发展出的组织框架下。

在合作中，伙伴学校和企业间的平衡有重要意义。而且如上所述，当它不符合大众感知的时候，反而显得愈发重要。总之，"学习场所合作"必须成为两所机构，即学校和企业行为的准则，不允许成为一个仅服务于委托人和评审组成员的任务。

从内容及教学法角度来看，各学习场所的培训行为知识是每种形式的合作的前提。这包含相互信息的必要作用形式。企业内实践行为和学习的形式分类及限制在学校内的企业实践的理论学习和反思的形式分类是不适合的，因为培训中所有元素的协调正是双轨制职业教育的核心挑战。依此，"学习场所之间的合作"被理解为所有培训的教学法原则，由此得出职业教育的双重目标，即获得"对于在可转换的工作环境下完成高要求的工作所必需的职业技能、知识和能力(职业行为能力)"及"必要的职业经验"，不仅要成为企业培训部分的主题，也要成为学校培训部分的主题，其进一步的内容确定和规划须成为合作的首要任务。佩兹欧德谈到了仅由已经提到的培训目标(达到共同的培训结果、培训学员的考察成果及最终在职业行为领域内的保持)得出的"职业教学和学习过程的原则"。

这种形式的合作要求愿意合作的学习场所双方工作人员的意愿和决心。从合作层面来说，这不仅是形式上的合作，更是内容上的合作，如果双方希望在各自不同的情况下推进职业培训，这个目标才能实现。"学习场所的合作"如仅仅作为规定，在极少数情况下才会成功。因此，共同寻找和强调合作的正面回报更加重要。双方合作和成功的决心及合作经历是重要的基石。只有满足了这个前提，才能克服在实践中在许多学习场所发现的"场所之间关联性的缺失问题"。

5. 双元制高等教育课程

双元制高等教育课程的发展，尤其是双元制高校的建立，在德国是一个较新的发展态势。 在2014年10月共有1505个双元制课程，共有94723名学生注册学习；其中301个课程，即20%由私立高校，多为企业所属的高校提供。三分之二的课程由应用科技大学提供。依据研究方向，几乎三分之一的课程属于经济学范畴，大约15%属于机械制造或工艺学，大约12%属于信息学。

6. 双元制高等教育课程结构

双元制高等课程分为两种模式，即实践融入型和培训融入型。大约49%的课程属于前者，39%的课程属于后者。目前，实践融入型课程发展相对较快。

从结构上看，两种模式的区别在于，是将企业（或全日制）培训以必修形式融入高校学习之中（如培训融入型模式），还是仅仅将较长的实习阶段纳入学制而没有进一步的职业结业证书（如实践融入型模式）。在双元制高校课程的实践融入型模式中，与其他可能的、融入学制的实践阶段相比，实践部分明显更为紧密且通过教学大纲确认的融入方式是其显著的特点。毕业时，学生获得高等学校毕业证书，学士学位或硕士学位。双元制培训融入型模式在高校毕业证书方面没有差异。但除了高校毕业证书，学生在该模式下还将获得（首次）职业培训的结业证书。该模式的特点在于，职业培训系统地融入学制，职业培训在双元制高校开展实施。而对来自两种培训载体的学习内容的专门的测算程序则确保学习内容不会重复。

两种模式在结构上的差异已经显示，培训融入型学制的组织在协调方面的投入要求明显更高、更深入。这说明，这种模式在所有提供的课程中所占的比例会进一步下降。

7. 双元制课程下的"学习场所的合作"

在2013年的"推荐词"中，科学委员会首先阐明了以下"最低要求：

"双元制既要求实践部分占据合适的规模比例，也要求学习场所的联系与一致。这种联系在结构上至少必须通过学习场所的组织协调，在内容上至少必须通过接近所学专业和职业培训/活动来实现。"

按照科学委员会的模式，"双元制"和"高校学习"是双元制高等教育课程得到认可的必要前提。

为了对双元制高等教育课程做进一步的描述，科学委员会共拟定引入六个"维度"，其中的第一个便是"学习场所的关系"。科学委员会的描述如下：

"这个维度表明，学习场所在内容上、时间上和机构上以多大的程度互相关联。其特点是高校和实践伙伴的共同委员会，有规律的合作项目，高校和实践伙伴负责人的互相访问或讲师对实践阶段的监管或相反。重点是学习内容和模块的协调程度，将实践部分纳入教学大纲，并在欧洲学分体系内进行换算。这里也说明了时间组织的一致性。"

科学委员会的阐释明确指出，"学习场所的合作"在双元制高等教育课程中具有何等重要的意义。令人注意的是，科学委员会在此也反复强调上文中在职业教育框架下已经提到并展开的"学习场所合作"的前提和问题：须确立"稳固的、通过合约规定合作关系"，要求"教学大纲与学习目标"协调一致，"学习内容的不一致性"须作为课题研讨并加以消除，"强烈"建议"成立由双方代表组成的委员会"，建议重视"参与者之间直接的内容交流"，尤其是当这种交流能促成"学员筛选方面的合作"的时候；"对学员跨学习场所的指导方案"能让"所有指导教师对学习内容有深入的了解"；需要一种"结构上的耦合"作为"理论和实践阶段内容联接的基础"。在这方面，按照科学委员会的设想，"至少课程时间的50%在学校学习"必须受到重视。

明确的是，为使"学习场所的合作"成为可能，必须满足结构方面的要求。这与实施的是双元制职业培训还是双元制高等教育课程并没有关系。

8. "学习场所的合作"作为对所有参与者的要求

学习场所之间各种形式合作的特别难题在于以经济目标为导向的企业特殊的目标设定， 它们也会将职业教育的问题归入其目标或置于其目标之下：由此，参与双元制教育是为了赢得属于自己的后备力量，是企业内部人才战略的组成部分。通过培训学员和学生在企业内部的活动，学员与企业相互认知与熟悉。将来企业接纳这些学员作为员工，就能节省可能产生的熟悉工作的成本，很经济。所有参与者都应明确知晓，这种经济思维在学校和高校里不会引起普遍重视，人们又更好、更合适的理由雇佣员工，对这些理由的判断不应和培训联系在一起。 因为视角不同而产生的差异，不仅在沟通结构方面，应该得到有意识的指明和处理。因为只有这样，"学习场所的合作"才能以双方的意志和坚持力为前提，作为双元制教育的基础前提，成功地发挥作用。所有参与者必须也应该明白，这种合作会取得成功，因为在双元制教育的框架下，所有措施与步骤最终都是围绕着那些应该从"学习场地之间的合作"中获益的人群来展开，那就是培训学员和学生。

（陈巧、张小燕　译）

张凯　刘立新(教育部职业技术教育中心研究所)

浅析德国职业教育的资金投入

导　言

德国的职业教育在世界上享有盛誉，双元制职业教育自国际金融危机以来成为各国学习和借鉴的典范。

德国双元制职业教育美誉来自职业教育的高质量，同时还得益于有效的投入方式为这种高质量提供了高投入的保障。以2011年的数据为例，[1]德国在中等职业教育(ISCED 3–4)[2]的资金投入(Ausgaben)为190亿欧元，约为德国教育支出(Bildungsbudget)总额的11%，占当年国内生产总值的0.7%。但这种高投入并非建立在庞大的政府财政支出的基础上，恰恰相反，德国中等职业教育的公共财政投入(öffentliche Ausgaben)占国内生产总值的比例要小于欧盟的平均水平。其中政府公共财政支出为113.2亿欧元，企业和个人支出为76.8亿欧元。公共财政支出比例仅为当年GDP的0.57%，小于欧盟平均值

1　因德国教育领域，尤其是职业教育的统计汇总严重滞后，最新可获得的比较全面的数据年份为2011年。数据来源：Bildungsfinanzbericht 2014 (教育资金报告2014)联邦统计局，载：https://www.destatis.de/DE/Publikationen/Thematisch/BildungForschungKultur/BildungKulturFinanzen/Bildungsfinanzbericht102320614700 4.pdf?__blob=publicationFile，24-35页；
　　Bildung und Forschung in Zahlen 2015 (教育与研究统计数据 2015)联邦德国教育与研究部，载：https://www.bmbf.de/pub/Bildung_und_Forschung_in_Zahlen_2015. pdf，30–32页。
2　注：ISCED 3为高级第二级教育(高级中学)，ISCED 4为第二级后(高中后)非第三级教育。

(0.68%)。公共财政对参与职业培训学生人均支出为7757欧元，也低于欧盟8586欧元的平均水平。即使仅在教育领域内部比较，德国职业教育也是一个财政投入率低，就业产出率高的部门。德国公共财政在职业教育投入总额中所承担的比例为60%，远远小于其在整体教育中的投入比例(80%)。

德国在职业教育领域中总体投入高而公共财政财政负担较小首先在于职业教育的投入方式，即公共财政与企业资金分担为主的多方投入。根据哥廷根中小企业和手工业经济研究所的报告，如果德国不实行双元制职业教育、职业教育完全在全日制职业学校中进行的话，那么2009年德国政府就会增加39亿欧元的财政支出。[1]在双元制模式下，政府在双元制职业教育方面的财政支出比例仅为46.2%，另外53.8%的职业培训经费是由企业承担的。根据德国联邦职教所2015年发布的相关调研报告，德国企业在2012至2013学年中对每名职业教育的学生平均支出为近1.8万欧元，可以看出德国企业参与双元制职业培训的成本并不低。德国参与职业教育的企业资金投入近年来出现上升势头，2006年企业投入职业教育的资金占整个工资成本的0.6%，到2010年已增至0.8%。[2]

德国职业教育的资金主要源自政府对各类职业教育机构的公共财政投入和企业为职业教育所承担的实践培训经费。从政府财政资金投入看，又可分为直接固定的财政拨款和间接浮动的项目经费两种。企业投入的职业教育资金也可以分为企业直接参与和企业间接参与实践培训的资金投入。此外，在德国职业教育的投资中还包含个人对自身接受职业教育的投资。以下从公共财政、企业投入和个人投入三个方面分析德国以双元制为主的职业教育资金投入的特点。

1　Jörg Thomä: Ökonomische Vorteile der dualen Ausbildung，载：http://www.ifh.
wiwi.uni-goettingen.de/sites/default/files/Vortrag%20Dr.%20Thom%C3%A4%20-%20
Duale%20Ausbildung_0.pdf

2　Excerpt from the publication: On the way to 2020: data for vocational education and training policies. Country statistical overviews, 2015, 32–35页。

1. 公共财政对职业教育的投入

(1)直接固定财政拨款，保障职教基础经费

德国对职业教育的直接财政拨款按政府层级可以分为联邦、州和地方三级，主要拨款对象为各类职业培训学校和机构。直接财政拨款的80%源自德国联邦和各州政府，20%由地方政府承担。联邦政府在对职业培训学校的直接财政拨款中的作用并不大，仅在资助学生参与全日制职业培训项目和向学生发放培训无息贷款方面与州政府各承担50%的经费。

各级政府的直接财政拨款分工明确，实行专款专用。州级财政拨款主要用于培训教师的工资和对于地方政府在职业学校拨款的专项资金配套和补贴。地方财政承担的是职业培训学校和机构的非教学人员的工资、学校的基础建设和维修改建以及添置教材、培训设施和设备等物资经费。州和地方政府对职业学校和机构的直接财政拨款属于政府常规性财政预算，即每年无需格外申请自动划拨。

(2)间接项目资助和补贴，聚焦提升职教水平

除了直接财政拨款外，德国公共财政对于职业教育的投入主要通过各类资助项目进行间接资金投入和补贴。主要资助项目为职业教育的咨询、提高参与度、交流、师资培训、职教教材和教育相关标准更新等。项目期限从半年到6年不等。与财政直接拨款不同，项目资助须由资助对象提出申请，经由专家委员会审核通过后才能得到政府的财政补贴。项目资助不仅考虑到职教专业、地区和行业的差异性，还可以灵活调整项目的内容和期限，增加或减少资金投入，从而提高公共财政投入的有效性和针对性。

(3)多部委协同投入，地方政府合作配套

德国公共财政对职业教育的投入不仅限于联邦教育与研究部或州教育部门的职业教育经费。与职业教育有关的部委、机构和各

级政府都参与其中，建立相应的资助项目，从各自职能领域协同促进职业教育的发展。其中在联邦层面上主要参与的部委包括联邦教育研究部(Bundesministerium für Bildung und Forschung)，联邦家庭、退休人员、妇女和青少年部(Bundesministerium für Familie, Senioren, Frauen und Jugend)，联邦交通和数字基础设施部(Bundesministerium für Verkehr und digitale Infrastruktur)，联邦劳动和社会保障部(Bundesministerium für Arbeit und Soziales)，联邦经济和能源部(Bundesministerium für Wirtschaft und Energie)。这些部委或单独或联合设立促进和资助职业教育的项目。根据联邦职教所(BIBB)2015年的统计，仅这些联邦层级部委项目就达到50多个。另外还有欧盟层面上资助职业教育的项目，如之前的达芬奇项目和目前的新伊拉斯谟项目，德国都是重要的参与者，从中受益良多。

各州和地方政府也结合当地的经济发展和对劳动力需求设计出台了不同的促进职业教育的资助项目。以巴符州为例，2013年该州针对不同的参与对象设立了33个资助项目，其中包括与联邦项目和欧盟项目配套资金项目。[1]

(4)项目审批与执行放权，提高项目专业化水平

德国联邦部门一般较少直接参与其设立的公共财政补贴职教项目的具体管理，多数情况下委托下属的专业机构或地方上的对口部门具体负责审查、核批和实施监督，如联邦教育研究部下属的联邦职业教育研究所(BIBB)，联邦劳动和社会保障部下属的劳工署(Bundesagentur für Arbeit)或联邦行政管理总局(Bundesverwaltungsamt)，联邦经济和能源部下属的联邦经济和出口监察署(Bundesamt für Wirtschaft und Ausfuhrkontrolle)等。另外，部委也会委托相关社会专业机构，包括公益性机构对项目进行筛选和审核。这种由专业机

---

1   Datenreport zum Berufsbildungsbericht 2015, Informationen und Analysen zur Entwicklung der beruflichen Bildung, BIBB, 2015.

构来具体执行项目的优势一是可以减轻部委的工作负担，同时控制廉政风险；二是避免外行领导内行，使补贴项目能真正发挥作用，顺利落地；三是能够保障项目进行过程中得到实时反馈，扶正纠偏，为今后的项目积累更好的专业经验。

2. 企业对职业教育的投入

(1) 企业直接参与比例高，投入产出满意度高

截至2013年底的统计数据显示，德国有43.8万家企业参与双元制职业教育，约为德国总企业数量的20%。[1]前面提及德国企业在2012至2013学年中对每名参与培训的学生平均总支出为近1.8万欧元，其中企业支付给学生的工资成本占62%，企业实训教师的人员成本占23%，设备和材料费用占5%。刨去学生在企业所创造的收益，年人均培训净支出为近5400欧元。[2]这对企业来说是笔不小的开支，但是企业从开展职业教育除了能够得到学生(徒)通过实践劳动创造的价值外，还可以结合自身需求定向培养专业人才，无需通过中介市场招聘新技术工人，可以随时补充并保障企业生产所需人才从而大大降低招聘成本。这些是德国企业愿意投入这看似"赔本的买卖"的主要原因。从平均统计数据看，近60%的在企业中接受实践培训的学生(徒)毕业后会留在该企业，其中公共服务类企业中留企比例更是高达83%。[3]

(2) 企业间接投入渠道完善，保障市场公平性

并不是每个企业都有专业能力或有意愿参与双元制职业培训。

1　Datenreport zum Berufsbildungsbericht 2015 : Informationen und Analysen zur Entwicklung der beruflichen Bildung / Michael Friedrich [Red.]. – Bonn. – (2015), S. 217–221.

2　Anika Jansen et al.: Ausbildung in Deutschland weiterhin investitionsorientiert – Ergebnisse der BIBB-Kosten-Nutzen-Erhebung 2012/13, 载：BIBB Report 2015/01.

3　数据来源同上。

特别是小微企业(德国95%以上的企业都为中小企业)往往无法保障职业教育的专业性，因此无法称为"教育企业"。同时，小微企业对学生(徒)融入企业的顾虑更多，职业教育投入成本对其来说负担相对更重。这些因素导致中小企业特别是小微企业参与双元制职业教育比例较低。为保护企业参与职业培训的积极性，促进企业参与双元制职业教育，德国行业组织(如德国工商行会及德国手工业行会)牵头成立了跨企业培训中心，承担相关企业无法完成的教学任务。跨企业培训中心的经费来源主要来自于各行业组织对所属企业收取的会费。缴纳会费，成为德国企业对双元制职业教育的间接投资。

(3)激励企业投入政策多样化，减少企业成本负担

德国从税收制度上将企业因职业培训的直接或间接的支出作为免税的企业支出费用，不纳入企业所得税计算基数，从而从制度上保障了企业合理避税。据联邦职教所不完全测算，2009年参与职业教育的德国企业所获得的税收减免就达到8100万欧元。

德国公共财政支持的职教资助项目不仅针对公立职业学校，同时也针对企业。企业可以申请相关项目，获得政府的公共财政资金支持。此外，德国政府还为企业设立的专项提供资金补贴或税收优惠，如企业为适应行业技术革新重新编订实训大纲、培养和训练实训教师等都可以通过相应的项目得到补贴。

各级政府也给予参加职业培训项目的企业相应的税收减免和优惠政策。对于企业因参与职业培训所支出的费用，企业可以获得税收补贴和退税，其中包括支付给学生的生活费和工资中企业所缴纳的社保金以及其他培训材料费，如劳保服装和设备、健康诊断费、食宿和交通费。

另外，企业还可以享受免缴社保金的优惠。一般来说，如果企业在实践课中支付给学生的工资为法定最低工资一半以上，那就意味着企业需要为这部分工资缴纳社保金。但如果学生签订年收入不

超过法定缴纳社保金的最低限额的保证书，那企业就可以免缴这部分社保金。企业为学生提供的培训奖学金，在最低工资标准4倍的范围内免缴社保金。

3. 激励个人对职业教育的投入机制

对于接受职业教育的个人，德国通过教育奖励券、奖学金、折扣和减税等经济刺激手段，提高他们参加职业培训和进修的积极性。这些措施可以促进这些学生或职工获得与时俱进的技术培训，有效帮助他们提升专业素质。

联邦政府和各州设立了多种形式的教育奖励机制，职工如果年收入（税前）不超过25600欧元，那么他（她）的进修培训费用的一半将由国家以"教育奖励券"的形式来承担，最高不超过500欧元。仅在2010年德国就发放了4万多张此类奖励券。

对于那些成绩优异的中等职业教育毕业生，如果他们想进入完成应用型高等教育（应用科技大学），国家会提供每月最高额度为730欧的奖学金。对在工商行会职业资格考试分数超过87分的优秀毕业生，还有获得进修奖学金的可能。

如果职工参加由企业付费的进修培训，无论是企业内还是企业外的，培训费用不计入职工工资，因此这部分费用也不需缴纳个人所得税。自2011年起，条件进一步简化和放宽：只要企业培训前答应承担培训费用，即使培训收据是开给职工的，也适用于免税的规定。联邦政府还有专门建立了针对贫困家庭的教育补贴。此外，联邦政府和各州政府还合作面向各类学生发放免息学习贷款和针对职业高等级技术培训的"工匠免息学习贷款"。

在德国的一些州，如黑森州、勃兰登堡州、北威州等，州政府还会对中小企业的员工或中老年职工提供类似"进修奖励券"的补贴，资助他们提升和更新技术技能和资质。北威州借助欧盟社会福利专项基金使用"教育支票"支持在职培训或转岗培训。

小　结

综上所述，德国的职业教育资金投入具有以下特点：

1. 多种渠道共同投入职业教育，扩大了职业教育资金来源，为职业教育提供了资金保障。

2. 公共财政与企业及个人分担，有效减少了公共财政的压力。

3. 注重公共财政资金使用的统筹协调，提高公共财政使用效益。联邦各相关部门、联邦与各州、地方各自从自身职能范围内协同支持职业教育发展，资金使用效益提高。此外，充分发挥专业组织和机构的作用，提高公共财政投入的专业性、针对性和灵活性，既提高了公共财政资金的使用效能，也减轻了政府部门自身工作负担，提高了整体工作效率。

4. 以公促私，调动企业和个人投入积极性。一是通过公共财政直接资助企业和个人，调动企业和个人参与并共同承担职业教育经费，公共财政资金的溢出效应得到更好发挥。二是通过税收优惠，如企业所得税和个人所得税的减免方式，向企业和个人让利，提高企业和个人参与和投入职业教育的力度，从而达到整体增加职业教育投入的目的。三是通过奖学金和贷款等方式，鼓励个人参与职业教育，增强人才保障能力。

胡丹（上海外国语大学）

德国职业教育考试制度

德国职业教育双元制所规定的考试制度包含三根支柱：企业培训证书(betriebliches Ausbildungszeugnis)、职业学校成绩单(Berufsschulzeugnis)和行业从业证书(Kaufmannsgehilfenbrief)。其中，企业培训证书对学员在企业内的业绩做出评判；职业学校成绩单列出学员的在校成绩；行业从业证书则是学员在通过毕业考试之后由各州主管部门颁发。故而，无论理论上还是实践中，在这三根支柱中，通过毕业考试获得行业从业证书最为重要，它决定了职业教育的成败，同时也是在劳动力市场中求职和证明自己能力的基础性文凭，是以后完成继续教育的前提条件。

一、法律基础

毕业考试和考试证书的法律基础是《联邦职业教育法》（2005）第37–50条。根据第47条，各州主管机构与联邦职业教育研究所主管委员会共同拟定考试条例。其中，"联邦职业教育研究所主管委员会颁布考试条例的准则"（第47条第3款），而各州主管机构在此准则的基础之上"颁布毕业考试的考试条例。考试条例须经州最高主管当局批准"。《联邦职业教育法》对于考试条例所必须包含和可以包含的内容做出了明确的规定："考试条例须对许可、考试安排、评价标准、考试证书的颁发、违反考试条例的后果及补考做出规定。考试条例还可以规定，由主管机构跨地区或通过命题委员会制定或选定的考题，只要是根据上述第40条第2款原则组成的命题委员会制定或选定的，则必须予以接受。"

这样的法律设计体现出联邦与各州在职业教育考试制度上的合作与分工：联邦制定游戏规则，各州根据此规则制定实施细则并负责具体实施。

要举行毕业考试，主管机构必须成立专门的考试委员会(第39条)。考试委员会至少由三名委员组成，必须包含雇主、雇员以及职业学校的教师。其中雇主委员和雇员委员的数量必须相等，且在委员总数中的占比不低于2/3(第40条)。这意味着德国职业教育的考试制度并未彻底做到教考分离。因为职业学校的教师在考试委员会中是占有一定席位的，只不过比例受到严格的限制。自1969年《联邦职业教育法》实施以来，这一条款一直遭到教师协会的猛烈抨击。因为虽然考试委员会中必须至少有一名职业教师代表，但教师代表的总数最多也只能达到1/3，只有在最极端的情况下才能做到和雇主委员以及雇员委员平分秋色。在大多数情况下，教师所占的权重相对较低，其意见不能得到足够重视。故而，教师协会一直呼吁修改法律，增加教师代表的权重。

考试委员会可以选举两名委员分别担任主席和副主席。主席和副主席应当分属不同的委员群体。当委员总数的2/3且至少3人出席，考试委员会方可进行表决。表决遵循简单多数原则。平票时根据主席票做出决议(第41条)。

就考试形式来说，毕业考试时间可以错开进行。此时，须书面通知考生考试第一部分的成绩，且考试的第一部分不能单独进行补考。一共可以有两次补考的机会(第37条)。这意味着如果考试的第一部分不通过而第二部分通过了，在补考时两个部分都必须重考一次。假如第一部分通过但第二部分不通过，则只需补考第二部分。原则上，在毕业考试之前还可以有一次中期考试，用来检查教育效果。主管当局一方面可以通过中期考试了解培训企业是否履行了义务，另一方面也给考生和教师提供了解学生学习水平的机会，同时，它还是一次模拟毕业考试。在实践中，中期考试的地位日趋降低，因为法律只规定了可以参加中期考试，但并未规定必须通过。理论上，即便在中期考试时交白卷也不影响最后的毕业考试。此外，组织一场中期考试的花费并不见得比组织一场毕业考试少。故而，实施职业教育的各方均对这项考试持越来越浓的怀疑态度。教师协会便多次呼吁将中期考试转变为毕业考试的一部分或者干脆取消中期考试。根据《联邦职业教育法》第48条，如果毕业考试分成时间上分开的两个部分进行，则中期考试可不必举行。这样一来，则完全可以将中期考试改为毕业考试的第一部分，以提高其重要性。

二、考试内容

职业教育中不同的利益方对于考试内容有着截然不同的要求。

就企业方来说，它们一直对毕业考试中那些脱离实际的单纯考察知识点的试题持批评态度。故而，它们要求考试必须更多地考虑企业中的实际状况，考试应当贴近企业和职业。就工会方来说，考试是检验考生在企业所受培训质量的一种手段。其对于考试的基本理念是：所测即所学。然而，这两方的要求无疑与标准化考试的理念背道而驰。遵循这一原则而设计的毕业考试很可能完全不具备可比性。众多迥异的企业对于同一职业在细节上的不同要求是考试委员会所无法兼顾的。

就职业学校来说，它们一直希望能够将职业学校的成绩计入最后毕业考试的成绩中去。从教考分离的观点来说，这一要求不甚合理。因为，职业学校成绩单作为三根支柱之一不应该被重复计算。并且，如果要这样做，还必须满足两个前提条件：其一，修订《联邦职业教育法》，其二，为各个不同的职业学校之间的成绩制定统一的标准，使其具备可比性。

　　就联邦层面的政策制定者以及各个行会来说，它们除了要求毕业考试必须以实践为导向之外，更加注重和强调考试的客观化、标准化与可比性，希望通过毕业考试为即将迈入职场的考生树立一个最低的职业准入标准。这必然要求使用同一尺度进行评判。

　　《联邦职业教育法》第38条规定："须通过毕业考试确定考生是否获得职业行为能力。考生须在考试中证明其已掌握必要的职业技能、具备必要的职业知识与能力、并熟知在职业学校的课堂中所教授的、职业教育中最基本的教学内容。"按照中国人的习惯表述，毕业考试主要测试"双基"（基础知识与基本技能）。这种表述所包含的内容几乎是一切考试的目的所在，几乎不可能有任何质疑。问题的症结在于：通过何种方式可以达到这一目的？在德国传统的职业教育毕业考试中，笔试多以侧重考察知识点的选择题为主，而口试也大多注重对基础知识的考察。这一考试方式招致的批评主要有：(1)偶然性。这是职业学校要求将在校成绩计入最终毕业考试成绩的依据所在。因为毕业考试考察的只是考生在某一特定的时间点的发挥。(2)侧重于知识点的考察，轻视乃至忽略了考察考生灵活运用所学知识的能力。这导致许多考生在考试前半年开始集中突击，死记硬背各种复习材料提炼出来的考点。而灵活运用所学知识的能力是无法通过短期集中突击获得的。这一工作中最需要的能力无法通过传统的考试得到反映。(3)考试缺乏明确的目标。

　　针对此种情况，或可对考试题目进行一定的改革，从知识点导向型转变为行为反应导向型。命题时，尽量设计某一具体的职业情景，着重考察考生在特定的职业情境下应用知识解决问题的能力，而不是单纯考察考生是否熟记某一特定知识点。例如，可以把一封用户来信作为题目，要求考生写一封回信。可是，此类主观题虽然能够考察知识应用的能力，却也由此带来另外一个问题：如何能够客观、准确、有效地对考生的回答做出评判。如果还是采用给出某些给分点的方式，则成为某种换汤不换药的客观题。可是如果不给出给分点，将评分的权力完全交给不同的评阅者，又难以保证其客观性。

在口试环节，考生一般会获得20分钟的准备时间，可以从两道实践题中任选一道进行准备。题目会包含一些情景，但不会完全透露口试的具体话题。例如，题目可能是：应顾客要求进行咨询。在进入考场之后，考官才会将具体话题抛出：顾客看见一则广告并希望了解详情。此类口试一般是角色扮演类考试。考生扮演客服人员，一名考官扮演顾客，其他考官负责记录与评价。评价时，不仅应当考虑专业能力，还应当考察交际能力、谈话策略与临场反应。口试最大的问题也还是评价的客观性。为了降低评分的主观性，会让几位考官共同做出评判。此外，还会设计具备可操作性的评分细则。

除了此种角色扮演的口试之外，还有一种以项目设计为载体的口试，类似于学位论文答辩。考生在考试时获得一个具体的题目。考生必须当场以书面形式设计规划一个可供其在随后的口试中展示的项目。在口试时，考官可以在考生的展示过程中随时打断考生的叙述并提出自己的问题。考生须做出回答。这样的考试方式能够较全面地考察考生独立完成某项工作的能力。但它的问题是往往费时较长，一个考生的口试时间一般长达六七个小时。

三、职业教育毕业证书的效力与吸引力

在现今德国学制的规定之下，通过文理中学的学习拿到高中毕业证书是通向大学学习的独木桥。职业教育的双元制虽然被赋予诸多的重要意义，但是其所能提供的毕业证书却始终无法解决大学入学资格这一问题。

自20世纪70年代以来，联邦职业教育研究所一直在呼吁平等对待普通教育与职业教育。1984年，该研究所提出：普通教育与职业教育虽有区别，但在通向大学之路上彼此等价。职业教育的毕业生应当可以直接获得进入大学学习的资格。各种经济协会

也认为，能够在职业中证明自身优秀的职业教育毕业生应可与高中毕业生一起参加高校入学招生考试。而教师协会则要求职业教育毕业生必须修完普通教育所需要的课程才能够获得大学入学资格。这一观点招致激烈的批评，因为这无疑贬低了职业教育以及其所能授予学生的职业技能水平。兼容并包的大学不应当只吸纳一种学生。职业教育不必与普通教育趋同，但应当与普通教育等价。

据统计，2012年德国大学新生占适龄人群的比例为37%，而瑞典和澳大利亚的比例则为80%，由此而来的一个问题便是：为什么在德国只有如此少的中学毕业生具备上大学的能力？为什么职业教育的学生无法自动获得上大学的能力而文理中学毕业生就可以呢？职业教育与普通教育的区别究竟是什么？凭什么认为普通教育比职业教育更有价值？是否可以从理论上论证普通教育和职业教育的等价性？能够通过怎样的具体措施将这种等价性落实到高等教育层面？普通教育与职业教育的等价性是否只能通过开放大学入学资格得以实现？

一般认为，普通教育主要培养两种核心能力：其一是对于某些通识性的"经典"知识的学习，例如：数学、外语、古典语言、历史、地理等。这些知识并不针对某些特定的职业，除了可以上大学之外也不具备其他"实用性"。其二是培养独立学习和工作的能力，帮助其建立正确的方法论，获得与人交往的能力。这些能力对于大学学习来说是必要且有益的。两方面综合来看，普通教育是在古典教育的基础上培养健全人格的一种教育。而这也正是大学对于学习者的要求。普通教育最大的特点就是非功利性。就这一点来说，它不同于以实用为导向的职业教育。

位于普通教育中心地位的"经典"知识来源于新人文主义的教育理念。在此之前的中世纪并没有普通教育与职业教育的概念区别。在中世纪的行会制度中，青少年在家庭所构成的制度范围内学习谋生所必须的专业技能和知识。而新人文主义的教育理念对这一状况提出了至今仍然有效的挑战与质疑：教育是否必须以社会上的有用性为目标，还是说应当将促进个人健全人格的形成置于其核心地位？正是对于这个问题的回答让新人文主义者特别是洪堡提出了在普通教育与职业教育之间划上一条严格界限的观念。根据洪堡的观念，普通教育是无目的且全方位的，而职业教育则以实用性为鹄的。普通教育将目标对准纯粹的人的教育。此时，教育就是要发展个性、反对功利。正如洪堡所说："全民族或国家而并非是某一阶层所关心的学校必须以对人的普通教育作为其目标。那些对于生存或者某个特定的行业来说必须的教育则要单独列出并在完成普通教育之后才能够习得。如果将两者混为一谈，则教育会变得不纯粹。我们得到的既非完美的人，也非完美的市民。"

洪堡并非要否定职业教育，而是将之置于普通教育之后。在新人文主义的教育观念中，教育的标准不是有用性而是理性的独立。在洪堡所说的意义上，教育的首要目标乃是促进个人人格的形成。只有达到这一目标，才谈得上受过教育。其核心内容是"能力训练"和"学会学会"。而此种个人发展绝不可能从具体的职业之中获得，因为职业只关乎知识和技能的有用性。如此一来，教育与职业之间的分别便不可调和。这一观念一直影响到今天，并造成文理中学的普通教育和职业学校的职业教育之间泾渭分明的区别。职业教育既不能促进个人人格的形成、也不能训练能力，还不能使人学会如何学会。

自20世纪初开始，新人文主义教育理念中普通教育与职业教育之间的严格区分受到了挑战。职业教育开始获得属于自己的尊严。Kerschensteiner认为，"职业教育把守着通向人之教育的大门"。文化教育学者Spranger认为教育的目标是传播文化价值，这同样也是职业教育的目的。而对于青少年的人格发展来说，职业发挥着更为本质的作用。他将教育分为三个阶段：基础教育、职业教育和普通高等教育。他认为，"职业、只有职业才是通向高等通识教育的必由之路"。Spranger肯定了职业的教育力量，在特定条件下，人格塑造可以通过职业实现。此时，经典的职业伦理将发挥重要作用。由此可知，新人文主义和文化教育学对于教育目标的认识是一致的，均认为教育就是要促进个人发展、塑造理性的独立、学会学会。他们之间最大的分歧在于：职业是否具备教育的力量。

新人文主义和文化教育学均认为，普通教育和职业教育之间的分别与其说是内容上的，毋宁说是形式上的。同样值得注意的是，洪堡并未给普通教育指定哪些必修的课程。他虽然认为在普通教育中应当对古希腊人加以研究，但他只是将之作为一个例子用来说明什么是"人"。研究古希腊人则有助于达成这一目标。然而，随着历史的发展，普通教育逐渐被等同于对于某些经典学科的学习。Heid对这些学科的设置提出了疑问。他认为，无论是对于商人还是其他职业来说，经济学知识的重要性与日俱增。同样，在当今社会，动手能力不仅体现在职业中。与此相反，某些"典型"的普通教育的课程，例如数学、语文、外语、拉丁语在很大程度上是从事某些职业(例如日耳曼学者、记者、牧师等)所必须的。学习这些学科具有非常大的"实用性"。

有鉴于此，普通教育与职业教育的区别已经越来越不适应现代教育的要求。故而在德国废除这种区分的声音正变得越来越大，但是遭受到的阻力也不小。主要的阻力来自于文理中学和大学层面，因为这意味着降低文理中学毕业证的含金量。而普通教育与职业教育之间的区别也不仅仅体现在中等教育阶段，还出现在高等教育阶段。迄今为止，应用科技大学还未普遍获得博士学位授予权。这种权利始终为综合型大学所独有。

四、结　语

德国双元制的职业教育与考试制度一直为其他国家所艳羡，它为德国工业输送了一代又一代优秀的技术工人。随着时间的推移，这一制度也在不断地修改和完善自身，以期能够符合日益精进的现代职业对职场新人提出的要求。而对于那些已经毕业且进入工作岗位的人来说，打通职业教育和普通教育之间的鸿沟、提供更加多样的继续教育则成了当务之急。

陈壮鹰(上海外国语大学)

简论德国中等职业教育及其优势与挑战

一、德国职业教育概况

1. 职业教育在教育体系中扮演的角色

德国法定义务教育从6岁开始,持续9–10年(各联邦州不尽相同)。四年的基础教育过后,小学生们通常会在三柱式的学校体系中进行选择(各联邦州在学校结构上存在差异):文理中学专门为获得大学入学资格而设立,有着严格的教学计划;实科中学的教学计划旨在提供中等水平的教育,让学生具备一般技能及职业所需技能;普通中学的教学计划旨在培养学生的实用技能和兴趣,最终成功毕业(引入职场)。实科中学和完全中学的学生通常在15或16岁开展职业培训,其中涉及从普通教育进入职业教育阶段的体系过渡问题。2005年63%的学生选择了职业教育,2015年降至约42%。[1]

参加职业教育的学生中有75%的人选择了双元制体系,而剩下的人则选择了全日制的职业专科学校或是为期2-3年的卫生学校,这其中也会有相应的实习。除了职业技能毕业证书之外,其中有些学校还提供让学生获得普通中学、实科中学毕业证书甚至高等专科学校(应用科技大学)入学资格的机会。在这些全日制职业中学里,女生占多数(这与其设立的专业方向有关),而在企业式的职业教育中的男女性别比例却恰恰相反。全日制职业专科学校提供的是比高等

教育略低层面的教育，一般为期2-4年，与此相对的是高等专科学校的课程则属于高等教育中的专业层面。在巴伐利亚州、巴符州、萨克森州、柏林以及图林根州的一些职业专科学校也会提供专业层面的课程，而这些课程将大学教育与企业培训结合到了一起。

　　德国为学生个人从义务教育过渡到职业教育（过渡体系）的过程中提供了不同的方案来减缓压力，例如考虑到有的学生可能无法一下子达到双元制职业教育体系的入学要求，因此德国在职业基础教育学年或是职业准备学年，为有困难的学生提供教育或者职业方面的指导，使其获得最基本的从业技能，从而帮助他们找到受训席位，参加全日制的职业培训，或是直接进入职场（但没有从业资格证书）。这些纷繁复杂各不相同的课程在职业学校、职业专科学校或是私人机构或企业均有设置，并且随着时间的推移，其数目会不断增多。

2. 双元制职业教育体系的结构

　　如今，职业教育双元制体系涉及公认的349个职业，为期2至3.5年。与全日制的职业学校不同，在这里学生并不需要拿到实科中学或是其他中学的毕业证书，只需要完成义务教育就可以了。实际上，43%的入学者已经具备实科中学毕业证书，33%的学生拿到了普通中学毕业证书，21%的学生甚至具备普通高校的入学资格，而仅有3.5%的学生没有任何毕业证明。[1]

　　受训者通常每周有3-4天待在培训的企业里，在那里他们会依据培训计划以及各项职业的培训准则进行实际培训。培训准则规定了培训时间，描绘了职业蓝图，对考试要求也做了相关规定。受训者在培训期间有一定的报酬，其金额逐年增长，平均为合格员工起点工资的三分之一。一些无法单独进行全面培训的小公司可以与其他公司进行联合培训。除了企业实习培训，学生们每周还会在职业学

1　http://www.bmbf.de/pub/Bildung_und_Forschung_in_Zahlen_2016.pdf

校接受12课时的理论学习(某些情况下,这些非全日制理论课程也会以模块课程的形式分阶段进行)。根据教学大纲规定,职业中学的课程中有三分之一来自对职业发展具有决定性意义的学习领域,三分之二来自职业相关学习领域,而教学大纲中对不同职业发展具有决定性意义的学习领域的课程由各州设置,对职业发展相关课程则由文化部长联席会议(KMK)设置。

在这些职业教育学校中,教师也分成两类,一类是负责教授理论性职业课程的教师(理论教师),另一类则是负责教授学生如何进行专业操作的教师(实训教师)。成为职业理论教师需要大学毕业证书或同等效力的毕业证书以及专业教学理论培训,而实训教师不需要大学毕业证书,通常只需要相关的职业背景,例如做过工匠或是技工(工业方面)、帮工(手工业)。除了专业教学理论的课程学习,教师还需完成教育学的研讨课学习。另外,教师有义务深造进修,而进修则会以研讨课的形式在公立教师进修机构进行。

德国职业教育法(第28–30条)和培训人员资格规定(AEVO)对企业内部培训人员的从业要求都进行了明确规定。作为企业内部的培训人员必须通过与待培训职业相关方向的结业考试并且掌握一定的职业教育理论知识。培训人员的入学资格考试曾于2003年8月被取消,以便更多学生进入企业接受培训,但这也导致一部分不具备参加基本职业培训能力的学生进入企业,最终不得不中途辍学,因此2009年8月1日起德国恢复实施这一考试制度。

3. 职业教育的税收与资金支持

德国联邦教研部(BMBF)负责对职业教育提供战略性指导并保障2005年最新修订的《职业教育法》(BBiG)的贯彻实施。联邦教研部须每年出具职业教育报告,资助其监管范围内的德国职业教育机构并且负责完善德国职业教育体系。其中德国双元制职业教育体系中的企业培训部分也属于联邦教研部的负责领域。个别的职业教育规定由其主管的专业委员会与联邦教研部共同制定发表。

各州只负责双元制教育体系中的职业学校以及全日制职业学校。他们独立制定教学大纲，培训教职人员，为教师支付工资并且对职业协会拥有监管权。鉴于各州的文化主权之别，德国双元制教育体系下学校教育的组织与教学内容方面存在着巨大的差异。

社会合作者在职业教育的构成和资金支持方面扮演着重要角色。他们会参与到培训准则的制定及修订中，并且通过劳资谈判的形式来确定受训者的报酬。职业协会则主管培训企业的信息咨询及企业培训的监管。除此之外，他们还负责培训合同的登记注册、培训企业的能力等级评判、职业培训监管、培训人员能力评估，为培训企业及待培训人员做咨询指导，组织结业考试并贯彻执行。

各联邦州（支付教师工资）和城镇（负责教学设备和基础设施）负责职业教育学校的财政支出，而企业则主要负责企业内部的培训费用。在某些领域，企业也会共同出资创办公共基金来支付企业的职业教育经费，而在其他领域，各个企业则分别承担自己的培训支出。总体来说，职业教育双元制体系的绝大部分支出由培训企业承担。当然，联邦州以及联邦劳工署也会为职业教育提供额外的资金支持。2015年德国职业教育支出约104亿欧元，国家在每一名接受职业教育的学生身上投入为9900欧元。[1]

培训企业可以从国家方面得到资金支持。那些设立了额外的受训席位并找到受训者却长达一年甚至更久的时间里一直没有拿到学徒名额的企业将最多获得6000欧元的培训津贴。另外，截至每年的9月30日，那些在社会上受歧视或是学习存在障碍而没有找到受训席位的年轻人可以获得一次受训资格。企业可以对这些年轻人展开6-12月的试用并对其进行培训。他们会获得一定的补助，其中包括受训津贴以及每月的全额社会保险。

各联邦州也会适当推动这一进程。下萨克森州为雇佣破产公司受训者的企业提供资金支持，同时也为那些与其他企业或培训机

1　http://www.bmbf.de/pub/Bildung_und_Forschung_in_Zahlen_2016.pdf

构组建培训联盟的企业拨款。在巴伐利亚州，雇佣具有学习或社交障碍的年轻人的企业则可以获得低利率贷款的机会。除此之外，巴伐利亚在题为"健康工作2008"的项目框架下也制定了不同的资金支持措施，以此来支持额外受训席位的设立，鼓励企业参与培训联盟、保障灵活性救助以及巴伐利亚普通中学实用类毕业生企业培训的顺利进行。

4. 就业市场现状

虽然2008年金融危机爆发后，整个欧盟地区经济发展迟缓，但德国经济却步履稳健，其失业率并没有如预期那般急速增长，相反逐年下降；2008年的失业率高达8.4%，2010年的失业率为7.5%，[1]而2016年仅为6.1%，并且在此期间其失业率低于OECD的平均水平。当然，与奥地利、荷兰、挪威、瑞士和韩国这些在降低失业率方面卓有成效并且一直将失业率控制在5%以下的的OECD成员国相比，德国还有一定差距。德国15–24岁人群的失业率由1998年的9%上升至2008年的10.4%，但2015年已降至7.7%，一直低于OECD12.4%的平均失业率。[2]

为了提高失业人员重新融入工作生活的比例，2002-2005年间德国对失业工作体系进行了彻底变革。其最后一项改革(Hartz IV)实现了联邦层面上对长期失业者的失业补助以及联邦劳工署对本地失业者所提供社会救助的统一。失业补助金额将与找到工作的费力程度相关，其时间也限制在18个月内。这次改革还以培训优惠券的形式制定了一系列鼓励职业深造的措施，而这些培训优惠券由联邦劳工署统一管理。虽然此项改革曾是导致时任德国总理施罗德下台的重要原因之一，但从今天的良好结果来看，Hartz IV改革具有极大的勇气和前瞻性。

---

1   www.pub.arbeitsagentur.de/hst/services/statistik/000100/html/monat/201006.pdf.
2   www.oecd.org/document/2/0,3343,en_2649_39023495_43219330_1_1_1_1,00.html.

二、德国职业教育体系的优势

毋庸置疑，德国职业教育最突出的优点便是双元制教育体制及其教育准则，而经由这一教育体系衍生出来的教育制度也在欧洲其他国家得到推广，并且得到了世界范围内的高度认可。其基本准则之一便是学校学习与工作岗位锻炼的互补性，在此过程中，学校课程中的理论学习与企业内部的实践经验传授得到完美的结合。与此同时，这两方面的学习也相互获得深化和加强：理论知识的学习使着手进行实践操作成为可能，而不断的实例与操作机会又让理论知识的理解得到简化。只有当学生们定期参加学校学习和企业培训时，这种相辅相成的效果才能得以实现。

双元制体系的背后是一系列极为重要的制度保障措施。雇主须接受长久以来职业协会在培训内容选定、企业内部培训监管以及考试规则制定上的重要职能。这一职能有效地保障了雇主将企业内部培训看成是自身的一项义务，并且将获得职业资格的毕业生收归己用。因此，在这一框架体系内不仅学校学习与工作岗位实习得以完美结合，增加企业内部受训机会以及通过雇主进行毕业认证的制度结构也得以建立。这样一来便形成了良性循环，职业教育的高威望可以让学生们自主选择企业实习，雇主有义务对受训者负责而企业实习也会带来就业市场的繁荣景象。这就不难解释，为什么相较于其他国家，双元制教育体系在德国往往享有更高的声誉，并成功地转化到高标准要求的职业上来，而其他国家想要实现这一点则必须以高等教育领域的培训作为前提保障。

其优势总结如下：

● 德国职业教育体系在德国社会早已立足生根且享有很高的声誉。它为年轻人提供了多种多样的职业选择。人们在这一体系中获得的职业资格证书也会在职场上继续发挥作用。同时，这一体系也兼具灵活性，可以摒弃不理想的培训项目亦可吸收新的经济和职业发展领域的培养计划。

- 双元制教育体系在德国得到了极大的发展和完善，它将企业实习与学校学习相结合，为受训者进入职场做好准备，而这一措施也使得德国年轻一代的失业率明显低于其他国家。双元教育体制下的学校教育以解决问题为导向，并且创新地将理论与实践完美结合。

- 双元制教育体系最突出的优势之一便在于充分调动了雇主与其他社会合作伙伴的积极性。这一体系同时受到联邦、各州、乡镇以及企业层面的多重监管调控，这些监管形成的复杂监管网保证了职业教育体系的政治与经济目标的实现不会因为雇主的短期需求而发生改变。法律对联邦政府、各联邦州及个人的明确分工规定也为双元制教育体系带来积极影响并使得这一体系随着时间的推移稳步前进。

- 职业教育体系的财政拨款总体上十分可观，且个人以及公共经费可以作为补充。这些经费不仅仅用来支持双元制体系和全日制职业学校，同时也为那些在开展职业教育前需要帮助的年轻一代提供了多种多样的职场过渡项目。不管德国经济是否景气，职业教育体系都可以得到强大的财政支撑，雇主也将继续维持其培训名额以此来降低德国年轻一代的失业率，同时也会避免未来由于人口减少而带来的劳动力短缺。

- 德国联邦政府拥有极负盛誉的职业教育研究机构BIBB(联邦职业教育研究所)以及由全国一系列研究德国职业教育方方面面的较小的研究中心而组成的研究网络。这样一来，德国比其他国家在制定促进德国职业教育的持续创新与完善方案上更胜一筹，并且使得德国职业教育更具优先权，对德国职业教育体系的持续健康发展具有决定性意义。

三、德国职业教育体系面临的挑战

德国职业教育体系虽有诸多过人之处，可它依然面临着如下一系列的挑战：

- 如今有几乎与选择双元制教育体系相同数量的年轻人选择了过渡体系，而这一体系却支离破碎，不够系统，其公众透明度也存在问题。尽管有广泛的资金支持，项目参与者中真正可以过渡到正规的双元制教育体系中的却是少之又少。

- 鉴于学生很早就要选择职业，高品质的信息咨询就显得格外重要，然而与此相对的是德国职业咨询的质量和范围均严重欠缺，甚至都没有一个独立的机构为所有学生提供高品质的信息获取与咨询服务。

- 一些普通高中学生在PISA中不够理想的成绩也解释了为什么很多学生无法成功从小学义务教育过渡到职业教育体系中。一些学生在义务教育毕业之后只掌握了一些普通的基础能力，而目前的职业教育体系无法确保是否可以解决这些问题。

双元制教育体系主要通过受训者在接受培训之后的结业考试对学生进行评定，以此来决定他们能否获得职业教育证书(学徒工的满师证书，技工证书等)，而学生们在职业学校所取得的成绩在其最后获得的证书中并没有体现，这就很可能让学生们忽视职业学校的课程学习而对他们自身能力带来消极的影响，甚至影响到他们日后的高等教育学习。

- 尽管德国近年来提供了从二级中等教育向高等教育转化的诸多可能，然而至今只有极少数的职业合格者从中受益。高等教育参与到职业教育范围的扩大(联邦政府已经致力于这方面)不仅仅对于分配公平和社会流动性具有重要意义，同时对于保持德国经济的全球竞争力，在科学、信息以及技术创新上扮演日益重要的角色方面也发挥着重要作用。

- 人口减少对于德国也是不小的挑战。这将导致同年出生的人数减少，而这一现象已经造成严重的影响，尤其在一些新联邦州，班级规模的缩小使学校不得不进行整合。

针对上述存在的问题和挑战，德国联邦教研部和各州政府也在思考对现有职业教育体系进行完善和改革，以便为今后德国经济发展提供充足优质的劳动力资源。下列建议和措施正在探讨和逐步实施过程中：

- 各州建立一个过渡体系协调委员会，让不同参与者之间可以更好地合作，也可以让过渡项目更加公开透明。同时，还应当对每个过渡措施的成本收益进行审核，从而将最优质的倡议在全联邦范围内推广。

- 对职业咨询体系进行适当改革，让学生得到客观的分析指导。职业信息咨询应当由专门的国家机构进行。从长远来看，应考虑对双元制教育体系进行体制化改革，从而减轻职业选择的压力。

- 所有参加过渡体系以及没有实科中学或者文理中学结业证书而准备进入职业学校的学生的读写和算术能力都必须通过考试检查。能力不足的学生应参加基本知识课程的学习。职业学校要更加重视学生的通识教育和普通技能的发展。

- 逐步制定标准，将学生在职业学校取得的成绩记录在协会证书中，而职业学校的结业考试则明确包括读、写以及计算能力评估。长远来看，协会考试和职业学校结业考试应该结合在一起。通过统一的评估过程，加强学校和雇主之间的合作。

- 努力减轻学生从中等职业教育过渡到高等教育的压力，同时要对阻碍这一过程的障碍采取措施。对没有接受足够学院教育又想进入高校的人进行适当的指导、引入以及给予其经济上的支持。在正规高校和灵活的非全日制学校内促进双元课程和双元项目的推进，并简化技能认证及职业经历认证。

结　语

对于众多欧盟成员国来说，高素质的劳动力资源是国家富庶与经济发展的重要支柱之一。虽然一部分必备的技能在普通教育中会有传授，但在实际生产中却需要工作人员具备一些职业特定的工作能力，而职业初期培训体系则在这方面扮演了重要角色。德国政府和企业界长期以来对职业教育的重视与巨大投入、对职教体系的不断研究和主动改革构筑了德国繁荣和强大竞争力的坚实基础，为个人生涯的发展、社会的进步和富足创造了有利条件。

胡凯（上海外国语大学）

德国职业文理中学的发展
及其对我国中等教育改革的启示

Gymnasium（中文译作"文理中学"、"完全中学"或"文科中学"等）在德国已有200多年历史。1788年，普鲁士最先实施文理中学毕业考试（Abiturprüfung），并在1812年和1834年颁布规定，认定其为普通高等学校入学资格考试。此后，文理中学秉承"广泛的普通教育、高等院校入学资格和在大学学习的能力"这三大教育目标，其毕业考试不仅是德国中等教育阶段结束的标志和进入某些职业领域的先决条件，更是获取高校入学资格的最主要途径。

作为德国人文主义和精英教育传统的承载者，文理中学一直与职业教育体系泾渭分明。尤其在中等教育第II阶段（高中阶段），文理中学作为德国普通教育体系的主体，与职业教育基础阶段基本没有交集。20世纪60年代以后，文理中学改革、职业教育发展以及职普等值实践成为德国教育界持续热议的话题。如何实现高中阶段的普职融通更是议论焦点之一。于是，作为多年以来对普职融通方式和普通高校入学资格获取途径探索与实践的成果，职业文理中学（Berufliches Gymnasium，亦译作"职业完全中学"和"专业文科中学"等）赢得了发展空间。

一、职业文理中学的办学特点和课程设置

职业文理中学并非独立的学校，而是一种依托既有职业学校实施的特殊学制，它归属职业教育范畴，多为三年(个别为六年)全日制提高课程。该学制锁定某一职业方向或高校专业领域，由入门(预备)阶段(第1学年)和主体阶段(第2，3学年)组成。毕业时，学生既可选择继续接受职业高等教育，也可以参加职业文理中学毕业考试，获取与普通文理中学毕业证书效力相当的文凭并申请在普通高校就读。

凡持有中级学校(相当于初中)毕业文凭或其他等值证书的学生均有资格报读职业文理中学(部分学校对申请者的德语、数学和外语成绩有特殊要求)。其中，来自实科中学的学生构成了职业文理中学的生源主体。[1]德国的普职体系壁垒森严，普职分流相对较早，学生在10–12岁(小学毕业)时就必须做出选择，小学阶段的成绩将决定学生的发展方向。一般情况下，进入主体中学和实科中学的学生基本只能以职业教育为发展目标，未来进入普通高校的可能性很小。因此，职业文理中学无疑为在初筛中落选的学生开辟了通往普通高等教育的新途径。2014年，经由职教体系(以职业文理中学为主)获得普通高校入学资格及有限额专业的高校入学资格的学生达到52582名，占当年全德国获得普通高校入学资格总人数的15.8%。在职业教育发展最快的巴符州，该比例在2011年曾一度高达30.1%。

为使文化基础相对薄弱的生源达到普通高校入学要求，职业文理中学在课程设置方面以普通文理中学的课程体系为基础，打造了高中普通教育与职业教育相融合的培养模式。该模式以普教模块为主体，其课程设置与普通文理中学相仿，要求学生在三年里修完包括德语、数学、外语在内的普教核心课程，并通过其他必修课和选

1　以巴符州为例，2012/13学年该州职业文理中学录取的学生中，69.8%来自实科中学，14.5%来自主体中学、职业专科学校和职业提高学校。

修课完善自身的知识结构，形成与培养在大学研习的能力。同时，
职业文理中学充分利用依托职业学校办学的特点，为学生提供职教
模块课程，从理论和实践两方面为学生将来可能参加的职业培训或
从事的职业奠定基础。一般情况下，职教模块由每周6-8课时的专业
课组成(参见附件中职业文理中学"机械电子"专业和"经济学"专
业的课程设置)。

诚然，与普通文理中学相比，生源质量的差异以及职教模块
的加入令职业文理中学普教模块的教学内容有所压缩，但由于职业
文理中学并未因此大幅降低毕业考试的要求以确保其毕业证书的含
金量与普通文理中学毕业证书大致持平，所以德国高校的生源质量
依然能得到保证。而若对接职业高等教育，同步接受职业教育和普
通教育的职业文理中学毕业生比教育轨迹单一的职校生或高中生有
更好的起步条件和发展潜力。因为出路选择的灵活性和多样性，职
业文理中学日益受到青睐。据统计，2014/15学年，全德国已有883
所学校提供职业文理中学学制，在校生189967名，与2001/02学年相
比，在校生人数增幅达85.2%。

二、职业文理中学的发展对德国教育事业的积极影响

从办学效果上看，德国职业文理中学的发展提供了一种学生、
高校和社会三方面共赢的人才培养模式，其对德国教育事业的积极
影响主要体现在以下五个方面：

1. 拓宽普通高等教育准入通道

近年来，德国学生对高等教育的需求持续攀升。从2003年到
2013年，德国普教体系内通过文理中学毕业考试获得普通高校入学
资格的学生比例由23%提高到36%，人数由222000攀升至319000，增
幅达44%。传统文理中学负荷甚重。而职业文理中学的发展为更多

希望接受普通高等教育的学生拓宽了道路。尤其在德国文理中学由9
年制向8年制转换的过程中，职业文理中学为满足德国学生在高等教
育的需求方面提供了稳定而有力的支撑。

2. 高校/高职生源质量的提升

职业文理中学融合高中普通教育和职业教育的培养模式赋予
学生更高的综合素质和更合理的知识结构，有助于提升普通高校和
职业高校的生源质量。与普通文理中学相比，专业技术模块的引入
令通过职业文理中学进入普通高校的学生具备更多对专业的认知以
及实践方面的积累，有助于弥补大学生在应用能力方面的不足。而
职业文理中学向职业高校输送的毕业生由于接受过完整的高中普通
教育，其知识底蕴、综合素质和发展潜力均非传统职校生可比。同
时，他们也比普通高中毕业生有更好的专业知识储备。

3. 促进教育公平的实现

职业文理中学实现了普教和职教体系之间的互联互通，为在初
筛中遭到淘汰的学生提供了二次选择的机会。值得注意的是，与普
通文理中学相比，职业文理中学在读学生中外籍生源的比例较高。[1]
同时，父母受教育程度低、家庭经济状况差的学生在职业文理中学
里所占的比例也高于前者。这是在过早的分流中往往处于劣势的生
源群体，因为他们需要更多的适应时间以达到相关教育要求。所
以，职业文理中学的发展令更多来自社会弱势阶层和移民/难民人群
的学生有机会接受高等教育，并在客观上促进教育公平的实现。

4. 以市场为导向的专业设置

德国职业文理中学的专业设置灵活多样，多以各联邦州劳动力
市场需求为导向，为地方经济发展服务。比如，在以商贸、航运见

1　据统计，2013/14学年，巴符州职业文理中学里外籍学生占在校学生总数的
　　8.1%，而普通文理中学的外籍学生比例仅为4.65%。

长的汉堡，职业文理中学多脱胎于传统商校，提供与经济学、商学有关的专业课程。而在工业发达的巴符州，自然科学、技术、信息学和数学等则为发展重点。2000/01学年，该州在职业文理中学设立信息技术课程，2005/06学年设立以技术内容为主体、加入经济学知识的"技术与管理"课程，2011/12学年结合可持续发展研讨而开设"环境技术"课程。依托指向明确的专业课程，各联邦州能够有针对性地激发和引导学生对需要重点扶持的专业领域的兴趣，并在此基础上为相关产业输送后备力量，以满足劳动力市场对特定专业技师和工程师的需求。

5．推进职普等值

德国职业教育居于世界领先地位，一项重要的原因在于职业教育在德国并不是留给能力不足者的后备方案，而同样是培养拔尖人才的途径。职业文理中学对全面人才培养的探索很好地诠释了这一定位。它并非降低教育要求的折中方案，而是构建基础教育、普通高教与职业教育之间立交桥的尝试。在职业文理中学，学生可以选择职教模块课程作为文理中学毕业考试的考试科目。这项史无前例的考试制度改革使职教科目成为取得高校入学资格的决定因子之一。这既是突破传统普职分离模式的破冰讯号，又提升了职业教育的地位，为进一步的普职融通及职普等值的实现创造了条件。

三、德国职业文理中学对我国中等教育改革的启示

2015年5月，国务院印发强化高端制造业的国家战略规划《中国制造2025》，明确了中国由制造大国向制造强国转型升级的战略目标和步骤措施。加强自主创新能力和提升质量效益是实现目标的核心，而一支高素质的技能劳动者队伍则是建设制造强国的根本。但事实上，我国技能劳动者占就业人员的20%，高技能人才数量仅占

5%，总量严重不足。日益突出的供求矛盾令职业教育为主体的技能人才培养体系面临紧迫的改革压力。在这方面，德国职业文理中学的发展经验值得我们思考和借鉴。

1．对职普关系的重新定位

在指导思想层面，德国职业文理中学对普职融通的成功探索值得我们深思。普职分离的传统学制结构影响了人们对普职关系的认识，强调两大体系的差异，却忽略了两者之间的关联。在我国，轻视自然科学和技术的传统不仅影响相关职业的社会地位、薪酬水平等，还左右着学生及家长对普教和职教的认识与选择。在中等教育阶段，问题尤为突出。我国的初中与中职几乎没有衔接，中职基本是被动地吸取未考取普通高中的学生。对中职投入的不足导致中职的师资力量无法与普通高中相比[1]，造成中职阶段普教环节质与量的不足，更进一步制约未来专业技术人员的整体素质的提高。而在普通高中，则基本没有职业教育的介入空间，职教模块也无法被纳入高考体系。但是，在世界观、人生观、价值观形成关键时期的中等教育阶段割裂普职体系的武断做法并不明智。在中等教育阶段推行普职融通的"广义、本真的普通教育"，适度延长普教、延迟普职分流对于教育质量的提升意义重大。而德国职业文理中学的办学实践以及文理中学毕业考试的改革则是具有参考价值的范例。

2．中职升级与高技能人才的培养

在与职业高等教育的对接方面，德国职业文理中学面向职教体系内有潜质的学生，将普通高中的培养目标与方案导入职业教育基础阶段，强化基础文化课教学。对于高素质技术人才的培养，职业文理中学的举措切中要害。在终身教育的理念下，普通教育全面促

1　数据显示，2014年我国普通高中生师比为14.44:1，而中职生师比为21.34:1。从2005年到2014年，我国普通高中专任教师由129.95万增加到166.27万，增幅达28%。而中职专任教师数则从2012年起逐年递减。

进受教育者思想、精神、知识和能力的长远发展，也是职业教育顺利实施的基础。普教水平不仅决定了受教育者对职业教育的接受与适应能力，而且影响到他们在职业生涯中的发展潜力。这正是职业文理中学采用普教为主、职教为辅的课程体系的原因。目前，我国的职业教育体系正在经历转型升级，以"培养大批具有精湛技艺、高超技能和较强创新能力的'大国工匠'"助力"中国制造"。为此，上海等地着力构建"纵向贯通、横向融通"的职业教育系统，设置"中职–高职–应用本科–专业硕士"的培养通道，以提升职业人才培养的层次。但要走通这条通道，在中职阶段夯实文化知识基础以全面提升学生的可持续学习能力就显得尤为重要。因此，我们可以参考德国职业文理中学，从整体上提高中职阶段普教的比重，并根据地区及学校特点，为学生提供分层次、多元化、个性化的培养方案，加大投入建设中职师资队伍或实现中职与高中之间的师资通融，优化教育质量以满足劳动力市场对高素质技术人员的需求。

3. 职教模块与普通高中教育的融合

对于以普通高等教育为目标的学生，职业文理中学的优势在于引入职业/专业模块，在知识建构的同时为学生打造能力形成的第二引擎，令他们尤其在对接应用技术类高校及专业时体现出先发优势。这些经验对当前我国的高中教育改革尤为重要。一直以来，我国的普通高中多以高考升学率为目标，重知识学习而轻技能培养，更缺乏职业规划教育。事实上，高中阶段是普通教育、职业教育和高等教育的交叉点，应兼顾广泛的普通教育、高等教育入学资格、在大学学习的能力和职业观与职业资质培养等四个教育目标。而且按照《中国制造2025》的精神，一批本科高校将向应用技术类高校转型，以满足国家对高素质专业技术人才的需要。作为基础教育个性化的定向延展和受教育者融汇教材知识及社会经验的途径，职业教育更应在高中阶段占有一席之地。为此，可参考德国职业文理中学，在普通高中开设与职业有关的理论与实践课程，或将高校部分专业的入门课程作为选修课向学生开放，将高中与高校/高职的衔接与过渡提前，延长高中生接触与了解高等教育、获取与分析相关职业/专业信息的时间。这样做，既能拓展毕业生的多向适应力，又能助其做出明智的毕业选择。由于我国高校招生采用选拔制而非资格制，学生入学后在专业和学校之间的流动十分困难，这种具有前瞻性的措施显得尤为重要。它能在一定程度上避免学生对高校教育和所选专业的错误认知以及由此导致的对高等教育的期望值与就业现实之间的差距，防止不利于社会稳定的"学术无产阶级"的产生和扩大。[1]

4. 人才培养与国家战略需要的对接

以人才市场需求为导向的课程设置是德国职业文理中学的办学亮点，对我国的人才培养体系建设也极具参考价值。在哪些专业开设中高、中本贯通式课程，在普通高中开设何种职业导向型课程，将哪些高校专业课程引入高中，政府和教育管理部门应积极统筹与协调，结合国家宏观战略和地方经济发展特点，重点关注需要优先发展的产业部门，根据专业的特点和要求选择合适的对接中学，切实解决人才培养与市场需求脱节、课程内容与一线需求对接不够以及专业教学与行业、产业匹配度不够等问题，并通过专业课程引导学生，将其自身兴趣和发展规划与劳动力市场需求相结合，提高人才培养效率，使教育真正服务于社会，服务于经济发展，服务于国家大局。

---

[1] 按照德国各联邦州文化教育部长联席会议前秘书长蒂斯教授的观点，所谓"学术无产阶级"是指聪慧而受过良好教育的年轻人，他们受中国传统的高等教育观影响，将上大学、上名牌大学与将来的经济、社会地位挂钩。而当大学所学与他们的预想有出入、经过大学学习无法找到符合他们预期的理想工作时，他们以及他们所属家庭会因为失望而对国家和社会产生不满，并因其具备的政治潜力和爆发力对社会稳定造成巨大的负面影响。

附：德国职业文理中学学制课程表示例：

课程表1：

课程科目\周课时数\学年	入门阶段 （第1学年）	主体阶段I （第2学年）	主体阶段II （第3学年）
必修课	**总数：23课时**	**总数：23课时**	**总数：23课时**
德语	3课时	4课时	4课时
外国语	4课时	/	/
外国语：水平B（为获得普通高等学校入学资格）	/	4课时	4课时
历史及公共常识	2课时	2课时	2课时
宗教或伦理课	2课时	2课时	2课时
数学	4课时	4课时	4课时
物理+实验室练习课	3+1课时	4+1课时 （物理或化学）	4+1课时 （物理或化学）
化学	2课时		
体育	2课时	2课时	2课时
与专业相关的必修课	**总数：8课时**	**总数：6课时**	**总数：6课时**
机械电子（机械制造与电子技术）	5课时理论+1课时车间实习	6课时（含实验室练习）	6课时（含实验室练习）
与专业相关的计算机技术	2课时 （分班授课）	/	/
经济学	/	2课时	2课时
限制性选修课			
第二外国语：水平A	3课时	/	/
第二外国语：水平B（法语或西班牙语）	4课时	/	/
造型艺术	2课时	/	/
技术/能源技术的特殊领域	2课时	/	/
技术/音乐的特殊领域	2课时	/	/

选修课			
第二外国语：水平A	3课时	4课时	4课时
第二外国语：水平B（法语或西班牙语）	4课时	/	/
造型艺术	2课时	2课时	2课时
技术/能源技术的特殊领域	2课时	/	/
技术/音乐的特殊领域	2课时	/	/
与专业相关的英语	/	2课时	2课时
文学	/	2课时	2课时
哲学	/	2课时	2课时
研讨课	/	3课时	/
与专业相关的选修课			
计算机技术		2课时（分班授课）	2课时（分班授课）

* Friedrich-Hecker-Schule职业文理中学学制（机械电子专业方向）课程表

课程表2：

课程科目\周课时数\学年	入门阶段（第1学年）	主体阶段I（第2学年）	主体阶段II（第3学年）
	总数：33课时	总数：36课时	总数：36/34课时
核心课程			
德语	4课时	4课时	4课时
英语	4课时	4课时	4课时
数学	4课时	4课时	4课时
与专业相关的课程（必修）			
企业管理经济学和会计学	4课时	/	/
国民经济学	1课时	/	/
数据处理	2课时	/	/
研讨课	2课时	/	/

企业管理经济学和会计学及数据处理和研讨课（高级）	/	6课时	6课时
国民经济学/国民经济学（英语授课）（基础）	/	2课时	2课时
必修课和限制性选修课			
西班牙语/法语	4课时	4课时（基础）	4课时（基础）
艺术/音乐（/表演：第2，3学年）	2课时	2课时（基础）	2/0课时（基础）
地理/历史/政治-社会-经济	2课时	2课时（基础）	2课时（基础）
哲学/宗教	/	2课时（基础）	2课时（基础）
生物/化学/物理	2课时	4课时（基础）	4课时（基础）
体育	2课时	2课时（基础）	2课时（基础）

*汉堡州哈尔堡国立商业学校（Staatliche Handelsschule mit Wirtschaftsgymnasium Harburg）职业完全中学学制（经济学专业）课程表

参考文献：

1. Abiturienten nach Schularten [DB/OL]. [2015–9–1]. http://www.statistik.baden-wuerttemberg.de/BildungKultur/Landesdaten/LRt0302.asp.

2. Absolventen/Abgänger nach Abschlussart, Absolventen/Abgänger nach Abschlussart [DB/OL]. [2015–9–1]. https://www.destatis.de/DE/ZahlenFakten/GesellschaftStaat/BildungForschungKultur/Schulen/Tabellen/AbsolventenAbgaenger_Abschlussart.html.

3. Mehr als jeder dritte Schüler beendete 2013 die Schule mit dem Abitur [EB/OL]. [2015–6–17]. https://www.destatis.de/DE/ZahlenFakten/ImFokus/BildungForschungKultur/Abitur_AnteilAbiturienten.html.

4. Statistisches Bundesamt der Bundesrepublik Deutschland [DB/OL]. [2015–9–1]. https://www.destatis.de/DE/ZahlenFakten/GesellschaftStaat/BildungForschungKultur/BildungForschungKultur.html.

5. Statistisches Landesamt Baden-Württemberg. [DB/OL]. [2015–10–19]. http://www.statistik.baden-wuerttemberg.de/BildungKultur/Landesdaten/bschulen.asp, http://www.statistik.baden-wuerttemberg.de/BildungKultur/Landesdaten/abschulen.asp.

6. Stundentafel TG[EB/OL]. [2015–10–19]. http://www.friedrich-hecker-schule.de/index.php/bildungsangebot-schularten/technisches-gymnasium/40-stundentafel-tg.

7. Unterrichtsangebot [EB/OL]. [2015–10–19]. http://www.handels-schule-harburg.de/index.php?id=111.

8. Veronika Nölle. Entwicklung der Technischen Gymnasien in Baden-Württemberg in den letzten 15 Jahren (1998–2013) [J]. Bildung und Erziehung, 2014, (1): 12-13, 16–20.

9. 埃里希·蒂斯(Erich Thies，德国各联邦州文化教育部长联席会议前秘书长)：《学术型职业教育》[C]，上海外国语大学2015年"中德职业教育国际研讨会"报告，2015年10月18日。

10. 安妮特·沙万(Annette Schavan，德国联邦教育与研究部前部长)：《职业培训型教育》[C]，上海外国语大学2015年"中德职业教育国际研讨会"报告，2015年10月18日。

11. 曹继军，颜维琦.纵向贯通，横向融通——上海树立职业教育大思维[N].光明日报，2015–4–27.

12. 国务院关于印发《中国制造2025》的通知[EB/OL]. [2015–5–19]. http://www.gov.cn/zhengce/content/2015-05/19/content_9784.htm.

13. 海德堡卡尔–博世学校(Carl-Bosch-Schule)职业文理中学学制的学生对课程的评价[EB/OL]. [2015–10–19]. http://www.cbs-heidelberg.de/bildungsangebote/technisches-gymnasium-3-jaehrig/.

14. 侯彩颖.德国完全中学毕业证书考试述评[J].上海教育科研，2014, (6): 62. Walter Georg. Gymnasium und Beruf. Zur Entstehung und Entwicklung beruflicher Gymnasien [J]. Bildung und Erziehung, 2014, (1): 85–86.

15. ［德］克里斯托弗·福尔. 1945年以来的德国教育：概览与问题 [M]. 肖辉英等译. 北京：人民教育出版社，2002: 146.

16. 金毅伟. 普职融通是现代职业教育体系的重要维度[J]. 中国职业技术教育，2015, (21): 73.

17. 全国教育事业发展统计公报(2005–2014) [EB/OL]. [2015–10–19]. http://www.moe.edu.cn/.

18. 王国锋. 李强在全省职业教育会议上要求：紧贴育人成才做"优"，紧扣转型升级做"特" [N]. 浙江日报，2015–6–5.

19. 许译心，沈亚强. 现代职业教育体系下普职融通的困境与破解[J]. 教育与职业，2015(10): 10.

20. 张立新. 培养"大国工匠"，助力"中国制造" [J]. 中国培训，2015, (7): 6.

21. 朱新卓，陈俊一. 我国中等教育阶段普职关系面临的问题与变革的方向——德国中等教育阶段普职关系对我国的启示[J]. 教育研究与实验，2013, (4): 14–15.

Sabine Reh

Fachlichkeit und Lernfelder. Fachlichkeit in der (universitären) beruflichen Bildung

Was muss in der Berufsausbildung – in Deutschland traditionell auch als „Berufsbildung" verstanden – gelernt werden, ganz allgemein und jeweils für den in Frage stehenden Beruf? Es müssen grundlegende Kenntnisse erworben werden, damit der Beruf ausgeübt, möglichst gut ausgeübt werden kann; derjenige oder diejenige, der oder die sich in der Berufsausbildung befindet, sollte also die Fähigkeit erwerben, das zu tun, was in dem Beruf gefordert ist, er oder sie sollte in seinem bzw. in ihrem Beruf die zentralen Handlungsanforderungen erfüllen können. Aber was bedeutet das im Einzelnen? Und wie lernt man dies am besten? All diese Fragen, die curricularen Bezugsprobleme der Auswahl, Ordnung und Reihung des Wissens stellen sich schärfer vor dem Hintergrund wachsender, auch schnell sich ändernder Anforderungen aufgrund von und in Verbindung mit dem technologischen Wandel und einem schnell veraltenden Wissen; sie sind keinesfalls und nicht in jedem Falle einfach zu beantworten.

So muss man einen Schritt zurückgehen und fragen: Was sind eigentlich die Prämissen und Prinzipien, unter denen rational darüber entschieden werden kann, was in der Berufsausbildung für einen bestimmten Beruf gelernt werden soll? Was sind die Kriterien, mit deren Hilfe die drei curricularen Bezugsprobleme der Auswahl, Ordnung und Reihung des Wissens Erst wenn solche Prämissen und Prinzipien hergeleitet und festgelegt sind, können begründet Entscheidungen darüber getroffen werden, was – z.B. im Rahmen der in Deutschland verankerten und erfolgreichen dualen Ausbildung – das schulische Curriculum beinhalten und wie es gestaltet werden soll, was die schulischen Anteile der Ausbildung sind und wie sie strukturiert und geordnet werden können. Prinzipiell lassen sich wie von Reetz nach Robinsohn gefasst, drei Prinzipien unterscheiden, nämlich das „Wissenschaftsprinzip" (ausgewählt wird entsprechend eines vorliegenden wissenschaftlichen Erkenntnisstandes, „kultureller Objektivationen"), das „Situationsprinzip" (ausgewählt wird danach, was in jetzigen und künftigen Arbeitssituationen von den heutigen Schüler*innen erwartet wird) und schließlich das „Bildungs- oder allgemeiner das Persönlichkeitsprinzip" (ausgewählt wird danach, was für die Bildung des Schülers bzw. der Schülerin für richtig und bedeutsam gehalten wird)[1].

Unter den Akteuren der Berufsausbildung in Deutschland gibt es eine lange Auseinandersetzung um diese curricularen Prinzipien, also um unterschiedliche Prinzipien der Konstruktion von Curricula. Sie besitzt – so könnte man sagen – Tradition. Ute Clement hat sie 2003 noch einmal ein wenig vereinfachend als die zwischen einer „Fächersystematik" und dem, was sie „Situationsorientierung" nennt, dargestellt[2]. Der Streit um die verschiedenen Prinzipien ist in-

---

1   So die Darstellung dieses Rezeptionsprozesses von Reinisch, Holger (2003): Zu einigen curriculumtheoretischen Implikationen des Lernfeldansatzes. Überlegungen anlässlich der Beiträge von Clement, Kremer, Sloane und Tramm in bwp@Ausgabe 4, S. 10/11 In: bwp@Berufs und Wirtschaftspädagogik – online. http://www.bwpat.de/ausgabe4/reinisch_bwpat4.shtml (letzter Zugriff am 5. Oktober 2015).

2   Diese Vereinfachung auf zwei sich widerstreitende Prinzipien scheint einige Berechtigung zu haben, weil zum einen zumeist beide Ansätze jeweils für sich auch in Anspruch nehmen – in unterschiedlichen Ausprägungen – dem oben so genannten Persönlichkeitsprinzip zu dienen. Zum anderen spitzt sich in dieser Konstellation die länger andauernde Auseinandersetzung um die "Reformpädagogik" und "reformpädagogisch" sich selbst klassifizierende Ansätze, die auf Authentizität und Lebensnähe setzen, zu. Vgl. Clement, Ute (2003): Fächersystematik oder Situationsorientierung als curriculare Prinzipien für die berufliche Bildung? In: bwp@Berufs und Wirtschaftspädagogik – online. http://www.bwpat.de/ausgabe4/clement_bwpat4.shtml (letzter Zugriff am 5. Oktober 2015).

zwischen rechtlich und möglicherweise auch praktisch entschieden: Die Rahmenlehrpläne für den berufsbezogenen Unterricht in der Berufsschule für anerkannte Ausbildungsberufe, die in Deutschland die Kultusministerkonferenz (KMK) erstellt, müssen seit 1996 dem sogenannten „Lernfeld-Konzept" folgen. Die KMK hat sich damit – als sie diese Vorgabe verabschiedete – für die „Situationsorientierung" entschieden – so die Auffassung von Clement. „Intention der Einführung des Lernfeldkonzeptes war die von der Wirtschaft angemahnte stärkere Verzahnung von Theorie und Praxis. (...) Die Förderung und der Erwerb einer umfassenden Handlungskompetenz stehen damit im Mittelpunkt des pädagogischen Wirkens. Gegenüber dem traditionellen fächerorientierten Unterricht stellt das Lernfeldkonzept die Umkehrung einer Perspektive dar: Ausgangspunkt des lernfeldbezogenen Unterrichts ist nicht mehr die fachwissenschaftliche Theorie, zu deren Verständnis bei der Vermittlung möglichst viele praktische Beispiele herangezogen wurden. Vielmehr wird von beruflichen Problemstellungen ausgegangen, die aus dem beruflichen Handlungsfeld entwickelt und didaktisch aufbereitet werden. Das für die berufliche Handlungsfähigkeit erforderliche Wissen wird auf dieser Grundlage generiert"[1], heißt es in einer Handreichung der KMK aus dem Jahre 2011.

Allerdings wurde die Entscheidung für das Lernfeld-Konzept auch nach 1996 kritisch und kontrovers diskutiert – sei es im Hinblick auf die Implementationsprobleme, also die Probleme der Einführung und Umsetzung des Lernfeld-Konzeptes in den alltäglichen Unterricht

---

1 KMK (Hrsg.) (2011): Handreichung für die Erarbeitung von Rahmenlehrplänen der Kultusministerkonferenz für den berufsbezogenen Unterricht in der Berufsschule und ihre Abstimmung mit Ausbildungsordnungen des Bundes für anerkannte Ausbildungsberufe, S. 10.

der Berufsschulen, in einer didaktischen Perspektive, sei es als „Erosion des Fachprinzips" im Hinblick auf ein mögliches Ende der Berufe bzw. von Berufen. Worum handelt es sich bei diesem Streit um den sogenannten Lernfeld-Ansatz und welche Konsequenzen könnte dieser haben für den Entwurf bzw. die Entwicklung akademisch orientierter beruflicher Ausbildungen bzw. Ausbildungsgänge?

Eine fächersystematisch verfahrende Lehrplankonstruktion orientiert sich an den in einer „Berufsgruppe konsensfähigen Vorstellungen" darüber, welche Wissenselemente relevant als Lehrinhalte nach Fächern sortiert in einer grundlegenden Erstausbildung zu ordnen und zu verteilen bzw. teilweise auch, wie sie zu vermitteln sind[1]. In Bezug auf die allgemeinbildende Schule haben schon vor längerer Zeit Hopmann und Riquards[2], ähnlich auch Tenorth[3], von einem „Handlungsrahmen Schulfach" als dem für die Schulgeschichte wesentlichen gesprochen. Das gilt mindestens für die letzten zweihundert Jahre in Deutschland, aber – vorsichtig formuliert: vermutlich – weltweit, so dass wohl von einem universalen schulischen Handlungsrahmen gesprochen werden kann. Nicht nur Raum- und Stundenverteilung, die Ausbildung der Lehrer*innen, ihr Einsatz so gut wie die in einem meritokratischen System entscheidende Beurteilung der Schüler*innen, die Notengebung, erfolgt nach Schulfächern.

Situationsbezogene Curricula sind konzeptualisiert ausgehend

---

1 Vgl. Clement a.a.o., S. 1.
2 Vgl. Hopmann, Stefan/Riquarts, Kurt (1999): Das Schulfach als Handlungsrahmen – Traditionen und Perspektiven der Forschung. In: Goodson, Ivor F./Hopmann, Stefan/ Riquarts, Kurt (Hrsg.): Das Schulfach als Handlungsrahmen. Vergleichende Untersuchungen zur Geschichte und Funktion der Schulfächer. Köln/Weimar/Wien: Böhlau, S. 7–28.
3 Vgl. Tenorth, Heinz-Elmar (1999): Unterrichtsfächer – Möglichkeit, Rahmen und Grenze. In: Goodson, Ivor F./Hopmann, Stefan/Riquarts, Kurt (Hrsg.): Das Schulfach als Handlungsrahmen. Vergleichende Untersuchungen zur Geschichte und Funktion der Schulfächer. Köln/Weimar/Wien: Böhlau, S. 191–208.

von Tätigkeitsbereichen eines in dem entsprechenden Beruf Arbeitenden, sind also nach handlungslogischen Aspekten geordnet[1].

Unterschieden werden dabei zumeist „Handlungssituationen", die wiederum zusammengestellt dann verschiedene „Handlungsfelder" bilden und dem gegenwärtigen Verständnis folgend die Grundlage für die Konstruktion von Lernfeldern darstellen: „Ein Handlungsfeld wird durch komplexe berufliche, gesellschaftliche und/oder private Aufgaben-und Problemstellungen bestimmt. Bei der Bewältigung der Aufgabenstellung innerhalb eines Handlungsfeldes agiert das Individuum kognitiv, sozial-kommunikativ, gegenständlich-materiell und emotional"[2]. Lernfelder sind noch vergleichsweise abstrakt formuliert; sie können sich zumeist systematisch gesehen auf verschiedenen „Fächer" verteilen. Um das an einem Beispiel des Bildungsganges bzw. des anerkannten Ausbildungsberufes Automobilkauffrau/-kaufmann deutlich zu machen: Im ersten Ausbildungsjahr wird Unterricht erteilt zu vier Lernfeldern 1. „Das Unternehmen und seine Leistungen erkunden sowie die betriebliche Zusammenarbeit aktiv mitgestalten", 2. „Bestände und Wertströme erfassen und dokumentieren", 3. „Verkaufsgespräche im Teile- und Zubehörbereich führen und Kunden beraten" und schließlich 4. „Teile- und Zubehöraufträge bearbeiten". Die praktisch – wie sich immer wieder zeigt – durchaus schwierige Umsetzung des Lernfeldansatzes erfolgt dann über eine curriculare Konkretisierung in „Lernsituationen", die den Rahmen bietet für eine didaktische Weiterführung dessen, was früher „handlungsorientierter Unterricht" hieß. Der Lernfeld-Ansatz schließt damit an Vorstellungen „situierten Lernens" an, die wiederum konstruktivistischen

---

1   Vgl. Clement a.a.o., S. 2.
2   Muster-Wäbs, Hannelore/Schneider, Kordula (1999): Vom Lernfeld zur Lernsituation. Bad Homburg: Gehlen, S. 10

Ansätzen des Lernens folgen. Um wieder auf das Beispiel zurück zu kommen, gehört etwa die Lernsituation „Autohaus Knüller schließt zwei Filialen – werden die Auszubildenden entlassen?" zum Lernfeld 1 des Ausbildungsberufs Automobilkauffrau/-kaufmann, die Lernsituation „Einen Auftrag abwickeln – Ware entnehmen und versenden" zum Lernfeld 4[1]. Wo früher also unterschiedliche Fächer unterrichtet wurden, Werkstoffkunde, Rechnungswesen und Personalführung oder Ähnliches etwa, ergeben heute möglichst authentische Aufgaben und zu lösende Problemstellungen aus der gegenwärtig üblichen Organisation von Betriebsabläufen das Ordnungsprinzip des Curriculums.

Kommen solche situationsorientierten Lehrpläne zur Geltung bzw. werden sie eingeführt, hat das Auswirkungen auf die gesamte schulische Organisation der Berufsausbildung. Verbunden ist damit regelhaft, dass ein Teil der Verantwortung für die Curriculumkonkretisierung an die Schulen bzw. die Teams von Lehrer*innen abgegeben wird, teilweise auch, dass Schulen ausgehend von den Lernfeldern schuleigene Curricula entwickeln. Modularisierungen werden möglich, bei denen die einzelnen, von unterschiedlichen Lehrkräften unterrichteten Handlungssituationen auch von unterschiedlichen Lehrkräften benotet werden bzw. diese deren Absolvierung bescheinigen können. Sinnvoll ist oft, dass mehrere Lehrer*innen in Teams zusammenarbeiten, weil sie jeweils fachsystematisch unterschiedliche Qualifikationen einbringen und weil die praktikable Abwicklung eines solchermaßen organisierten Unterrichts am günstigsten auch in den Teams erfolgt bzw. die Lehrer*innen in den Teams selbst für die Sicherstellung eines

---

1   Vgl. Buschfeld, Detlef (2003): Draußen vom Lernfeld komm' ich her ...? Plädoyer für einen alltäglichen Umgang mit Lernsituationen. In: bwp@Berufs und Wirtschaftspädagogik – online. http://www.bwpat.de/ausgabe4 /buschfeld_bwpat4.shtml (letzter Zugriff am 5. Oktober 2015), insbesondere S. 12/13.

qualifizierten Unterrichts sorgen. Nicht nur Kompetenzorientierung im Hinblick auf die Schüler*innen ist daher mit dieser curricularen Umstrukturierung verbunden, sondern auch die kaskadenartige Delegation von Verantwortung seitens der Schulverwaltungen auf die Schulen und Schulleitungen, schließlich die Lehrer*innen und teilweise gar die Schüler*innen; es ist dies auch die Bewegung, die hinter derjenigen einer Autonomisierung von Schulen steht.

Auch wenn nun die „Situationsorientierung", wie Clement vermutet, diesmal in Deutschland siegen werde[1], scheint aus Sicht der Autorin eine gewisse Skepsis geboten. Einiges spricht für den „Lernfeld-Ansatz" als Prinzip der Curriculum-Konstruktion und in seiner didaktischen Wendung. Ein Großteil der Berufspädagogen macht sich für diesen Ansatz stark, liegt damit im Trend der Linie konstruktivistischer Lerntheorien, argumentiert gegen das „träge Wissen", das in einem Unterricht produziert würde, der sich an ein ausschließlich am Wissenschaftsprinzip orientiertes Curriculum anschließt. Vieles spricht selbstverständlich für die mit dieser Art der Curriculum-Konstruktion verbundene Partizipation, für die Delegation von Verantwortung, für Autonomisierung und Selbständigkeit. Die Zurückhaltung gegenüber der enthusiastischen Übertragung des Lernfeld-Ansatzes scheint allerdings vor allem dann geboten bzw. gilt – kontraintuitiv – gerade dann, wenn Berufsbildung an Universitäten oder Fach(hoch)schulen oder ähnlichen Einrichtungen stattfindet und nicht im Rahmen einer dualen Ausbildung. Könnten Universitäten gerade eine Orientierung an der Praxis nötig haben und nötig machen, so haben sie doch gleichzeitig kaum die Möglichkeiten, in dem so notwendigen, engen Kontakt

---

1   Vgl. Clement a.a.o.; das bezweifelt im Übrigen Reinisch a.a.o., der sagt, es gebe von Seiten Clements keine wirklichen Argumente dafür.

zu Betrieben bzw. den Abnehmern zu stehen, um das Curriculum aktuellen Entwicklungen ständig anzupassen. Das aber scheint in dieser
Art der Curriculum-Konstruktion unabdingbar. Der Grund für die
Skepsis sind sehr praktische Schwierigkeiten, die in der Umsetzung
des Lernfeld-Ansatzes im schulischen Unterricht sich ergeben, wie sie
anschaulich Buschfeld[1] beschreibt – etwa wenn er die Schwierigkeiten
skizziert, die entstehen, weil in der curricularen Konstruktion entweder zu abstrakt oder zu kleinteilig vorgegangen wird und sich dabei
etwa Doppelungen ergeben oder Lücken nicht entdeckt werden. Es
geht darum, dass die Komplexität der Situationen oft entweder unter-
boten wird oder aber – wenn sie authentisch-komplex gestaltet ist –
gerade eine inhaltlich-präzise Erarbeitung der verschiedenen Themen
– die Form, die Fachlichkeit in einem nicht nach Fächern strukturier-
ten Curriculum annehmen kann – erschwert, möglicherweise auch die
analytische Einstellung auf Seiten der Schüler*innen nicht in jedem
Falle zu erleichtern scheint. Und es geht um die Problematik, die sich
daraus ergibt, dass die Pragmatik eines Handlungsfeldes als geradezu
unhistorische Systematik für den Entwurf von Lernsituationen genommen wird.

1　Vgl. Buschfeld, Detlef (2003): Draußen vom Lernfeld komm' ich her ...? Plädoyer für
einen alltäglichen Umgang mit Lernsituationen. In: bwp@Berufs und Wirtschaftspädagogik – online. http://www.bwpat.de/ausgabe4/buschfeld_bwpat4.shtml (letzter Zugriff
am 5. Oktober 2015).

萨比娜·雷（德国教育史研究图书馆馆长）

专业性与学习领域

—— （大学）职业教育的专业性

　　无论是总体来看，还是针对个别职业，在职业教育(Berufsaus-bildung，在德国传统上也称之为Berufsbildung)中必须学会什么？要想从事职业、尽可能好地从事职业，必须掌握基本知识；因而接受职业教育的人应该掌握这种能力，即做职业所要求的事，应该满足其职业的核心行为要求。但这对于个人来说意味着什么呢？怎样才能最好地习得这些能力？基于技术变革和知识的迅速更新，要求也迅速变化，所有前述问题，即涉及教学大纲的知识的选择、梳理和排列问题也随之变得日益尖锐，要回答这些问题绝非易事。

　　我们必须退一步来问：对于"从针对某一特定职业的职业教育中应该学到些什么"这一问题，起理性决定作用的前提和原则究竟是什么？解决教学大纲三大问题(知识的选择、梳理和排列)的标准是什么？只有推导出并确定这些前提和原则，才能对(例如德国已经确定且卓有成效的双元制教育中)学校教学大纲的内容和制定、学校在教育中的比重以及如何组织和安排学校教育做出有根据的决定。正如Reetz对Robinsohn的解读中所说，原则上应将三大原则相区分，即"科学原则"(要符合现有科学知识水平，"文化具体化")、"状况原则"(要符合现在和将来的就业状况下对当前学生的期望)和"教育原则或人本原则"(对学生的教育须正确而有益)。

　　德国职业教育学家对于这些教学大纲原则(即教学大纲体系结构的不同原则)争论已久。可以说已经成为惯例。2003年，乌特·

克莱门特再次将其简化为"专业系统"和她称之为"情景导向"之间的区别。从此对不同原则的争论在法律上和现实中得以明确：针对公认教育职业（由德国各州文教部长联席会议，即KMK制定）的职业学校，其职业教育课程的总体教学计划自1996年起须遵循所谓"学习领域纲领"。乌特·克莱门特认为，德国各州文教部长联席会议在通过这一预先规定时，也就选择了"情景导向"。2011年德国各州文教部长联席会议介绍中指出："引入学习领域纲领的目的在于由经济决定的理论与实践紧密结合……全面行为能力的促进与习得是教育工作的重点。相较于传统的专业导向课程，学习领域纲领体现出视角的转变：学习领域相关课程的出发点不再是专门科学的理论，为使学生理解，在传授时需要调动尽可能多的实例。而是从职业中出现的问题出发，这些问题从职业活动领域中发展并以教学法整理出来。在这一基础上也就产生了职业行为能力所要求的知识。"

　　尽管对学习领域纲领的决定在1996年后比如对实施过程中的问题也有过争议性的和批评性的讨论，即将学习领域纲领引入到职业学校的日常课堂中并付诸实施的讨论，从教学的角度来看，是对"该专业标准的腐蚀"。这场所谓的关于学习领域设想的争论到底涉及到哪些内容？对以学术为导向的职业教育和教育专业的设计和发展有哪些结论？

　　按专业系统构建的教学计划遵循"职业群体内统一的观点"，即在基础职业教育内划分、整理归类那些对教学内容至关重要的科学元素，并且考虑它们的传授方法。对于一般普通学校，很早以前霍普曼和里夸尔兹就谈到——特诺尔特也持相似观点——把"课程作为行动框架"，并认为这个行动框架对教育史起着关键的作用。这至少在最近200年内在德国是适用的，但要说适用世界范围，只能谨慎地用"可能"表达，以致于只能说是普遍适用的学校行动框架。不仅是班级、课时的安排、教师的培训和聘任，而且在精英系统内决定性的对学生的评价，即给出分数都是根据课程来操作的。

以情景为导向的教学大纲在制订的过程中以相应职业工作范围为出发点，根据行动逻辑的观点来进行安排。大多数情况下要区分"行动情景"，而"行动情景"又组成了不同的"行动领域"并为"行动领域"构思奠定了基础，"行动领域是完全由职业、社会和/或者个人的任务和存在的问题所确定的。在完成某一行动领域的任务的过程中个体认知、社会交际、物质材料以及情感等方面共同起着作用"。相对而言学习领域的表述还比较抽象；它们大多从系统上来看可以分成不同的"专业"。为了使"行动领域"这概念清晰明了，特列举被大家公认的职业培训中汽车销售人员的例子。培训第一年的课程被分成4个学习领域。(1)认识企业和它的效益，以及积极参与企业的工作，(2)了解企业的库存和识别价值流，并能提供相应证明，(3)跟零部件商进行商谈，向客户提供咨询，最终达到，(4)制订零部件买卖合同。这个实际上极难实现的学习领域设想通过"学习情景"课程的具体化方能成功，而该具体化要提供以往称为"行动导向课程"的进一步实施方法。此学习领域的假设与"生存学习"的设想相关。我们回到原来的例子上，以下学习情景"克努勒汽车公司关闭了2个分公司——培训人员是否也要被解雇？"属于汽车销售人员培训职业中学习领域1；"处理定单——提取和寄出货物"属于学习领域4。以前是讲授不同的专业课程，如材料工程、会计、人力资源或者类似的课程，而今天则由尽可能真实的任务以及目前生产过程中通行的组织中需要解决的问题来确定教学大纲的制订准则。

如果这些以情景为导向的教学计划发挥作用，并且得以引进，必将会影响到职业教育的整个教学机构。与此相联系的是，教学大纲具体化的部分责任交给了学校和教师团队，有些学校可以从学习领域出发自己制订适合本校的教学大纲。只有不同教师讲授的行动情景由不同的教师来评定成绩，以及给出毕业证明，那么模块化才有可能成为现实。有意义的往往是，团队里有很多教师一起合作，因为他们各自会带来专业系统内不同的技能，因为如此精心设计的课程最好也在团队中展开，而团队内的教师要自己确保课程的质量。因此与教学大纲变动息息相关的不仅仅是学生的能力导向，还有教育管理部门把一连串的责任转交给学校和学校领导层，最终到教师，甚至是学生。这也是一次隐藏在教学自治化背后的运动。

正如克莱门特所预料的，这次"以情景为导向"在德国会获得成功。即便如此，从这位女作者的观点中还是看出了一丝怀疑。有人赞成"学习领域设想"，把它看作是教学大纲构思和改变教学方法的准则。大部分职业教育家也大力赞同这种设想，为此他们站在结构主义学习理论路线的潮流中，有理由反对那些与只以科学原则为导向的教学大纲紧密相关的课程中产生的"惰性知识"。很多人当然也支持这种与教学大纲紧密相联的参与方式，赞同责任的转移、学校自治和独立。然而，只要当职业培训在大学或职业（高等）学校或者其他类似机构内开展，而不是在双元制教育的框架内展开，才会有人对学习领域设想的狂热传播持保留态度。如果大学刚好有以实践为导向的需要，那么它们几乎做不到跟企业或者雇主保持必要的紧密联系，使教学大纲不断地与当今社会发展相适应。出现这种情况看起来是绝对可能的。怀疑的原因在于学习领域设想在学校课程实施过程中产生的实际困难，正如布施费尔德清晰描述的那样——因为教学大纲构思不是太抽象就是太琐碎，因为在此过程中会产生叠加的情况或者未能发现疏漏。问题是，情况的复杂性常常不是被低估，就是当情况确实复杂而需要对不同主题的内容进行精准阐述时，其专业性不被依照学科结构制订的教学大纲所接纳，其分析式的设置也可能让学生难以理解。而产生的问题是来自行动领域的实用性恰恰被认为设计学习情景时未能考虑历时系统性所致。

（徐冠群、李香　译）

李益（上海外国语大学）

德国职业教育与高等教育的现状
与发展：竞争与趋同、融通与交叉

一、背景与外部因素

1. 职业教育与高等教育的分立

众所周知，德国的教育体系主要分为中小学教育、职业教育和高等教育三大领域。职业教育与高等教育之间一直存在着清晰的分野，属于并立的两个教育领域，在教学文化、组织形式和文凭制度上都自成体系、各自不同。

这两条教育道路的分流在教育历程的较早时期就开始了，这也是德国教育体制鲜明的特色之一：小学四年之后，学生选择不同的中学。在文理中学为主的学校最后通过中学毕业考试(Abitur)，是通向大学之路。其他道路则通向职业教育。70年代教育学者皮希特(Georg Picht)对德国的"教育灾难"提出警告，德国进行一系列教育改革后，教育体制才稍稍开放灵活，有了获得中学毕业文凭的"第二条教育道路"。[1]其他获得大学入学资格的形式也逐步出现，如"限定专业的"大学入学资格以及应用技术大学出现后设立的应用技术大学入学资格。获得大学入学资格的人数不断增加，到2000

1　Zweiter Bildungsweg即在义务教育之后，未能通过中学毕业考试这"第一条道路"进入大学的青年学生，可以上"晚间文理中学"和"大学预科"后进入大学学习。

年已有约80–85%的学生有大学入学资格，60%的毕业生有应用技术大学入学资格。尽管这些途径在严格规定下为没有中学毕业文凭（Abitur）的中学毕业生打开了一些通向学术教育的道路，但职业教育与高等教育之间的分隔还是没有变化，两者之间缺乏桥梁，学分转换也十分困难。几十年来教育界一直在提"学术教育与职业教育的等值"，这一口号实际上也默认了两者分立的局面。德国学术教育与职业教育分立的根本依据是适应就业体系的不同要求：胜任"知识型工作"需要的理论性系统性知识由大学传授；胜任"专业工作"需要的行为导向性知识与能力则由以双元制为主的职业教育传授。

2. 大学入学人数不断上升

随着获得高校入学资格的中学毕业生数量不增加，德国的大学入学率也不断提高。在接受普通教育之后，年轻人的教育选择行为越来越偏向高等教育而不是职业教育。20世纪60年代德国同龄人中开始大学学习者不到10%，1995年超过四分之一，2012年则超过一半。[1]2012年有大学入学资格者上升到52.5%，大学入学者数量为54.6%，大学毕业生比例为30.9%。2013年，大学入学人数首次超过参加双元制职业教育人数。而职业教育方面参与人数则停滞不前。2000到2013年间，新进入双元制体系的人数减少了约15%。相对职业教育而言，高等教育的吸引力似乎更大：从未来薪酬和发展可能性、工作条件和职业稳定性来看，经过大学学习之后的前景要好于职业教育。[2]

从国际比较来看，德国学术化教育的比例相对较低。过去几十

1   Autorengruppe Bildungsberichterstattung, *Bildung in Deutschland 2014. Ein indikato-rengestützter Bericht mit einer Analyse zur Bildung von Menschen mit Behinderungen*, Bielefeld: W. Bertelsmann Verlag, 2014, S.124.

2   Martin Baethge/Christian Kerst/Michael Leszczensky/Markus Wieck, *Zur neuen Konstellation zwischen Hochschulbildung und Berufsausbildung*. Forum Hochschule 3/2014, Hannover: DZHW, 2014, S. 50.

年中OECD国家大学入学率都在不断提高，德国的大学入学率属于
较晚才提高的。[1]相对其他国家德国有其特定的教育局面：从事较高
要求职业行为的人才，比如机械电气师、金融服务职业等，在德国
由职业教育培养，而在其它OECD国家则是由大学培养的。但德国
近年来大学吸引力不断提高必然给职业教育带来消极影响，一些较
高要求培训职业越来越面临着难以吸引优质生源的问题。职业教育
与高等教育二者并立的关系越来越受到考验。

3. 人口发展的影响

　　从人口发展趋势来看，到2020年，德国总人口将仅从8107万
减少到7990万，即减少到97.9%。18到20岁的年轻人口，即准备进
入职业教育或大学的年轻人，将从如今的926,000减少到2020年的
743,000，减少到80.3%。[2]在高等教育领域，入学率的增长将弥补人
口减少带来的影响：按现在的趋势预计，从2010年到2030年，大学
毕业进入劳动市场的毕业生将从3,2百万增加到4,9百万。但在职业
教育领域，大学入学率的增长和该年龄段人口的减少将导致进入职
业教育的中学毕业生减少。从2010年到2030年，职业培训输送的专
业劳动者预计将从11,5百万滑落到7百万。也就是说，到2030年受过
学术教育的人数将比现在增加1/4，受过职业培训的人数则将减少
1/5。[3]

　　职业教育受到的冲击不仅在人数上，也在质量上。双元制职业
培训并不太能接受资质较弱的学生，比如中学辍学生。对培训职位

1　OECD,*Bildung auf einen Blick – OECD-Indikatoren*,Bielefeld:W. Bertelsmann Verlag,
　　2011, S. 391.

2　DieterEuler/EckartSevering, *Durchlässigkeit zwischen beruflicher und akademischer
　　Bildung. Daten, Fakten und offene Fragen, Hintergründe kennen*, 2015, S.13.
　　URL:www.bertelsmann-stiftung.de/fileadmin/files/BSt/Publikationen/GrauePublika-
　　tionen/LL_GP_Durchlaessigkeit_Hintergrund_final_150622.pdf (Stand: 28.01.2016)

3　Helmrich Robert/Gerd Zika/Michael Kalinowski/Marc Ingo Wolter, *Engpässe auf
　　demArbeitsmarkt:Geändertes Bildungs- und Erwerbsverhalten mildert Fachkräfteman-
　　gel*, BIBB-Report 18: Bonn, 2012,S.4. URL: https://www.bibb.de/dokumente/pdf/a12_
　　bibbreport_2012_18.pdf (Stand: 28.01.2016)

的需求增大、企业培训岗位较少，企业的挑选标准以及职业本身的要求不断提升，企业普遍不愿在较弱的培训生身上花费培训成本。因此已经可观察到的参与职业培训的企业数量下滑可能进一步继续。2013年企业对职业培训的参与度为21.3%，达1999年以来的最低点。[1]这一趋势将导致，2030年后劳动市场上受过职业教育、有职业资格者层面将出现瓶颈，2035年中等即职业资质层面将有一半的岗位空缺。

4. 就业市场用人要求的变化

近年来德国就业市场对劳动力能力的要求也发生着改变。过去普遍认为双元制职业培训的优势是，其培养出的能力高度符合现代工作组织形式以及中等专业劳动力层面的要求。但近年来企业界在工作的划分和组织形式上已普遍发生很大变化，大多数职业对认知能力的要求不断提高。[2]事实上近年来工业职业正在减少，而知识密集型服务业的比例则不断增加，比如在护理和卫生行业，从业者的学术化程度对其职业生涯的升值影响很大。而双元制培训体系基于工业和手工业传统，与这些有较高资质要求的服务行业的关联并没有学术教育或职业学校那么多，在认知和理论能力的培养方面也不及普通中学和高等教育，长此以往职业教育的吸引力将会减弱。

过去人们的设想是，职业教育与学术教育为不同的劳动力市场培养人才。但如今，企业中越来越多的职业既可以从职业培训、又可以从高等教育获得劳动力。许多大企业中较为复杂的专业工作不再专属于受过职业教育的有职业资格者，而是也越来越多地尝试雇用有学士学位的大学毕业生。当然博洛尼亚改革后，学士学位毕业

1　BIBB: *Datenreport zum Berufsbildungsbericht 2014*, Bonn: Bundesinstitut für Berufsbildung, 2014, S. 9. URL: https://www.bibb.de/dokumente/pdf/BIBB_Datenreport_2014.pdf (Stand: 28.01.2016)

2　Autorengruppe Bildungsberichterstattung: *Bildung für Deutschland 2010. Ein indikatorengestützter Bericht mit einer Analyse zu Perspektiven des Bildungswesens im demografischen Wandel*, Bielefeld: W. Bertelsmann Verlag, 2010, S. 163.

生进入劳动力市场的时间还很短，相对于有职业资格者的替代性还未可知。但可以说，过去不同教育路径对应不同职业领域的清晰划分正在日渐模糊。另一方面，企业在选择雇员时也越来越更看重文凭和考试成绩以外的能力，职业生涯的前景与原先所受教育专业的关系越来越小，而与工作头几年的业绩关系越来越大。[1]这样看来，以企业培训为主的职业教育和相对比例不高的高等教育两者分立构成的传统德国教育模式能否长久成了一个问题。

　　基于大学入学率上升、人口减少以及就业市场需求变化这些发展趋势，德国2014年教育报告提出了重新定义职业教育与高等教育之间关系的必要性。[2]

二、职业教育与高等教育的角色理解与自身发展：趋同与竞争

1. 职业教育：从"专业导向"到"行为导向"

　　德国职业教育的基石是上世纪上半叶发展起来的、由手工业行规所确定的手工业学徒职业及工业学徒职业。其核心是德国"职业方案"（Berufskonzept）及其直接承认的培训职业。1969年颁布的"职业教育法"从国家层面确立了职业教育的构型，强调职业教育的专业关联，以培训职位作为终身职业的定位、培训内容和职业资格的标准化，企业和学校作为学习场所等。但到了80年代，"职业方案"的专业导向受到缺乏活力和弹性的批评。工业社会学和劳动组织学的视角认为，过强的专业导向阻碍了个体的发展。职业教育开始了最初的"去专业化"改革浪潮。在工会和雇主推动下，职业

1　Ute Hippach-Schneider/Tanja Weigel, „Gründe und Motive für die Rekrutierung von qualifizierten Fachkräften – Fallstudien aus Deutschland, England und der Schweiz", in Eckart Severing/Ulrich Teichler:*Akademisierung der Berufswelt?*Bielefeld:W. Bertelsmann Verlag, 2013,S. 167–187.

2　Autorengruppe Bildungsberichterstattung: *Bildung in Deutschland 2014. Ein indikatorengestützter Bericht mit einer Analyse zur Bildung von Menschen mit Behinderungen*, Bielefeld: W. Bertelsmann Verlag, 2014, S.12.

教育的新方向以"独立行动的人格"为目标，即要有能力对职业中的各种任务独立进行计划、执行和控制。这一新纲领与对职业的新理解相关：基于经济和企业界的巨大变化，培训职业作为终身职业的可能性已越来越小，职业培训应被理解为伴随职业生涯进行的终身学习进程的初始阶段。90年代中期随着IT行业等新型应用领域职业教育的建立，职业培训也在结构和内容上得到了发展和丰富：融入了方法学的以及与社会和个人相关的能力，在专业理念上增加了职业行为能力的元素，同时扩展了完全行为的理念。2005年"职业教育法"的修订将"职业行为能力"确定为职业教育的主导目标。2006年德国资格框架（DQR）的颁布对于职业教育而言也有重大意义：未来职业教育的构型无论是教育主体（Berufsbilder）还是进修规则都将是连续的、以能力为导向的，职业教育的目标将是让个体有进行广泛职业行为的能力，或者说是专业、个人和社会能力的融合。

2. 高等教育：职业化倾向与垂直分化

长期以来在洪堡大学理念的传统影响下，德国高等教育的目标是造就学生在学术和科学素质，而所学知识在职业中如何直接使用并不是其关注的目标。但在博洛尼亚改革进程下，专业课程设置更加强化以毕业生在工作市场的"就业能力"为导向，学士（Bachelor）和硕士（Master）两级文凭实际上也带有职业资格的意味：学士学位课程培养科学基础、方法能力以及与职业相关素质，硕士则区分为"侧重应用导向"和"侧重研究导向"的不同学位课程。学士学位被理解为初始的"职业资格文凭"。高等教育的焦点从此更在于职业训练，通过科学来培养学生以及通过科学进行社会化的理念则退居其次。[1]

过去二十年来，德国高校的垂直分化也日益显著，正在形成不同的高校类型。随着"精英计划"的推行，大学被分为"精英大

---

1   Dieter Lenz: „Hochschulstudium: Humboldt aufpoliert – Kann ein Studium Bildung und Ausbildung zugleich sein? Ja!" in: *Die ZEIT*, 16. März 2012.

学"和"普通大学"。所谓精英大学试图强化其科研倾向，也有少数私立大学努力追随顶尖大学的要求；而许多私立大学则向另一个模式发展，即着重构建职业行为导向的专业课程，这类专业课程在课程和时间上与较高要求的职业教育差别并不明显，但由于能授予学士学位，在中学毕业生眼里十分有吸引力。这种趋同和分化的倾向在应用科学大学层面也很明显：一些应用科学大学努力获得博士学位授予权，或强化在科研领域的成就；另一方面，越来越多的应用科学大学则密切结合地区经济，与行业协会或企业合作推出一些相当专门化的专业课程。在继续教育领域也是如此，一些企业教育机构或专科学校也正从进修培训转向进入高等教育领域，而一些应用科学大学和部分综合性大学则开始设立职业继续教育的专业课程。可以说，在偏向应用的教育领域，存在着"职业教育学术化，学术教育职业化"的倾向。这种在德国近年来才出现的倾向，在其他一些欧洲国家早已有之。在挪威，综合性大学可授予职业继续教育文凭甚至职业博士学位。在丹麦和英国也有这样职业与继续教育重叠的机构。总之，德国高校体系由于内部分化已逐渐形成理论研究导向和职业行为导向两种类型，后者与较高要求的职业教育之间区别并不显著。

在博洛尼亚改革的职业化倾向和垂直分化影响下，德国高等教育与职业教育之间的清晰分界正日渐消解，两者在一定程度上显示出趋同的倾向。教育界甚至认为，职业教育的发展只是在数字上有所缩减、体系上有了以行动和能力为导向的新定位，而高等教育的自身角色理解正在一定程度上发生着本质性变化，促进个体难以衡量和定义的"就业能力"越来越成为核心目标，而对个体的科学研究要求则越来越退后。[1]

1　Irmgard Frank/Michael Heister/Günter Walden: *Berufsbildung und Hochschulbildung. Durchlässigkeit und Verzahnung als bildungspolitische Herausforderungen – bisherige Entwicklungen und aktuelle Herausforderungen*, Bielefeld: W. Bertelsmann Verlag, 2015, S. 14.

在这种趋同的发展形势下，高等教育与职业教育形成了一定程度上的竞争关系。除了在获得生源上的竞争，在两者对应劳动力市场的重叠领域中也形成了竞争关系。在许多高要求的商业或技术职业中，企业在传统的双元制职业培训之外，也开始注重较早地与大学生包括双元制大学学生建立联系。由于高校享有自治权，在设立新专业课程方面所受限制较少、灵活性大，大企业可与高校合作，按自身需求设立以特定职业或地区经济特色为导向的专业课程；而职业教育则有一系列标准化要求，灵活性不及高校。

尽管职业教育与高等教育之间的交叉地带正在扩大，两者在很多方面的共性越来越多，但要形成能整合两者的改革战略，还有不少政策决策上的壁垒需要克服。

三、促进职业教育与高等教育之间的融通性

1. 为有职业资格者打开通向高校的"第三条道路"

在国际教育比较中，教育体系可从其不同分区之间的分界、学习者在不同分区之间转换的灵活性及其受到怎样的限制和促进来区分。德国的教育体制属于分界十分清晰、选择性较强的类型，因此要求提高不同教育分区之间融通性的呼声一直很高。其原因之一在于，由于人口发展等因素，德国社会经济发展需要充分挖掘劳动市场上现有人力资源的天赋和潜力；原因之二在于受教育者应有更多对所选教育道路进行更改或实现其它发展机会的可能性。德国职业教育和高等教育之间的融通性（Durchlässigkeit）主要指促进"有职业资格者"，即通过职业教育获得职业资格、但没有大学入学资格的人群以类似同等学力的形式进入高等教育。融通性包括两方面内涵：一是进入相关教育进程的可能性，没有高校入学资格的职业教育毕业生能否进入高校学习；二是个人在此前教育进程或职业实践中获得的知识和能力能否得到换算，比如商业职业培训中获得的有关会计或计算机知识，能否在进入大学学习计算机或企业经济学时

折算学分，从而缩短学习期限。

　　早在60–70年代，当时的"德国教育委员会"(Deutscher Bildungsrat)就提出要提高融通性，尤其在第二级阶段(Sekundarstufe)促进普通教育与职业教育融为一体。联邦与各州委员会(Bund-Länder-Kommission)的"以职业教育为重点的阶梯计划"(Stufenplan zu Schwerpunkten der beruflichen Bildung) 提出，要建设高校之外的第三级能给予职业资格的教育进程，尤其经济、技术和自然科学领域，但这一计划未能实现。2010年联邦职业教育也就所(BIBB)提出提高职业教育与高等教育融通性的建议，核心内容是提高"有职业资格者"以同等学力进入大学的可能性。

　　具有实质性意义的转折点是，2009年各州教育部长联席会议(Kultusministerkonferenz)颁布了决议"无高校入学权的有职业资格者进入大学的通道(Hochschulzugang für beruflich qualifizierte Bewerber ohne schulische Hochschulzugangsberechtigung)"，这项统一标准从法律角度为职业教育到高等教育的融通性指明了方向，其核心内容包括：(1)国家认可的职业培训毕业生有三年工作经验后，经过能力认定或在试读大学后，可获得与其职业相关专业的大学入学资格；(2)参加过职业继续教育培训(Aufstiegsfortbildung)并获文凭的有职业资格者，有进入大学学习的可能；(3)参加过职业继续教育培训(Aufstiegsfortbildung)、未获文凭的有职业资格者，可获得限定专业的大学入学可能。各州之间互相认可这种大学入学资格。"有职业资格者"既不是在中学系统获得了普遍或限定专业的有大学入学资格者，也不是完全没有大学入学资格者，这一类非传统学生进入高等教育的途径被称为"第三条道路"。决议颁布后，到2012年，通过"第三条道路"进入大学的这类非传统学生入学比例提高了1/3，提高到12,300人。不过从绝对人数看这一人群还相当边缘化，他们占大学入学人数的比例从1995年的1％上升到2012年的2.6％，其中43％的学生超过30岁。

　　在高校方面，传统学生人数的迅速增长已经让高校面临巨大的财政和管理挑战，为"有职业资格者"提供相关专业课程在很多高校看来还只是边缘任务。但在联邦和各州的教育决策层面看来，未来将更大尺度地为这类有职业资格的非传统学生打开高校之门。通过"第三条道路"进入高校的学生往往面临各种实际问题，最大的困难在于从职场到学术教育的转换。面对大学学习的学术理论和专业内容，他们在职场获得的经验和能力难有用武之地。大学学习以知识理论结构为导向，而来自职场的有职业资格者则更习惯于归纳和以具体问题为导向的思维方式。为了解决入学者的各种现实问题，探索提高融通性的具体实践措施，已有两个试点项目正在进行之中：一是联邦教研部的先锋动议ANKOM，该项目第一阶段已完成，由11个地区承担的不同具体项目探索职业教育中所获能力的换算方式，正在进行中的第二阶段的20个项目则探索针对相关入学者的信息咨询方案、导师及辅导人员的配备、设置与职业生涯同时进行或融入职业生涯的大学专业课程等；二是联邦与各州举行的竞赛"开放的高校(Offene Hochschulen)"，其核心也是如何为相关非传统入学者提供个体化的学分换算规则，建立透明的信息和咨询架构，创造良好的学习条件。

2. 为有职业资格者提供学术继续教育

尽管根据1999年的高校框架法改革，学术继续教育属于高校的法定任务，但长期以来在高校备受冷落。一般来说继续教育是在职课程，并且在组织、课程和教学法上都有特殊要求，同时有很高的指导需求，与基本大学授课形式有很大区别。

近年来，有些大学管理团队已经积极建立学术继续教育，主要面向有学术学位、有继续教育愿望的群体。未来这种限制可能会被打破。许多有职业资质者在考虑继续教育时，相对职业进修文凭而言更偏好追求大学文凭作为对自己学历的更新。尤其在一些对认知水平要求较高、基础培训阶段逐渐学术化的行业，如卫生和护理行业，职业进修专业课程参与人数不断下降，学术继续教育更受欢迎。目前一些私立或公立应用技术大学和高校已开始专注于远程教育，它们根据2009年高校校长会议决议将此前的职业经验换算为学分，为有职业资质者提供学术文凭。此类专业课程能让身在职场的有职业资格者也能跟上学术化的潮流，相当受欢迎。

3. 为大学辍学者打开通向职业教育的道路

除了从职业教育到高等教育方向的融通性，在相反方向，即从高等教育到职业教育的融通性也是教育决策层重视和热议的未来发展方向。德国高等教育的辍学率较高，学士阶段约有28%的学生不能完成学业。[1]随着高校入学人数的不断攀升，大学辍学者人数也不断增加。在减少大学辍学率之外，如何促进这些未获学术文凭的学生进入职业教育，进一步为培养专业劳动力挖掘潜力，对个人、经济界和社会都有重要意义。目前每年125,000大学辍学者中约20%进入了职业教育。[2]目前这些促进项目主要集中在亚琛、柏林和维尔茨堡，尚仅具有地区意义。[3]

四、职业教育与高等教育的交叉：双元制大学

比职业教育与高等教育之间的融通性更进一步的，是各种职业教育与高等教育之间的交叉与结合形式。由于拥有高校入学资格的人数不断增加，这一人群在新签订职业培训合同的职业培训生中的比例也不断增加：从1995年的15.5%增加到2012年的24%。对于这些有大学入学资格的中学毕业生来说，只有他们十分感兴趣的职业领

1　Ulrich Heublein/Johanna Richter/Robert Schmelzer/Dieter Sommer: *Die Entwicklung der Studienabbruchquoten an den deutschen Hochschulen. Statistische Berechnungen auf der Basis des Absolventenjahrgangs 2012*, Bielefeld: W. Bertelsmann, 2013, S. 3.

2　Ebd.

3　Wissenschaftsrat: *Empfehlungen zur Gestaltung des Verhältnisses von beruflicher und akademischer Bildung*. Darmstadt, 2014, S. 10. URL: http://www.wissenschaftsrat.de/download/archiv/3818-14.pdf (Stand: 24.1.2016)

域、或与大学学习相结合的职业培训，才有足够的吸引力。2012年有大学入学资格的职业培训生中，一半集中在金融服务(16%)，工业及商业(19%)，新媒体、信息和交流职业(14%)这几个领域。[1]这些有大学入学资格的培训生中，相当一部分人对职业培训之后或与职业培训相结合的大学学习有很大兴趣和需求。职业教育与大学教育的结合可以是相继的或一体的。

职业教育与高等教育的交错形式中特别有吸引力的是双元制大学。双元制大学主要由应用技术大学开设，由高校与企业合作，将与学术教育和职业实践教育相结合。双元制大学有多样的形式，高校和企业的学习场所合作在课程和组织形式上都有不同方式、不同强度，通常由企业或行业协会与高校商定，可灵活地适应企业现实要求。大致分为两类专业课程：一类是整合了职业培训的双元制专业课程(ausbildungsintegrierende duale Studiengänge)，属于职业首次培训专业课程，入学前提是相当于有应用科学大学或大学的入学资格以及与企业的培训合同。毕业时可同时获得学士学位的学术文凭和培训职业的结业证书。另一类是整合了实习的双元制专业课程(praxisintegrierende duale Studiengänge)，入学前提是有应用科学大学或大学入学资格以及与企业的合同，如工作合同、实习或志愿者合同；毕业时只能获得学术学位，但与一般专业课程相比更强调在企业学习场所的实习过程。双元制大学的主要生源是成绩较好的中学毕业生，并不是有职业资格者获得学术文凭的途径。[2]

双元制大学的前身是上世纪70年代的职业学院(Berufsakademie)。尽管在学生及专业课程总数上，双元制专业课程还处于边缘地位：专业课程数占6%，学生数占3.3%。但近年来其规模不断扩

---

1   Autorengruppe Bildungsberichterstattung: *Bildung in Deutschland 2014. Ein indikatorengestützter Bericht mit einer Analyse zur Bildung von Menschen mit Behinderungen*, Bielefeld: W. Bertelsmann Verlag, 2014, S. 108.

2   Wissenschaftsrat, *Empfehlungen zur Entwicklung des dualen Studiums*, Mainz, 2013, S. 13. URL: http://www.wissenschaftsrat.de/download/archiv/3479-13.pdf (Stand: 28.01.2016)

大，增长势头明显：2009到2011年，双元制专业课程增加了20%，学位增加了21%。[1]对供求双方的调查显示出其继续扩张的趋势：2011年50%的企业期待双元制专业课程需求进一步增加，1/4的企业计划未来参与双元制专业课程。[2]不过研究人员也不无担忧，双元制大学蓬勃发展也可能会让职业教育进一步失去拥有高校入学资格的年轻人。

五、未来的发展方向

许多研究机构和学者建议，继续提高职业教育与高等教育之间的融通性，完善在职业教育之后进入大学学习、即非传统学生由"第三条道路"进入大学的可能。同时也要为大学退学者进入职业教育提供相应学分换算，实现"无缝衔接"。联邦职业教育研究所（BIBB）建议：应扩大有职业资格而无高校入学资格者进入高校学习的机会；扩展将职业生涯中所获能力换算为大学学分的可能性，甚至让有足够教育经历和工作经历者可以直接进入大学学习硕士课程。[3]科学委员会（Wissenschaftsrat）建议，在2009年各州教育部长联席会议颁布的换算决议基础上，进一步取消一些对有职业资格者进入大学学习的限制，如需有三年工作经验、否则只能进入限定专业学习等等规定。[4]也有研究提出，应为非传统学生适应大学的学习文

1　BIBB, *Datenreport zum Berufsbildungsbericht*, Bonn: Bundesinstitut für Berufsbildung, 2012, S.249.URL: https://www.bibb.de/dokumente/pdf/BIBB_Datenreport_2014. pdf (Stand: 28.01.2016)

2　Jochen Goeser/Martin Isenmann, *AusbildungPlus – Betriebsumfrage 2011*, Bonn: Bundesinstitut für Berufsbildung, 2012, S. 18.

3　BIBB, *Empfehlung des Hauptausschusses des BIBB zur Förderung von Durchlässigkeit zwischen beruflicher und hochschulischer Bildung*, Nr. 139, vom 15. 12. 2010. URL: https://www.bibb.de/dokumente/pdf/HA139.pdf (Stand: 28. 01. 2016)

4　Wissenschaftsrat, *Empfehlungen zur Gestaltung des Verhältnisses von beruflicher und akademischer Bildung*. Darmstadt, 2014, S. 20. URL: http://www.wissenschaftsrat.de/ download/archiv/3818-14.pdf (Stand: 24.1.2016)

化提供支持，建立职业教育与高等教育相近专业之间的学分转换机制，并扩展在职业培训期间就能获得高校入学资格的可能性。[1]

发展职业教育与高等教育融通性的出发点，仍是将两者视为两个互为替代的领域。为了平衡长期以来两者分立的传统，研究机构建议应进一步发展职业教育与高等教育的交叉形式，其中占重要地位的是双元制大学。在现有的双元制大学之外，也有研究机构提出新的整合和构建两者重叠领域的模式，如"整合大学课程的职业培训"模型，包括两年基础阶段职业培训和大学课程交错的学习，以及之后的三种可能性：(1)继续职业培训获得职业培训文凭；(2)进入大学获得大学文凭；(3)整合了大学学习的职业培训，最后获得双重文凭。有兴趣的年轻人可以在职业培训中熟悉各种可能性，作出更合理的个人选择。[2]当然这一构想还没有得以实现。

无论是促进职业教育与高等教育的融通性，还是发展两个教育体系的交叉形式，未来对两者进行整合和改革的框架将是：提出更宽广的个人资质特征，既包括职业行为导向，也包括理论反思导向的能力，将全部教育进程模块化，包括职业教育和高等教育的全部学士和硕士课程，以便让学习者以个体需求为导向选择适合的教育。2007年起草、2013年正式颁布的德国职业资格框架(DQR)就是这一改革方向的根本推动力。在欧洲职业资格框架下(EQR)，德国职业资格框架的目标是将以普通教育、职业教育和高等教育为三大支柱的整个德国学历和资格体系更透明、融通，并促进在德国所获能力在欧洲范围内的认可。这一资格体系以矩阵形式对各项能力作出了描述和分级，不以投入因素，即学习时间、学习地点和环境为

1　Dieter Euler/Eckart Severing, *Durchlässigkeit zwischen beruflicher und akademischer Bildung. Daten, Fakten und offene Fragen, Hintergründe kennen*, 2015, S.35. URL: www.bertelsmann-stiftung.de/fileadmin/files/BSt/Publikationen/GrauePublikationen/LL_GP_Durchlaessigkeit_Hintergrund_final_150622.pdf (Stand: 24.06.2015)

2　Dieter Euler/Eckart Severing, *Durchlässigkeit zwischen beruflicher und akademischer Bildung. Politische Forderungen der Initiative „Chance Ausbildung"*, 2015, S.12–16. URL: https://www.bibb.de/dokumente/pdf/a_3_3_durchlaessigkeit_Position_150622.pdf (Stand: 24.06.2015)

导向，而是以学习结果为导向。在这一体系中，职业教育与学术教育的特定文凭可以放在同一水平线上来衡量，比如学士学位(Bache-lor)等值于师傅资格(Meister)，更进一步的职业继续教育文凭则等同与硕士学位(Master)。

六、结　语

德国教育体制与美国、瑞典和日本等国有很大差异，尤其职业教育有其特定的传统。在全球化的时代，职业教育和高等教育如何适应新的社会经济形势，又保持传统优势和特色，合理配置社会资源和人力资源，是一个重大问题。鉴于教育领域内的不断细分化以及职业教育与高等教育之间不断接近的趋势，两者之间有着很大的互补性和合作潜力。如何提高职业教育的吸引力，满足经济界对专业劳动力的需求，让受教育者实现更好的个人前景，是德国教育界未来的重要课题。尽管已有不少相关动议、纲要、改革和竞赛项目启动，但消除职业教育与高等教育之间壁垒的努力才刚刚开始。关于两个教育体系之间融通性和交叉整合模式的发展，不是短期之内能够实现的。职业教育与高等教育的等值也还远未实现。事实上，职业教育与高等教育究竟需要多少等值性，也是一个值得深入思考和讨论的问题。

Wolfgang Zeitler

Bayerns Hochschulen für angewandte Wissenschaften

– Education for the real life

Es empfiehlt sich von vorneherein klarzustellen: Fachhochschulen sind keine Berufsfachschulen oder Fachschulen. Die beiden letztgenannten gehören in den Bereich der beruflichen Bildung: Fachhochschulen, oder jetzt zur Präzisierung so genannt, Hochschulen für angewandte Wissenschaften sind vollwertige Hochschulen, deren Abschlüsse (Bachelor und Master) auch rechtlich, auch für die Übernahme in den öffentlichen Dienst, den Abschlüssen der Universitäten vollkommen gleichgestellt sind. Durch die weiter unten näher auszuführenden Möglichkeiten ist auch sichergestellt, dass hervorragende Absolventen der Hochschulen für angewandte Wissenschaften einen strukturgesicherten Weg zur Promotion an den Hochschulen für angewandte Wissenschaften haben.

Das generelle Spezifikum der Hochschulen für angewandte Wissenschaften ist: Innerhalb des differenzierten und vielfältigen bayerischen Hochschulwesens sind die Hochschulen für angewandte Wissenschaften die Hochschulen für die Praxis. Sie zeichnet genau das aus: Ein ausgeprägter Praxisbezug. Im Studium ist immer ein verpflichtendes Praxissemester in einem Unternehmen integriert (ursprünglich, vor der Bolognareform, waren es sogar zwei Praxissemester) und ebenso eine zielgenaue Ausrichtung auf die konkreten beruflichen Anforderungen. Zudem aber sind die Hochschulen für angewandte Wissenschaften durch ihre anwendungsorientierte Arbeit in Forschung und Entwicklung herausragende Kooperationspartner für Unternehmen, insbesondere in der Region. Hierbei ist wichtig: Die Mehrzahl der Bachelor- und Masterarbeiten wird unter Verantwortung der Hochschule in Unternehmen gefertigt. Die HAWs vermitteln also eine vollgültige akademische Ausbildung, ungekürzt (dies unterscheidet sie auch von anderen, sehr stark beruflich orientierten Hochschulmodellen in Deutschland, wie etwa der dualen Hochschule Baden-Württemberg), sie bieten Bachelor- und Masterstudiengänge an, ihr Lehrpersonal besteht schwerpunktmäßig aus Professoren, die neben der Promotion eine mehrjährige leitende Tätigkeit in der Wirtschaft als Berufungsvoraussetzung nachweisen müssen.

Die Berufungen der Professoren werden zwar nicht mehr, wie früher, durch den bayerischen Wissenschaftsminister vorgenommen, sondern die Berufungsbefugnis ist an die Hochschulen delegiert.

Das Wissenschaftsministerium besitzt aber dadurch, dass es jeder Ausschreibung einer Professorenstelle zustimmen muss und ebenso sein Einvernehmen erteilen muss für neue Studiengänge oder die Abschaffung von bisherigen Studiengängen, eine landesweite und effektive Steuerungsfunktion. Auch die Rolle des Wissenschaftsministeriums oder des jetzt vereinten Ministerium für Bildung und Kultus, Wissenschaft und Kunst, also des Ministeriums das Schulbildung, berufliche Bildung, Hochschulbildung sowie Forschung und Kunst in seinem Zuständigkeitsbereich hat, und damit den entscheidenden Anteil des bayerischen Haushalts verantwortet, hat die Mitte gehalten zwischen übertriebener Detailsteuerung durch die Zentrale und andererseits zu weitgehender Autonomie der Hochschulen. Auch dies im Unterschied zu anderen Ländern in Deutschland. So konnten Einschränkungen in der Qualität vermieden und die inhaltliche Ausgewogenheit des

Hochschulangebots gesichert werden.

Eckpunkte der historischen Entwicklung der Hochschulen für angewandte Wissenschaften

Die deutschen und insbesondere auch die bayerischen Universitäten bilden ein landesweites Netz. Sie sind zum Teil über Jahrhunderte alt und weisen in vielen Fällen ein exzellentes auch internationales Renommee auf. Warum wurde dann eine neue Hochschulart, die damaligen Fachhochschulen errichtet? Die politische Entscheidung, in den 70er Jahren des vergangenen Jahrhunderts, den neuen Hochschultyp Fachhochschulen zu gründen, erwuchs aus zwei Antrieben, die inhaltlich aber sehr nahe verwandt waren. Zum einen wurde immer deutlicher: Universitäten, insbesondere mit ihrem damals so nachdrücklich vorherrschenden Fokus auf Grundlagenforschung, entsprachen den vielen Wünschen der stark wachsenden und in internationaler Konkurrenz stehenden bayerischen Wirtschaft nicht mehr. Viele Studierende wünschten sich ferner, nicht nur als zukünftige Wissenschaftler ausgebildet zu werden, sondern auch an den Hochschulen eine für ihren zukünftigen Beruf außerhalb des Wissenschaftssystems hervorragende Ausbildung zu bekommen.

Die Lösung konnte nur darin liegen: Die bisherige Beschränkung auf Lehre an diesen Einrichtungen aufzugeben und diese Einrichtungen weiter zu entwickeln zu einer Hochschule eigener Art, die praxisbezogene Lehre und Forschung kombiniert. Denn nur so ließ sich Lehre auf aktuellem Forschungsniveau und entsprechend den aktuell in der Wirtschaft vorhandenen Notwendigkeiten erreichen. So kam der Gründungsimpuls für die Fachhochschulen zu gleichen Teilen aus den Notwendigkeiten der bislang rein universitären Hochschulwelt und aus den dringenden Erfordernissen des Arbeitsmarktes.

So wurden in allen Landesteilen daraufhin 8 Fachhochschulen an den Standorten gegründet, an denen es Vorläufereinrichtungen wie Polytechnika und Ingenieurschulen gab. Zugleich aber war mit der Gründungsidee der Fachhochschulen ein gewisses Spannungsverhältnis zu den herkömmlichen Universitäten ausgedrückt. Denn die Fachhochschulen sollten ja gerade dort ansetzen, wo die Universitäten Defizite hatten, anders ausgedrückt, wo sie auch ihre Grenzen hatten. In den anderen Ländern in der Bundesrepublik Deutschland erfolgte die Errichtung der neuen Hochschulart im Prinzip aus den gleichen Beweggründen und im Prinzip auch in der gleichen Zeitspanne. Interessant ist nun, dass Bayern in einem Punkt besonders restriktiv war: Obwohl es geradezu Ratio der Errichtung des neuen Hochschultyps war, Lehre und state of the art-Forschung miteinander zu verbinden, hatten die bayerischen Fachhochschulen nicht von Beginn an einen im Gesetz ausgesprochenen Forschungsauftrag.

Dies geschah wesentlich deshalb, weil man enorme Finanzauswirkungen befürchtete und vielleicht auch bewusst keinen neuen Hochschultyp, der aus „kleinen Universitäten" bestehen sollte, kreierte. Eine der Hauptentwicklungslinien der bayerischen Fachhochschulen war es deshalb seitdem, nicht nur die gesetzliche, sondern auch die finanzielle Basis für angewandte Forschung und Entwicklung zu halten und zu steigern.

Ein kritischer historischer Blick könnte dies als fast generelle, bewusste oder unbewusste Vorgabe der Politik gegenüber den Fachhochschulen benennen: Es waren nicht Vorschusslorbeeren, die dieser neuen Hochschulart gegeben wurden, es waren politische Schritte, die nachvollzogen, was die faktische Entwicklung an den Fachhochschulen bereits geprägt hatte – und dies bei Voraussetzungen, die dem Personal an Fachhochschulen ein Höchstmaß an Leistungsbereitschaft abforderte: Das gilt auf Seiten der Lehrenden, die von Anfang an eine Lehrverpflichtung, ein Wochenstundendeputat von 18 hatten. Das gilt auf Seiten der Verwaltung. Fachhochschulen hatten über Jahrzehnte hinweg nur einen Juristen, den Kanzler oder die Kanzlerin, trotz der wachsenden Zahl juristischer und haushaltstechnischer Probleme.

Diese Restriktionen bewirkten, dass der zusätzliche quantitative Ausbau des Hochschulsektors Ende des vorigen Jahrhunderts in erster Linie an den Universitäten vollzogen wurde. Dies ist umso überraschender, als Studienangebote an Fachhochschulen oder HAWs deutlich kostengünstiger sind als an Universitäten. Dies ist einmal in der erheblich geringeren Personalausstattung der HAWs begründet, es fehlt fast vollständig der sogenannte Mittelbau. Dies ist begründet wesentlich in den an Praxis und nicht grundlagennah ausgerichteten Forschungsausstattungen. Dies ist zum dritten begründet in der Gehaltssituation. Professoren an der Universität haben durch anders gestaffelte Leistungs- und Funktionszulagen, höhere Berufungszulagen und durch eine in aller Regel höhere Einstufung bei der Grundbesoldung einen deutlichen Vorsprung vor HAW Professoren. Dies gilt, auch wenn theoretisch HAW Professoren innerhalb der gestaffelten Leistungsbezüge „den Weg nach oben" in die Dimension der Universitätsprofessoren erreichen können. Entgegen den Vorstellungen der Bildungsplanungen in Deutschland insgesamt, den Anteil der kürzeren, billigeren, berufsorientierten Studiengänge, wie ihn die Fachhochschulen boten, zu erhöhen, blieb der Anteil der Fachhochschulen an den Hochschulabsolventen bei sehr deutlich unter einem Drittel. Da sich die Idee aber nicht durchsetzte, an Universitäten in nennenswertem Umfang kürzere Studiengänge einzurichten, blieben die Fachhochschulen der einzige Sektor, der kürzere, berufsorientierte Studiengänge anbot. Ein Studium an Fachhochschulen war trotz der tatsächlich erheblich kürzeren Studienzeit als an Universitäten von vorneherein auf enge Verzahnung mit der Berufspraxis ausgelegt. Dem dienten von Anfang an zwei sogenannte Praxissemester, Halbjahre, die in einem Betrieb abzuleisten waren, beim zweiten Praxissemester unter intensiver Begleitung durch Hochschullehrer. Ein Absolvent einer Fachhochschule hatte also selber an der Werkbank gestanden, er hatte einen Betrieb in seinen unterschiedlichen Funktionen und Ausrichtungen persönlich kennengelernt und konnte diese Erfahrungen, die hierdurch auch gewonnen Fragen, in sein Studium mit einbringen. Diese zusätzliche Motivation war es nicht zuletzt, die das gerade beschriebene effizientere Studium als an Universitäten vorantrieb. Ermöglicht wurde dies dadurch, dass Lehrpersonal an Fachhochschulen, allen voran die Professoren, andere Berufungsvoraussetzungen zu erbringen hatte, als Universitätsprofessoren. Neben dem Nachweis der eigenständigen Forschungsfähigkeit durch die Promotion mussten Fachhochschulprofessoren eine eigenständige hauptberufliche Leitungsfunktion in der Wirtschaft von mindestens drei Jahren nachweisen. Nur so sah man es als gewährleistet an, dass solchermaßen geprägte Professoren ihren Studierenden tatsächlich eine praxisnahe Lehre vermitteln konnten. Wesentliches weiteres Element der praxisnahen Lehre war der Unterricht in sogenannten Kleingruppen von 30 bis 40 Personen. Dieser seminaristische Unterricht hat, auch wenn er aufgrund der drastisch gestiegenen Studierendenzahlen in vielen Fällen heute nicht mehr wie früher durchgeführt werden kann, wesentlich zum Erfolg der Fachhochschulen, zur hervorragenden Ausbildungsqualität ihrer Studiengänge und zur Akzeptanz der Hochschulart beigetragen. Denn anders als die Universitäten waren die Fachhochschulen immer schon ausgerichtet auf Studierende mit

Hochschulzugangsberechtigung auch aus dem beruflichen Bereich, aus den in Bayern sogenannten Fachoberschulen und Berufsoberschulen.

Hierbei muss auch berücksichtigt werden: Ein Gründungsauftrag der Fachhochschulen war es, Jugendliche aus bildungsferneren Schichten für ein Studium zu motivieren. Dieses Gründungsziel haben die Fachhochschulen bis heute beibehalten. 65% der Studierenden an bayerischen Fachhochschulen stammen aktuell aus einer Familie ohne akademischen Hintergrund. Fachhochschulen und heute Hochschulen für angewandte Wissenschaften sind deshalb die Hochschulen des sozialen Aufstiegs, sie sind die Hochschulen für first generations students.

Stellung der Fachhochschulen im Hochschulsystem

Zu fragen ist nun, wie die Gründungsidee der Fachhochschulen im Laufe der Jahre umgesetzt und akzentuiert wurde. Gründungsidee war ja, dass die zunehmende Differenzierung des Arbeitsmarktes neben dem universitären und eher theorie- und grundlagenorientierten Studium eine stärker anwendungsorientierte Ausbildung der jungen Menschen erfordert. Dementsprechend haben die Fachhochschulen als Alternative zu den Universitäten die Aufgabe übernommen, anwendungsorientierte, aber wissenschaftlich fundierte Studiengänge mit einer strafferen Organisation des Studiums und in aller Regel de facto kürzeren Studienzeiten anzubieten.

Das Verhältnis nun dieser Fachhochschulausbildung zu den Universitäten wurde gerne mit der Formel „andersartig, aber gleichwertig" definiert. Damit sollten die gegenüber den anderen Hochschultypen eigenständigen Aufgaben betont und zum Ausdruck gebracht werden, es gibt keine Über- und Unterordnung der Hochschularten, keine Hierarchie, aber auch genausowenig eine Einheitlichkeit.

Eine am neuesten Stand der Erkenntnis ausgerichtete praxis-orientierte Ausbildung setzt aber logischerweise die Wahrnehmung anwendungsorientierter Forschung und den nötigen Wissens- und Technologietransfer hierfür voraus. So entstanden im Bereich der Fachhochschulen zunehmend sich ausweitend Aufgaben der ange-wandten Forschung, des Technologie- und Wissenstransfers mit einer Spannweite von der Umsetzung der Ergebnisse der Grundlagenfor-schung in innovativen Lösungen bis hin zu hochtechnologisch inter-essanten Produktentwicklungen. Daraus resultierte auch die sehr enge Kooperation der Fachhochschulen mit Unternehmen, insbesondere mit mittelständischen Unternehmen aber genauso mit Großunterneh-men der DAX-Familie. Bemerkenswert ist hierbei, dass die Forschung im Auftrag der gewerblichen Wirtschaft an den HAWs eine größere Rolle spielt als an den Universitäten (Drittmitteleinnahmen aus der gewerblichen Wirtschaft liegen an den Universitäten bei 19,7%, bei den HAWs bei 26,7% bezogen auf das Jahr 2012).

Nun entwickelt sich die Wissenschaft, aber es entwickeln sich auch die Wissenschaftsstrukturen sehr dynamisch. Einschneidend in die Organisation des Studiums in Deutschland war die Bologna-Reform, die Umstellung des einphasigen Studiums auf ein gestuftes Studiensystem mit Bachelor und Masterabschlüssen. Diese Umstel-lung umfasste beide Hochschultypen, Universitäten wie Hochschulen für angewandte Wissenschaften.

Ebenso gibt es gleichzeitig im Fachhochschulbereich die Ent-wicklung zur Stärkung der Forschungsintensität. Immer wieder wird darauf hingewiesen, dass beispielsweise die Hochschule in Ingolstadt, die erste aus dem Feld der Fachhochschulen war, die vom Deutschen

Wissenschaftsrat einen so genannten Forschungsbau finanziert bekommt. Forschungsbau meint die räumliche und instrumentelle Basis
für ein Forschungsvorhaben von nationaler Bedeutung, das deshalb
zur Hälfte vom Bund finanziert wird. So kann man auf der einen
Seite, wie von Spöttern betont wird, eine „Verfachhochschulung"
mancher Universitäten und auf der anderen Seite eine Ausweitung der
Aufgaben und Tätigkeiten der Fachhochschulen in ursprünglich den
Universitäten vorbehaltene Dimensionen feststellen.

Zugleich findet neben diesem Prozess der „Angleichung" eine
Ausdifferenzierung innerhalb der einzelnen Hochschularten statt:
Eliteuniversitäten, Gewinnern in der bundesweiten Exzellenzinitiati-
ve, stehen regionale Universitäten gegenüber. Fachhochschulen aber
gibt es, die in einer nicht geringen Zahl in die europäische University
Association aufgenommen wurden, und es gibt Fachhochschulen,
die neben der für alle verbindlichen Aktualität der Lehre und der für
diese Aktualität notwendigen angewandten Forschung keine weiteren
Forschungsakzente setzen, sondern Lehrakzente bei Weiterbildung,
eLearning etc. als Profilmerkmal verstehen.

So gibt es also Angleichungsprozesse zwischen den Hochschularten und innerhalb der jeweiligen Hochschultypen Differenzierungs-
prozesse. Dies provoziert Debatten über das Verhältnis der beiden
Hochschultypen.

Eine **in diesem** Sinne fruchtbare Differenzierung zwischen den
beiden Hochschularten könnte lauten: Aufgabe der Universitäten
ist es, die Selbstreproduktion des Wissenschaftssystems und damit
die disziplinäre Weiterentwicklung der Wissenschaften zu sichern.
Aufgabe der Hochschulen für angewandte Wissenschaften in diesem Sinne ist es, berufsfeldorientiert zu agieren. Aus einer solchen
Unterscheidung lassen sich über die nicht wirklich weiterführende,

herkömmliche Unterscheidung „angewandt vs. grundlagenorientiert" oder „anwendungsbezogen vs. theoriegeleitet" hinaus, Kennzeichen von Hochschultypen herausarbeiten, die nicht mehr status- oder hierarchiebetont sondern funktionsgeleitet sind. Um dies an praktischen Beispielen zu verdeutlichen: Eine berufsfeldorientierte Hochschulausbildung, also die Zielsetzung der Hochschulen für angewandte Wissenschaften, muss sehr viel rascher und auch sehr viel konkreter auf Änderungen des wirtschaftlichen und gesellschaftlichen Bedarfs reagieren als eine auf die Weiterentwicklung der Disziplin ausgerichtete universitäre Fakultät. Letztere braucht notwendigerweise für ihre Ausrichtung, von der Bibliothek über die Personalstruktur bis zu den Laboren eine viel breitere Basis. Sie muss auch die Pfade beschreiten, ob anwendungsorientiert oder nicht, die abseits der aktuellen Nachfrage liegen, denn ihre Aufgabe ist wesentlich die disziplinäre Weiterentwicklung der Wissenschaft.

Hieraus ergeben sich wichtige Folgerungen für die Weiterentwicklung des Hochschulwesens und auch für die Rahmenbedingungen, die der Staat zu setzen hat. In diesem Sinne geht es darum, funktionsorientierte Ermöglichungsstrukturen zu schaffen und nicht von oben gesetzte statusorientierte Abgrenzungsvorgaben zu bestimmen.

Antworten auf hochschulrechtliche Fragen sollten dadurch bestimmt sein, wie eine Aufgabe, eine Funktion spürbar besser wahrgenommen werden kann. Die Scheidelinie ist nicht die Antwort auf die Frage, wessen Interessen gesehen werden wollen, sondern um welche Interessen es geht.

Eine solche Betrachtungsweise kann auch hochspannungsgeladene Themen besser lösen. Dies gilt nicht zuletzt für die dornige Frage: Sollen Hochschulen für angewandte Wissenschaften ein eigenständiges Promotionsrecht erhalten? Das Promotionsrecht ist bislang den Universitäten vorbehalten. Die Hochschulen für angewandte Wissenschaften argumentieren: Angesichts ihrer nachweislich in Publikationen und in eingeworbenen Drittmitteln sehr stark gestiegenen Forschungsleistung müsse zumindest den besonders forschungsintensiven Bereichen ihrer Hochschulen ein Promotionsrecht zugesprochen werden. Denn im Ausland sei es kaum vermittelbar, dass die Hochschulen für angewandte Wissenschaften zwar, was die Studierendenzahlen angeht, extrem stark steigen, höhere Zuwächse haben als die Universitäten, dass ihre Kooperationsfelder mit Unternehmen viele Regionen prägen, dass sie rasch aktuelle gesellschaftliche Entwicklungen aufgreifen, aber das Schmuckstück und iTüpfelchen, nämlich das Promotionsrecht nicht besäßen.

Nun lässt sich in diesem Felde sehr ausführlich diskutieren. Die bayerische Position ist, auch in diesem Fall, funktionsbezogen: Es muss jedem talentierten Absolventen einer HAW möglich sein zu promovieren. Der Weg hierzu muss strukturell und institutionell abgesichert sein. Die Professoren von Hochschulen für angewandte Wissenschaften müssen in diesem Verfahren gleichberechtigt beteiligt werden können, aber die promotionsverleihende Instanz sollen weiterhin die Universitäten sein, da sie die spezifische Verbindung von Forschung und Lehre personell, ausstattungsmäßig und strukturell besitzen. Um dies zu verwirklichen hat Bayern den Weg eingeschlagen, sogenannte Kooperationsplattformen zu bilden: Universitäten und Hochschulen für angewandte Wissenschaften arbeiten dort auf vertraglicher Grundlage in verschiedenen Bereichen der Forschung und auch der Lehre zusammen und führen, ähnlich wie bei einem Promotionskolleg klassischer Ausprägung, Absolventen von HAWS und Universitäts-Absolventen qualitätsgesichert zu Promotion. Durch solche Modelle erweist sich die durch die Bolognareform angelegte Flexibilität des Hochschulwesens in Deutschland und Bayern erst richtig. So wie es gute Übung ist, dass ein Bachelorabsolvent einer Universität etwa im Feld der Mathematik seinen Master an einer Hochschule für angewandte Wissenschaften absolviert (um im Beispiel zu bleiben: etwa im Bereich der Versicherungsmathematik), genauso ist nicht nur ein Wechsel von HAW-Absolventen nach ihrem Master an eine Universität zur Gänze möglich, sondern es ist auch gesichert, dass in Labors einer HAW unter gleichberechtigter Betreuung durch HAW-Professoren hochqualifizierte Studierende promovieren können und die Promotionsurkunde das Gütesiegel etwa der Technischen Universität München als Kooperationspartner tragen kann.

Basis für diese dynamische Weiterentwicklung der Hochschulen war ohne Zweifel die zweite Gründungswelle der damaligen Fachhochschulen. In jedem Landesteil Bayerns wurden neue Hochschulen für angewandte Wissenschaften errichtet, mit der Vorgabe, innerhalb von ca. 50–60 km müsse für Studierende eine Hochschule erreichbar sein. Dieses dichte Netz an Universitäten und noch weitergehend eng geknüpft von Hochschulen für angewandte Wissenschaften hat Regionen aufgewertet, hat Hochschulneugründungen zum Instrument der Regionalen Strukturpolitik gemacht, strukturschwache Gebiete zu Innovationstreibern, hat dem akademischen Feld ferne stehende Bevölkerungskreise zu einer hochqualitativen Ausbildung geführt. Die Anzahl der Studierenden an HAWS wurde damit landesweit sehr spürbar über die Ein-Drittel-Grenze gehoben, die landesweite Vorgabe ist schon seit Jahren das Erreichen der 40%-Marke.

Schritt für Schritt mit dem räumlichen Ausbau erfolgte auch ein rechtliche Besserstellung der damaligen Fachhochschulen: Markante Beispiele sind die rechtlich ausdrücklich festgelegte Möglichkeit für HAW-Professoren, wissenschaftlichen Nachwuchs auszubilden (was früher nur an Universitäten möglich war) oder die aufgrund eines Wettbewerbs erreichte Zuerkennung des Titels Technische Hochschule an besonders technologiestarke Hochschulen für angewandte Wissenschaften. Hierzu muss man wissen, dass in Deutschland der Titel Technische Hochschule historisch gesprochen hochwertig belegt ist. Denn Technische Hochschule war lange Jahre der Titel, unter dem z.B. die heutige Technische Universität München firmierte. Dieser räumliche und inhaltliche, zahlenmäßige wie qualitative Aufwärtsprozess der Hochschulen für angewandte Wissenschaften ist über die klassischen Felder der Lehre und Forschung hinaus mit weiteren Themen verbunden: Aufbau von Technologietransferzentren, starker Ausweitung der Weiterbildung und der Internationalisierung, Entwicklung eines Dualen Studiums.

Zu den Technologietransferzentren:

Die Technologietransferzentren der bayerischen Hochschulen für angewandte Wissenschaften wurden geschaffen, um gezielt durch Innovationsleistungen eine Region strukturpolitisch zu stärken. Voraussetzung hierfür ist, dass die Kompetenzen der Hochschule mit dem wirtschaftlichen Schwerpunkt der Region zusammenpassen. Finanzielle Voraussetzung ist, dass die Region, sei es die Kommune, sei es die Unternehmen zumindest für die fünfjährige Startzeit, das Gebäude, samt Bauunterhalt und Betriebskosten unentgeltlich zur Verfügung stellen. Dies ist deshalb aus Sicht des Ministeriums unerlässlich, da nur so die Ernsthaftigkeit des regionalen Wunsches nach einem Studienangebot der Hochschule bewiesen werden kann. Der Freistaat Bayern andererseits leistet seine Anschubfinanzierung unter der Voraussetzung, dass ein Zentrum nach Ablauf von fünf Jahren finanziell auf eigenen Füßen stehen kann – durch Einwerbung von Drittmitteln sei es der öffentlichen Hand, sei es von Unternehmen. Nach Ablauf dieser fünfjährigen Anschubfrist leistet der Freistaat nur mehr einen kleineren finanziellen Beitrag, indem beispielsweise Energie- oder dann fällige Mietkosten übernommen werden. Dies rechtfertigt sich daraus, dass bei einer Vielzahl von Projektmitteln, die gerade von der öffentlichen Hand wettbewerblich ausgeschrieben werden, diese sogenannte Overhead-Kosten nicht erstattet werden. Je erfolgreicher also ein Technologietransferzentrum gerade beim Einwerben dieser öffentlichen Drittmittel ist, umso schwieriger kann seine Finanzierung werden.

Ein Technologietransferzentrum, in aller Regel bewusst in strukturschwachen Räumen angesiedelt, kann bei Erfolg nicht nur die mit der Wirtschaft unmittelbar vereinbarten Forschungsprojekte erfolgreich abschließen und damit die Wettbewerbssituation der kooperierenden Unternehmen auf dem Weltmarkt deutlich verbessern. In aller Regel gelingt es, über die inhaltlichen Innovationsschwerpunkte weitere Firmen am Standort anzusiedeln, hierdurch vermehrt zukunftsträchtige Arbeitsplätze zu schaffen und das Wirtschafts- und Investitionsklima der Region positiv und nachhaltig zu beeinflussen.

Die Vielfalt der bayerischen Technologietransferzentren der Hochschulen für angewandte Wissenschaften ist beeindruckend. Ihre Schwerpunkte reichen von optischen Technologien über Hochfrequenztechnik über Embedded Systems, Geoinformatik, Automotive, Medizintechnik, Produktionsmechatronik, Elektromobilität bis zu Kunststofftechnologie und Logistik.

Zur Weiterbildung:

Im Zuge des dynamischen technischen Wandels verändern sich in der Vergangenheit klare oder starre Berufsbilder immer schneller. Lebenslanges Lernen wird unverzichtbar. Innovationsträger entsprechend dem selbstgesetzten Anspruch können die Hochschulen nur sein, wenn sie diese Entwicklung aufgreifen. In Bayern sind es in aller erster Linie die Hochschulen für angewandte Wissenschaften, die sich dieser Herausforderung gestellt haben. Sie bieten ein breit gefächertes, stark zunehmendes Angebot an Weiterbildungsmöglichkeiten an. Hier ist zu unterscheiden zwischen weiterbildenden Masterstudiengängen, weiterbildenden Bachelorstudiengängen und sogenannten Modulstudien- oder Zertifikatsstudiengängen. Modulstudiengänge sind nun gesetzlich geregelt auch so möglich, dass das Absolvieren einzelner Module bei Aufnahme eines späteren Studiums nicht nur angerechnet werden kann, sondern dass das Absolvieren eines Studiengangs ausschließlich in Modulen möglich ist. Hierdurch wird in einem hohen Maße auf die Berufs- oder Lebenssituation der Betroffenen eingegangen. Es ist ein Kennzeichen und ein Beweis für die Berufsfeldorientierung des Studienangebots der Hochschulen für angewandte Wissenschaften, dass sie hier, auch im Vergleich zu den traditionellen Universitäten, rasch reagieren, das Weiterbildungsangebot auch im Sinne der unternehmerischen Hochschule stark ausweiten. Unternehmerisch sind dieser Zusatzaktivitäten deshalb, da sie den Hochschulen über Gebühren zusätzliche Einnahmen ermöglichen. Um die notwendigen Synergien innerhalb der jeweiligen Hochschule zu erreichen, haben fast alle Hochschulen für angewandte Wissenschaften Weiterbildungszentren eingerichtet. Die Professoren unterrichten in der Weiterbildung im sogenannten Nebenamt, das ihnen zusätzliche Einkünfte, leistungsabhängig ermöglicht.

Eine besondere Form des Weiterbildungsangebotes ist es, wenn einzelne Unternehmen für Gruppen ihres Personals spezielle weiterbildende Studiengänge mit einer Hochschule vereinbaren und bezahlen. Dies geschieht beispielsweise bei besonderen Technologischen Herausforderungen, vor die sich ein Unternehmen gestellt sieht, etwa wenn eine große Automobilfirma durch Masterstudiengänge zum Thema der E-Mobilität eine Weiterqualifizierung des eigenen Personals bei einer Hochschule ermöglicht.

Zur Internationalisierung:

Hochschulen waren immer schon international ausgerichtete Einrichtungen, da die Welt der Akademica nie regional oder national geschlossen definiert sein kann. Die Globalisierung jedoch hat den Bestrebungen zur Internationalisierung der Hochschulen, auch der Hochschulen für angewandte Wissenschaften einen enormen Schub verliehen. Es ist mittlerweile Standard, dass in den Steuerungselementen, die zwischen Ministerium, also der Landesebene und der einzelnen Hochschule eingesetzt werden, insbesondere in den Zielvereinbarungen, wichtige Messgrößen genommen werden aus dem Bereich der Internationalisierung. Dies betrifft die Zahl der so genannten Incomings oder Outgoings bei den Studierenden und den Professoren, dies betrifft die Zahl der englischsprachigen Lehrveranstaltungen, dies betrifft die Zahl der Kooperationsabkommen oder der Joint-Degrees.

Entsprechend ihrem Hochschulprofil haben die Hochschulen für angewandte Wissenschaften darüber hinaus das Modell des internationalen Hochschulzentrums, das es im Grundsatz in Bayern schon länger gibt, geordnet nach Regionen des Auslands, neu konzipiert. Das Internationale Hochschulzentrum Indien wird von den Hochschulen für angewandte Wissenschaften geleitet und geprägt. Sein markanter Differenzpunkt zu den anderen Hochschulzentren ist: Es wird nicht nur von bayerischen Hochschulen mit ausländischen Hochschulen, konkret in Indien die Zusammenarbeit gesucht, sondern es wird die gesamte „Kette" vom Unternehmen in Bayern, der Hochschule in Bayern, der Hochschule im Zielland, den Unternehmen im Zielland, in die Kooperationsvereinbarungen und Vermittlung von Studierenden und Professoren einbezogen. Dieses anspruchsvolle Modell hat in dem nicht minder anspruchsvollen Zielland Indiens eine Bewährungsprobe bestanden. Dies lässt sich an vielen Kenngrößen ablesen, nicht zuletzt an der steigenden Zahl indischer insbesondere Informatikstudierender, die ihren Master in Bayern machen, ebenso aber an einem Modell, ein Muster eines bayerischen Studiengangs mit den entsprechenden Qualitätssicherungen in Indien in Kooperation mit Unternehmen und dortigen Hochschulen anzubieten.

Zum dualen Studienangebot

Die bayerischen Hochschulen für angewandte Wissenschaften stellen ein umfangreiches Angebot an dualen akademischen Studienangeboten bereit, insgesamt 350 duale Studienangebote mit über 1000 kooperierenden Unternehmen. Worum geht es konkret? Angeboten werden im Wesentlichen zwei Modelle.

1. Das Verbundstudium.

Es ist die Kombination aus einem regulären ungekürzten Bachelorstudium an einer Hochschule und einer parallel absolvierten vollständigen Berufsausbildung im Unternehmen. Nach dem Verbundstudium erhalten die Absolventen also sowohl einen Bachelor – sowie einen Berufsabschluss in den Händen. Die integrierte Berufsausbildung ist dabei von den Kammern vollständig anerkannt.

2. Das Studium mit vertiefter Praxis.

Es kombiniert ebenfalls ein reguläres vollständiges Bachelorstudium an der Hochschule mit besonders intensiven, längeren Praxisphasen im Unternehmen. Eine Berufsausbildung wie beim Verbundstudium ist damit nicht verknüpft. Nach dreieinhalb Jahren Regelstudienzeit haben die Absolventen einen Bachelorabschluss mit besonders praxisnaher Erfahrung.

Duale Studienangebote verbinden Wissen und Können, Theorie und Praxis. Sie bieten damit die Basis für strategischen Erfolg, für Unternehmen und junge Menschen. Denn die Innovationskraft ist für einen Erfolg eines Unternehmens entscheidend und diese Innovationskraft kommt von gut ausgebildeten Führungskräften, die nicht nur Wissen besitzen, sondern es auch anwenden können. Hinzu kommt: Die Absolventen von hochschule dual haben aufgrund der besonderen Belastung ihre hohe Leistungsfähigkeit bereits unter Beweis gestellt. Anspruchsvollen Unternehmen, die exzellent ausgebildete Fach- und Führungskräfte suchen, bietet sich damit die Chance, einem Fachkräftemangel vorzubeugen.

Gegenüber anderen Modellen der dualen Hochschulausbildung in Deutschland legt Bayern Wert darauf: Es muss der hohe Praxisanteil mit einer fundierten wissenschaftlichen Ausbildung kombiniert sein. Fundiert heißt nicht nur ungekürzt, sondern auch interdisziplinär orientiert. Gerade an den Schnittstellen zwischen den einzelnen Fachkulturen entstehen die neuen Ideen, die für die Innovationskraft der Wirtschaft von so zentraler Bedeutung sind.

Im Jahr 2011 wurde ergänzend das Projekt hochschule dual international ins Leben gerufen. Durch die Internationalisierung des dualen Studiums gewinnen die Hochschulen einerseits ausländische Studierende für das duale Studium in Bayern und für ihre Kooperationsunternehmen. Außerdem ermöglichen die beteiligten Unternehmen Auslandssemester und Praktika meist in ihren Auslandsniederlassungen, sowie weitere spezielle Angebote, um dual Studierenden internationale Handlungskompetenzen und deren Aufbau zu ermöglichen. (Weitere Informationen auf www.hochschule-dual.de)

Hauptentwicklungsfaktoren der HAWs

Wenn man die von vielen bewunderte, von manchen Universitäten eher beargwöhnte dynamische und qualitative Entwicklung der bayerischen Hochschulen für angewandte Wissenschaften Revue passieren lässt, so stellt sich die Frage: Was waren denn die Schanierstellen, an denen die Entwicklung entscheidend positiv beeinflusst wurde?

An erster Stelle ist zu nennen das Beseitigen rechtlicher Barrieren und Hemmschuhe. Zu aller erst gilt dies für die Beseitigung des faktischen Forschungsverbots und seine positive Ersetzung durch den Auftrag zur wissenschaftlichen Forschung in Anwendung und Entwicklung.

Damit einhergeht im Hochschulpersonalrecht die Absicherung dieser Entscheidung: Zu nennen ist die Einrichtung von Forschungsprofessuren, das sind Professuren, die für einen befristeten Zeitraum mit einem reduzierten Deputat ausgestattet sind. So sinkt die Lehrbelastung und steigt die Forschungsmöglichkeit für Professoren, die ihre Forschungsqualität bewiesen haben und deshalb die Gewähr bieten, diesen neuen Freiraum ideal auszunutzen.

Des Weiteren wurde im Gesetz geregelt, dass auch Hochschulen für angewandte Wissenschaften die Aufgabe haben, wissenschaftlichen Nachwuchs auszubilden. Damit ist ein entscheidender Schritt vollzogen worden. Denn nur dies sichert, dass die Forschung nicht nur von Professoren, sondern gerade von jungen insbesondere promovierenden Hochschulabsolventen vorangetrieben werden kann. Dazu gehört dann unmittelbar: Es wurde im Hochschulgesetz ferner die Möglichkeit geschaffen, dass dieses Forschungspersonal auch aus dem Staatshaushalt im Rahmen der vorhandenen Mittel (es gab keine zusätzlichen Gelder) bezahlt werden kann. Früher konnten diese jungen Forscher nur über eingeworbene Drittmittel bezahlt werden. HAWs haben zwar damit immer noch keinen Mittelbau, wie ihn in breiter Ausprägung die Universitäten kennen. Aber sie haben zumindest Spielräume, die die Kontinuität der Forschung und Entwicklung ermöglichen. Es muss nicht mehr wie bislang mit der Entlassung der jeweiligen Personen zugleich mit dem Abschluss des Drittmittelprojektes gerechnet werden.

Ferner war sehr wichtig, dass auch in der Verordnung, die Details zur möglichen Reduzierung der Lehrbelastung regelt (etwa weil wichtige Funktionen in der Hochschulselbstverwaltung von den Betreffenden übernommen waren) Spielräume und Flexibilität zur Stärkung der Forschung eingerichtet wurden. Darüber hinaus konnten die Hochschulen, nicht zuletzt auf Initiative des Ministeriums, intern Anreize schaffen, um forschungsstarke Professoren zu fördern durch Ausstattung ihrer Labore, in der punktuellen Unterstützung durch zusätzliches Personal oder auch in der Reduzierung des Lehrdeputates.

Dies allein jedoch hätte den großen Entwicklungsschub zwar ermöglicht, aber noch nicht so beschleunigt. Dieser Entwicklungsschub wurde tatsächlich erreicht durch die politische, ursprünglich hart umkämpfte Entscheidung: Beim sogenannten Ausbauprogramm, das 4200 Stellen (an Universitäten und Hochschulen für angewandte Wissenschaften zusammengenommen) neu schuf, weil der sogenannten geburtenstarken Jahrgängen Rechnung getragen werden musste, konnte erreicht werden: Bei der Mittelverteilung zwischen Universitäten und Hochschulen für angewandte Wissenschaften wurden völlig neue Steuerungsmechanismen angewandt: Die Aufnahmeverpflichtung (die Verpflichtung entsprechende Studienplätze für neue Studierende zu schaffen) galt im gleichen Maße, also 50 zu 50, für Universitäten und HAWs. Die finanzielle Ermöglichung dieses überproportionalen Anstiegs der Studierendenzahlen an den HAWs wurde dadurch erreicht, dass die Mittel des neuen Programms im Verhältnis 60 zu 40 auf Universitäten und Hochschulen für angewandte Wissenschaften verteilt wurden. Ein solches Verhältnis zugunsten der HAWs war bislang völlig undenkbar gewesen. Beides, der gemessen an der Vergangenheit weit überproportionale „Kopfausbau" und der ebenfalls gemessen an der Vergangenheit signifikant hohe Mittelzufluss ermöglichte es den Hochschulen für angewandte Wissenschaften sowohl ihre internen Verwaltungsstrukturen als auch Qualität und Quantität ihres Lehrpersonals auszuweiten. Es ist nicht überraschend: Die Universitäten hatten Schwierigkeit ihre Ausbauziele zu erreichen, die HAWs haben sie kontinuierlich übertroffen. Es ist war ja auch eine, im Klartext gesprochen, länger wahrgenommene Erfahrung: Studierende, die eigentlich möglichst rasch in den Beruf gehen wollen, waren wegen der beschränkten Aufnahmemöglichkeiten der HAWs gezwungen, auf die Universitäten auszuweichen und dort ein Studium zu beginnen, das sie eigentlich gar nicht wollen. Denn dort werden sie „zu jungen Wissenschaftlern" ausbildet, sie wollen aber in die Praxis.

Ein rein quantitativer Ausbau der Hochschulen für angewandte Wissenschaften wäre jedoch ins Leere gegangen: Quantitativer Ausbau, das muss betont werden, war nur möglich, weil die Hochschulen für angewandte Wissenschaften sich innerhalb der wissenschaftlichen Kommunität und in der Öffentlichkeit auch als qualitative Alternative zu den Universitäten bestätigten. Die Hochschulen für angewandte Wissenschaften haben nicht nur ihre Zahlen erhöht, sie haben neue Studiengänge, neue Fächerkombinationen, verstärkt mit interdisziplinärem Charakter geschaffen. Interdisziplinarität in Studiengängen war Reaktion auf Forderungen aus der Praxis, war aber auch Reaktion auf die Erkenntnis, dass gerade an den Schnittstellen die Innovationstreiber sitzen. Als Beispiel für solche neuen Studiengänge sind zu nennen Bio Medical Engineering, Automobiltechnik, Kommunikationsdesign, Mechatronik, Pflegewissenschaften, Rohstoffmanagement und Ressourceneffizienz, Energie und Gebäudetechnik, Informationstechnik in den Gesundheitswissenschaften, Geriatrie und Prävention.

Bei all diesen neuen Studiengängen bleibt es beim Alleinstellungsmerkmal der HAWs: Der Bachelor ist siebensemestrig (nur wenige Ausnahmen gibt es, wie Architekturstudiengänge oder international ausgerichtete Betriebswirtschaft). Diese ursprünglich von manchen als Nachteil Bayerns eingeschätzte Vorgabe des Ministeriums hat sich mittlerweile in der allgemeinen Einschätzung als starker Vorteil auch im Vergleich mit anderen Ländern Deutschlands, nicht nur im Vergleich zu den Universitäten erwiesen. Dieser Studienaufbau mit weiterhin integriertem vollem hochschulbegleiteten Praxissemester sichert die wirkliche Berufsfähigkeit der Absolventen, bei den Universitäten wird diese „employability" oft gar primär angestrebt oder auf den Masterabschluß verschoben. Das ist deshalb für Bayern (genauso in Gesamtdeutschland) ein zentraler Faktor , da seit langem über zwei Drittel aller Ingenieure, mehr als die Hälfte aller Betriebswirte und 55% aller Informatiker von den HAWs stammen.

Ein weiterer Schlüsselpunkt für die qualitative Entwicklung war: Es wurde nach hartem Ringen den Hochschulen für angewandte Wissenschaften gestattet, Masterstudiengänge durchzuführen. Das Modell, sich auf die Bachelorausbildung zu beschränken, das nicht wenige favorisiert hatten, nicht zuletzt aus dem Universitätsbereich, wäre ein entscheidender Schlag gegen die Entwicklung des bayerischen Hochschulwesens gewesen. Dann hätte man nämlich den Zustand wieder hergestellt, den die Einrichtung der damaligen Fachhochschulen erst beseitigen sollte. Gemeint ist der Zustand, dass Lehre ohne Rückkopplung an die aktuelle Forschung die Studierenden gerade bei einer rasch sich entwickelten Wissenschaftslandschaft nicht mehr so ausbilden kann, wie es der Arbeitsmarkt erfordert. Der Weg zum Masterstudiengang war für die Hochschulen für angewandte Wissenschaften erkämpft. Sie haben aber diesen Erfolg gerechtfertigt, nicht nur durch selbst auferlegte Qualitätsstandards wie etwa Zugangsvoraussetzungen zu den Masterstudiengängen. Sie haben die eröffnete Möglichkeit weitergeführt als die Universitäten, indem nämlich sie es waren, wie oben erwähnt, die auch im weiterbildenden Bereich sehr rasch und im notwendigen Umfang differenzierte passgenaue Masterstudienangebote geschaffen haben. Hierdurch wurden viele neue Anschlussmöglichkeiten geschaffen und neue Zielgruppen gewonnen wie etwa Studierende aus anderen Ländern in Deutschland sowie internationale Studierende.

Rechtliche Voraussetzungen, finanzielle Voraussetzungen, das sind ohne Zweifel zentrale Hebel für die Entwicklung der HAWs. Entscheidend für die Wahrnehmung in der Öffentlichkeit dürfte aber noch ein weiterer Faktor sein: Es gibt keinen Zweig im deutschen Bildungswesen, der über die Jahre hinweg eine so niedrige Arbeitslosenquote der Absolventen beweist und aufweist, wie es die Hochschulen für angewandte Wissenschaften kontinuierlich tun. Wir sprechen hier nicht nur davon, dass die Absolventen von hochschule dual keine Arbeitslosigkeit kennen. Wir sprechen davon, dass die Hochschulen für angewandte Wissenschaften auch in ihren Kernbereichen trotz stark steigender Studierendenzahlen die Qualitätsanforderungen aus Wissenschaft oder Wirtschaft überzeugend erreicht haben.

Dass dann noch eine so präzise auf die Bedürfnisse der Unternehmen reagierende Säule wie die duale Hochschule von Erfolg zu Erfolg eilte und damit gerade herausragend qualifizierte, hochbelastbare und hochmotivierte Studierende an die Hochschulen für angewandte Wissenschaften brachte, fördert und beweist den Erfolg.

Aus gesamtgesellschaftlicher, nicht nur hochschulpolitischer Perspektive muss ein weiteres betont werden: Deutschland steuert einem spürbaren Fachkräftemangel entgegen. Ohne Integration von Migranten in den Arbeitsmarkt werden sich die Probleme sogar noch erheblich verstärken. Die Leistungen der Hochschulen für angewandte Wissenschaften bei der Gewinnung und Förderung von solchen first generation students ist deshalb für die Zukunftssicherheit der deutschen Wirtschaft, ganz praktisch gedacht des deutschen Bruttoinlandproduktes, ein nicht hochgenug einzuschätzender Faktor. Dies alles zusammmen genommen ist es nicht überraschend: Gerade in Ländern wie Thailand, Vietnam, Indien aber auch Brasilien, Chile und vielen weiteren ehemaligen Entwicklungsländern auf dem Sprung, findet das bayerische und das in wesentlichen Zügen ja entsprechende deutsche Modell der Hochschule für die Praxis, der Hochschulen für angewandte Wissenschaften, Begeisterung und den Ruf „das brauchen wir dringend auch". Immer wieder aber ist in Gesprächen mit ausländischen Partnern, aber auch mit vielen Entscheidungsträgern in Deutschland und Bayern zu betonen: Der Erfolg der Hochschulen für angewandte Wissenschaften mit ihren zielgruppenorientierten und praxisnahen Strukturen und ihrer wachsenden Forschungskompetenz würde abrupt enden und wäre grob missverstanden, würden sich die HAWs in kleine Universitäten verwandeln. Die Frage nämlich, inwieweit die HAWs den Universitäten auf Augenhöhe begegnen, wird nicht durch die Imitation des Modells Universitäten beantwortet. Diese Frage wird ausschließlich dadurch beantwortet, dass die HAWs wie bislang in der Lage sind, ihren zentralen Markenkern, ihre praxis- und bedarfsorientierte Lehre, ihre so ausgerichtete Forschung und ihre Weiterbildung wie bisher konsequent an den sich ändernden Anforderungen unserer Gesellschaft auszurichten.

Deshalb sind das Beobachten von Zukunftstrends, fundierte Marktbeobachtungen zur Arbeitsmarktrelevanz sowie darauf aufbauend neue Studienangebote genauso wichtig, wie das Ausrichten der Lehr- und Lernstrukturen auf die neuen Erfordernisse, etwa der längeren Lebensarbeitszeit, des sogenannten lebenslangen Lernens, auf das Aufgreifen moderner Lernformen, auf das Berücksichtigen der Innovationen an den Schnittstellen, auf die steigende Diversität, auf die Durchlässigkeit zwischen beruflicher und akademischer Bildung. Nur die Ausrichtung am eigenen Profil, nur die Orientierung an der Praxisrelevanz bis hin zu den angestrebten Promotionsmöglichkeiten sichert die Potenziale der HAWs, sichert aber auch die Potenziale der heimischen Wirtschaft.

Wer also von der Zukunftssicherung seines Landes spricht, wird gut daran tun, beides festzuhalten: Grundlagenforschung, wie sie Universitäten insbesondere verbürgen oder auch angewandte Forschung wie sie Universitäten mit ihrer speziellen Forschungsausrichtung betreiben, ist ohne Zweifel eine Basis für den langfristigen Innovationserfolg. Um aber aus Ideen am Markt erfolgreiche, im Wettbewerb weltweit erfolgreiche Produkte werden zu lassen, dazu bedarf es der Transferleistung der Hochschulen für angewandte Wissenschaften.

Falsch gedacht wäre es aber, wollte man die Wichtigkeit der Hochschulen für angewandte Wissenschaften rein ökonomisch, rein monetär messen. Ihr Bildungsauftrag entspricht den Begabungen vieler Menschen. Ihr Bildungsauftrag misst sich daran, dass die Verbindung von Wissen und Können, dass die Umsetzung des Gewussten in die Praxis, dass das Entdecken von Lösungen genauso persönlichkeitsprägend ist, wie das Entdecken neuer Fragestellungen.

Bildung ist immer das Bemühen um die Zusammenhänge des Wissens. Nicht nur die Ökonomie, sondern auch die Bildung braucht deshalb die spezielle Sichtweise oder die spezielle Leistung der Hochschulen für angewandte Wissenschaften. Denn sie verbinden beispielgebend Theorie und Praxis.

Entwicklungszahlen der bayerischen HAW im Vergleich

	HAW Bayern	Univ. Bayern	HAW Bund
Wachstum der Studierendenzahlen im Zeitraum WS 2008/09 WS 2013/14	49,9%	32,8%	41,1%
Zunahme der Zahl beruflich qualifizierter Studienanfänger Hochschulsemester, Studienjahr 2010 – 2013	95,8%	10,1%	
Anteil der Studierenden mit Eltern, deren höchste Qualifikation Berufsabschluss ist (im Jahr 2012)	60,9%	44,5%	
Zunahme der Zahl ausländischer Studierender im Zeitraum 2008/09 – WS 2013/14	48,4%	34,5%	
Anteil der Bildungsinländer an den ausländischen Studierenden (im WS 2012/13)	44,7%	21,1%	

Quelle:

W. Bayer, B. Goldberg: Hochschulen für angewandte Wissenschaften in Bayern – aktuelle und zukünftige Entwicklungen in: Die neue Hochschule, 6, 2014.

沃尔夫冈·蔡特勒（巴伐利亚州科技教育部）

巴伐利亚的应用科学大学

——为现实生活而教育

　　应用技术大学（高等专科学校）并不是职业高等学校或专业学校，后两者属于职业教育的范畴。应用技术大学是正规的大学。它的毕业文凭（学士或硕士）也是合法的，即便对担任国家公职也与综合大学的文凭完全相等。下文会进一步解释某些可能性，如应用技术大学的优秀毕业生也可以在同类高校中攻读博士学位。

　　应用技术大学一般特点为：在巴伐利亚丰富多样的高校体制当中，应用技术大学是一种实践型大学。它以显著的实践性脱颖而出。它的学习过程包含一个在企业进行的实践学期（在博洛尼亚改革前原本甚至有两个实践学期），而且学习要有的放矢地以具体的职业要求为目标。此外，应用技术大学的研发工作具有应用导向性，所以它们是企业，尤其是当地企业良好的合作伙伴。重要的是，大多数的本科和硕士论文都是由高校负责在企业中完成的。应用科技高等学校提供了充分有效的学术教育。具体来说（这也将它们与其他有很强职业导向性的德国高校模式，如巴登–符腾堡州的双元制高等学校区分开来），它们提供本科和硕士教育，师资力量的重点是大学教授。他们除了拥有博士文凭外，还需证明在经济领域工作多年。

　　尽管这些教授的任命权已经下派到了高校，他们不再和以前那样需要得到巴伐利亚的科学部长的任命，但是每一个教授职位的招聘以及设立新专业课程或废除旧专业课程都仍然要得到科学部的许可，因此科学部仍然在本州范围内拥有有效的控制权。科学部，或者说如今已合并的教育文化和科学艺术部的作用是掌管着中小学教育、职业教育、高等学校教育以及研究和艺术。它以此负责巴伐利亚财政的关键部分，并维持着中央过度细化掌控和进一步扩大高校自治权这个两个极端间的平衡。这点也与德国的其他联邦州有所不同。如此一来便可避免教育质量受到限制，也能保证高校课程内容上的平衡。

1. 应用科技学校的历史发展特征

德国综合大学，尤其是巴伐利亚的综合大学都建立了一个全州范围的网络。这些大学中的一部分拥有超过百年的历史，很多专业都享有一流的国际声誉。那又为何要设立一种新型高校，即当时的高等专科学校呢？上世纪70年代之所以决定建立这种新型高校是由两大原因促成的，而且这两个原因在内容上紧密相关。其一便是综合大学，尤其因为它们当时强调把重点完全放在基础研究之上——已越发明显地不再适应正在快速增长且面临国际竞争的巴伐利亚经济的诸多需求。此外，很多大学生不愿只是被当作未来的科学家来培养，而且希望针对自己未来在科学体系之外的职业，也能在高校得到良好的教育。

解决方案只有一种：放弃迄今为止将教学限制在此类机构中，并将这些机构发展为一种将实践教学和研究相结合的特殊形式的大学。因为只有这样才能使教学赶上当前的研究水平，也能让其适应当下经济的需要。于是，既出于迄今为止仅由综合大学组成的高校界的需要，又出于劳动市场上迫切需求，便由此产生了建立高等专科学校的动力。

此后，全州各个地区建立起了八所高等专科学校，它们的前身是一些综合性科技学校和工程师学校之类的机构。但与此同时，高等专科学校的创办理念也导致其与传统的综合大学的关系存在一定程度的紧张。因为高等专科学校正是着手于综合大学存在赤字的领域，换言之便是综合大学也存在限制的领域。其他德国联邦州建立这种新型高校原则上也出于相同的原因，也处于相同的时间阶段。有趣的是，巴伐利亚却在一点上尤其受到束缚：尽管设立这种新型高校的极其明智之处在于它将教学和原本的研究状态相结合，但在法律上巴伐利亚的高等专科学校却并不是从一开始便被赋予了科研任务。

其主要原因是人们担心产生巨大的财政影响，另外或许也是有意识地防止还会再创立由"小型综合大学"合并而成的新型高校。于是自那时起，巴伐利亚高等专科学校的一大主要发展方针就是不单要使应用研发的法律基础，还要使其财政基础得到稳固和提升。

用一种批判的、历史的眼光来看，我们可将此称为一种几乎广而泛之的、有意或无意针对高等专科学校的政治指导方针。这不是提前授予这种新型高校的桂冠，这是领会了高等专科学校的实际发展特色后采取的政治措施，而它的前提是要求高等专科学校的工作人员展现出最高的效率：这适用于那些从一开始便拥有教学责任，每周额定授课量为18小时的教师。这也适用于管理人员。数十年来，尽管法律及预算技术方面的问题的数量连年增多，但高等专科学校却只有一位法律专家，即大学总务长。

这些限制导致上世纪末新增的高校大多为综合大学。高等专科学校及应用科学大学的费用明显低于综合大学，这一现象更是出人意料。个中原因之一是应用科学大学的员工配额过少，缺少几乎全套所谓的中层人员。造成为此情况的最根本原因则在于研究设备针对实践而非基础性研究。第三便是工资状况。综合大学教授的绩效工资和职称津贴划分制度不同于应用科学大学，他们的补贴更高，且基础工资也总体更高，因而比起应用科学大学的教授拥有明显的优势。哪怕应用科技高等学校的教授根据等级划分的绩效收入在理论上能够"飞黄腾达"到综合大学教授的程度也依然无济于事。德国的教育规划原本设想提高高等专科学校那类时间更短、费用更低、职业性更强的大学课程比例。但实际情况恰恰相反，高等专科学校毕业生在所有高校毕业生中所占的比重明显低于三分之一。因为在综合大学的重要领域减短学制的计划并未实现，所以高等专科学校是唯一提供短学制和以职业为导向课程的高校。尽管实际学习时间比起在综合大学而言要明显缩短，但在高等专科学校就读从一开始便与职业实践紧密相连。一开始的两个所谓的实践学期对此有很大的帮助：学生必须花半年时间呆在一家企业中，而在他们的第二个实践学期则有高校教师的密切指导。一名高等专科学校的毕业生得亲自站过工作台，亲自了解过一家企业的不同功用和设备，然后才能将这些经验以及在此过程中得到的问题带到学习当中。像刚刚描述的那样，这种额外的动力尤其能使学生实现比在综合大学中更为有效的学习。能实现这点也与高等专科学校的教师密切相关，尤其因为那里的教授的任职条件要不同于综合大学的教授。除了证明自己通过攻读博士学位而拥有独立研究能力之外，这些高等专科学校的教授还需证明自己在经济领域的领导岗位上以其为主业独立地工作了至少三年。只有这样，人们才觉得这些教授能在实际中将实践型的理论传授给学生。实践型教学的另一个基本要素是由30—40人组成的小团体授课。虽然由于学生数量的迅猛增长，这种研讨型课程在今日的很多情况下都无法像从前那般得以进行，但是它却为高等专科学校的成功，为其卓越的教育质量以及这种高校类型受到的认可做出了重要的贡献。因为与综合大学不同，高等专科学校一直都面向所有具有大学入学资格的学生，也有来自职业范围，来自毕业于巴伐利亚所谓的专科高等中学和职业高级中学的学生。

在此同样需要注意的是，高等专科学校的办学任务是激发出身于教育落后阶层的年轻人接受高等教育的热情。至今为止，高等专科学校仍然保留着这一办学目标。在巴伐利亚当前所有高等专科学校中，65%的学生都来自缺乏高等教育的家庭背景。因此，高等专科学校，或者说如今的应用科学大学是促进社会进步的高等学校，是培养"第一代大学生"的高等学校。

2. 高等专科学校在高校体系中的地位

在此要问：这些年来，高等专科学校的创办理念是如何得到落实和强化的？劳动市场的日益多样化要求在偏向理论性及基础性的综合大学学习之外为年轻人提供应用性更强的教育。这便是高等专科学校的创办理念。与此相应，高等专科学校便作为综合大学之外的另一选择，承担了提供以应用为导向、但仍以科学为基础的大学课程的任务，且学习机构更为精简、实际学习时间一般更短。

如今的高等专科学校的教育与综合大学教育的关系可被定义为"类型不同却平等"。因此，这两种不同类型的高校与其他类型高校相比应该突出和表明自己独立的使命。可以说，不同的高校类型没有上下属之别，没有等级之分，但同样没有一致性。

但是，根据最新的情况认识来进行的实践型教育理应先对应用导向型研究和这一领域必要的知识和科技转化有所了解。于是在高等专科学校的范围内便逐渐增多了各项应用研究和科技知识转换方面的任务。它的范围从基础研究成果的创新性运用一直涉及到新奇的高科技产品研发。因此，高等专科学校与企业进行了紧密的合作，特别与中型企业，但也不乏与DAX家族中的大型企业的合作。在此值得一提的是，工商企业委托应用科学大学的研究数额要多于综合大学（2012年，综合大学来自工商企业的第三方收入比重为19.7%，而应用科学大学的此项比重则为26.7%。）

科学不断进步，科学结构也在迅猛发展。博洛尼亚改革对德国高校的学制产生了深远影响，将单一阶段的大学学习转变成包含学士和硕士学位的分阶段大学体系。这项调整的范围包含了综合大学和应用科学大学这两种高校类型。

与此同时，高等专科学校也同样加强了研究力度。为人一再提到的例子是第一所为高等专科学校英戈尔施塔特高校。它从德国科学联合会获得一笔所谓的科研建筑赞助。"科研建筑"指的是为具备民族意义的研究项目所奠定的用地和设备基础，因而它的一半经费是由联邦赞助的。所以人们一方面能看到，一些综合大学正如某些嘲讽者所称的那样被"高等专科学校化"，但在另一方面也能看到高等专科学校的职能范围也扩大到了原来仅为综合大学所有的领域。

在"相似化"进程进行的同时，各种类型的高校也存在差异化：与地区性大学相对的是精英大学，它们是全国精英倡议活动中的得胜者。但是也有不少高等专科学校加入了欧洲大学协会。还有一些高等专科学校，它们除了完成确保教育实时性的义务和针对实时性而必须进行的应用研究外没有增加其他研究重点，而是将继续教育、电子教育等视为自己的教学重点。

所以，在各大类型高校中存在着相似化进程，而在每一类型高校内部又存在差异化进程。这便激起了针对这两类高校关系的讨论。

在此意义上，这两种大学颇有益处的一大差别是，综合大学的任务是确保科学系统的自我复制和学科的继续发展，而应用科学大学的任务是以职业领域为导向来进行各项活动。这一差异使得高校类型特征跨越了实际已不再存在的"应用导向与基础导向"或"应用相关与理论引导"这类传统差别的范畴，突出高校功能导向型的特征，不再强调它们的地位或等级。用一个实例来说明这点：以职业领域为导向的高校教育——这也是应用科学大学的目标，必须针对经济和社会需求的变化做出比以学科的继续发展为目标的综合大学院系更快和更为具体的反应。为了实现后者的目标，从图书馆到人员结构再至实验室都必须为此奠定更为广泛的基础。无论是否以应用为导向，综合大学都得踏上远离现实需求的那条小径，因为它的主要任务是学科的继续发展。

由此便能针对高校继续发展和国家必须提供的框架条件得出一些重要结论。也就是说要建立以功能为导向的可能性框架，而不是以地位为标准，由上级制定界线标准。

对高等学校的法律问题进行解答应该取决于如何能明显更好地

履行一项任务或职能。评判的依据不是想要顾及哪方的利益，而是事关哪些利益。

这种思考方式也能就一些高度紧张的话题更好地给出解决方案。它首先便能解决应用技术大学是否应该获得独立授予博士学位的权力这一问题。这项权力迄今为止是仅为综合大学所有的。但应用科学大学却认为，从它们有目共睹的著作量和所获得的第三方赞助上足见其研究成果的突飞猛进，因此它们至少能够在一些尤其深入研究领域拥有授予博士学位的权力。因为若在外国，这种事情完全是不堪设想的：尽管应用科学大学在学生数量上实现了极其快速的增长，它们与企业的合作范围触及许多区域，而且它们还能够快速把握社会的发展动态，但它们却仍然不能锦上添花地拥有授予博士学位的权力。

在这一问题上，巴伐利亚也是坚持以功能为导向的：应用科学大学的每一位杰出的毕业生都必须拥有攻读博士学位的机会。这条道路必须在结构和机构上确保无虞。应用科学大学的教授必须享有平等参与这项程序的权利，但是授予博士学位的主管机构仍旧为综合大学，因为它们在人员、设备和结构上将科研和教学以一种特殊的方式结合在一起。巴伐利亚州为实现这一目标铺就了一条道路，即打造了一个所谓的合作平台：综合大学和应用科学大学签署协议，在不同的研究和教育领域共同合作，就像在传统的博士神学院一样，让应用科学大学和综合大学的毕业生能够获得有质量担保的博士学位。通过这种模式，赋予德国和巴伐利亚高校一定灵活性的博洛尼亚改革才证明了自己的正确。一种不错的尝试是：一个综合大学的例如为数学系的本科毕业生可以前往应用科学大学取得保险数学专业硕士文凭。而在应用科学大学取得硕士文凭的学生不仅可以转到综合大学继续就读，而且这些高水平的学生也可以在应用科学大学的实验室中，在应用科学大学的教授同样合法的指导下攻读博士学位，并且他们的博士学位证书上还能以合作伙伴的名义盖上诸如慕尼黑工业大学的印章。

　　毋庸置疑，当时高等专科学校的第二波创办浪潮为高校进一步蓬勃发展奠定了基础。巴伐利亚每个地区都新建了应用科学大学，并且规定学生必须能在方圆5~6万米的范围内找到可就读的高校。密集的综合大学网在新建应用科学大学后变得更加紧密，这让各个区域得到升值，使得新办高校成为了实行"将结构弱势地区转变为革新动力"的地区结构政策的工具，使得那些未受过高等教育的人们能够得到高质量的教育。由此，在巴州应用科学大学就读的学生比例明显上升到三分之一以上。早在数年前，巴州便定下了实现40%大关的目标。

　　随着空间范围的扩张，当时的高等专科学校在法律上的待遇也一步步得到改善：最明显的一些例子就是应用科学大学的教授得到法律允许，有权培养他们学术上的接班人(在之前只有综合大学有此权利)。或者通过评比，那些尤其具备科技优势的应用科学大学会被授予以"工业高等学校"的名称。人们须知，工业高等学校这一名称在德国历史上是具有很高价值的。因为工业高等学校曾经多年都是诸如现今的慕尼黑工业大学所使用的名字。应用科学大学这种无论空间还是内容，数量还是质量方面均实现的提升除了关系到传统的教育和研究领域，还与另外的几个话题，即技术转化中心的建立，继续教育和国际化的大规模扩张以及双元制学习的发展相关。

3. 技术转化中心

　　巴伐利亚的应用科学大学创办技术转化中心是为了有针对性地通过一些革新成果实现某一区域在结构政策上的强化。对此的前提是高校的职权范围要与地区的经济重点相符。经济前提则是，某一地区、某一社区又或者某一企业必须至少在开头五年免费提供场地以及承担建筑的维护和运转费用。这一前提在政府部门看来是不可或缺的，因为只有这样才能体现这一区域的确是极其认真地希望得到高校的学术支持。另一方面，自由州巴伐利亚也会提供一笔启动资金。前提是这一中心在五年运营后要通过获取公共部门或是企业提供的第三方赞助来实现财政上的独立。 在五年期启动期满后，自由州将只支付一小笔赞助费，例如承担能源费和之后需支付的租金。原因是从公共部门所争取的大量的项目经费是无法报销所谓的间接费用的。所以，一家技术转化中心在获取公共部门提供的第三方资金上越成功，那他的财政问题反而更加严重。

一家技术转化中心往往都有意设立在结构弱势区域。它在顺利运营时不仅能够成功签定与经济直接相关的研究项目，由此明显改善合作企业在国际市场上的竞争条件，它还会吸引更多经营内容与革新重点相关的企业驻扎到当地，因此能够创造许多拥有良好前景的工作岗位，长久地改善该区域的经济和投资环境。

巴伐利亚应用科学大学所创办的科技转化中心类型十分多样。从光学科技到高频技术再到嵌入系统、地理信息技术、自动化、医疗科技、生产机械电子学、电动交通，直至塑料科技和物流都是它们的重点。

4. 继续教育

随着科技的蓬勃发展，过去明确而死板的职业形象也在迅速变化。终生学习变成一种必然。高校只有把握发展的动态才能成为符合自身需求的革新者。在巴伐利亚州，直迎此项挑战的主要是应用技术大学。它们增加了各大专业的继续教育课程。在此，人们需要将硕士继续教育，学士继续教育和所谓的模块学习或证书学习模式区分开来。现在来看，模块学习很可能会在法律上被明文规定下来，这样进行下一阶段学业的录取时不仅要评估各大模块的完成情况，而且只有通过每一个模块的考核才能顺利毕业。如此一来便在很大程度上顾及有关人员的工作和生活情况。应用科学大学课程的职业导向性的一大标志和证明便是它们在这方面的反应即使与传统的综合大学相比也更为迅速，而且它们还在企业高校的意义上大大增加了继续教育的课程种类。之所以说这种额外项目具备企业的特征，是因为它使得高校获得了学费之外的额外收入。为了实现每一高校内部必要的协同合作，几乎所有应用科学大学都设立了继续教育中心。教授们在继续教育中心进行所谓的兼职，根据工作量获得额外的收入。

继续教学的一种特殊形式是，某一企业为其员工与高校协定特殊的继续教育课程并为职员支付学费。例如，一个企业若看到自己即将面临着技术方面的特殊挑战，便可能会采取这种形式。比如一些大型的汽车公司会让自己的职员在某个高校进行以电动交通为主题的硕士课程学习，以此提高他们的专业知识。

5. 国际化

大学一直都是面向世界的机构，因为学术世界从来不存在区域或国别界线。但是全球化却为包括应用技术大学在内的高等学校的国际化追求增添了巨大动力。在此期间，在州部门与各个高校部门之间的一些控制环节当中，尤其是在目标协定的过程中已规定要采用一些国际化领域的重要测量值。这些测量值包括了所谓的学生和教授的流入和流出数，包括了英语课程的数量，也包括了合作协议和联合培养的数量。

除此之外，应用科学大学还根据自己的特色，对巴伐利亚原则上早就存在的国际高校中心的模式针对国别区域新拟了方案。印度国际高校中心由应用科学大学管理，并融入了它们的特色。印度国际高校中心与其它高校中心的明显区别在于，它不单单寻求巴伐利亚与外国高校，具体来说便是与印度高校的合作，而是将巴伐利亚的整条企业链和高校与目的国的高校和企业全部纳入了合作协议以及学生交换和教授流动的项目当中。这种高要求的模式在要求同样不低的目的国印度通过了考验。许多数值都可说明这点，首先便是正在增长的巴伐利亚的印度硕士留学生数量，尤其是信息科学专业的学生数量。但这点也可通过一种模式得以证明，即与企业及印度高校进行合作，在巴伐利亚提供一种在印度也具备相应质量保障的大学课程。

6. 双元制学习

巴伐利亚的应用科学大学提供了种类丰富的双元制高等教学课程，它们与逾一千家合作企业一起提供了总计350种双元制课程。这些课程具体关于什么？大体上，它们可分为两种模式。

(1) 复合学习模式

这种模式将在高校进行的，正规且未缩短时间的本科学习与在企业平行进行的，需通过考核的完整的职业培训结合在一起。完成复合学习的学生既能获得本科文凭，也能获得职业教育文凭。这种融入大学过程的职业培训是受到行业协会的完全认可的。

(2) 深入实践学习模式

这种模式也将在高校进行的正规完整的本科课程学习与在企业进行的高强度、时间更长的实践阶段相结合。但它并不包含复合学习模式的那种职业培训。在规定的三年半的学习时间后，毕业生能够获取本科文凭并掌握充足的实践经验。

双元制学习将知识和能力、理论和实践相结合。因此它为企业和年轻人的战略成功奠定了基础。因为革新力对于一个企业的成功是至关重要的，而这种革新力来自于受到良好教育的领导力量。他们不仅拥有知识，而且还能运用这些知识。此外，双元制高校的毕业生在这种特别的压力之下证明了自己的工作能力。那些寻找受过优良教育的专业和领导人才的高要求企业由此也能获得补充专业力量的良机。

与德国其他的双元制高校的教育模式相比，巴伐利亚致力于将充足的实践活动与扎实的知识教育相结合。扎实不单指学习时间不受缩减，而且还意味着跨学科教育。对经济的革新能力有重大意义的新思路恰恰是产生于各学科的交界处。

2011年新增了双元制国际高校的项目。通过双元制学习的国际化，高等学校一方面为巴伐利亚的双元制学习和其合作企业赢得了更多的外国学生。此外，有关企业通常能让学生在它们国外的子公司进行学习和实践，而且还会通过提供其他的特殊项目来培养双元制学生的跨文化行为能力。

7. 应用科学大学的主要发展因素

若是人们对巴伐利亚应用科学大学这种让众人惊叹，毋宁说是受到一些综合大学质疑的强劲的质量发展进行一番仔细的思考，便会产生一个问题：究竟是哪些关键要素对这种发展产生了如此重大而积极的影响？

首先要提的便是扫清法律阻碍和绊脚石。重中之重便是取消了现实中存在的研究禁令，取而代之的是加大了应用研发方面的科研委托。

与此同时，在高校人员权利方面也确保了以下决策的实施：设立研究型教授席位，在规定期限内减少研究型教授的授课量。那些证明了自己的研究质量，并能确保自己能够好好利用这样的全新机遇的教授就得以减轻授课压力，获得更多的研究机会。

此外，法律还规定应用科学大学也负有培育学科接班人的使命。这实现了至关重要的一步：因为只有这样才能确保不仅仅教授，而且还有那些年轻的，尤其是正在攻读博士的高校毕业生也能够一同推动研究的发展。与此直接相关的是，"高校法"另外还规定，国家根据现有资金情况（以前没有额外的经费）来支付这些研究人员的工资。以前这些年轻的研究者的工资只是依靠第三方赞助。尽管如此，应用科学大学仍然没有像综合大学那样明显的中层人员。但是它们至少拥有了持续研发的空间。它们不需再像迄今为止的这样一旦辞退了某一人员便可能要终结第三方资助项目。

另外十分重要的一点是，那些也许能够减轻教学负担的细节条例（例如因为高校自治管理部门的重要作用）也为加强研究提供了活动余地和灵活度。此外，尤其在政府部门的倡议之下，高校还能采取内部激励机制，通过完善实验室设备，并逐步通过增加人员和减少授课额定量来帮助研究能力强的教授。

尽管光这些便能产生巨大的发展动力，但发展速度仍不会如此之快。实际上，是当初经过一番艰辛斗争后所做出的政策决定推动了这种发展：出于对所谓的高出生率年份的考虑而在综合大学和应用科学大学共计新增了4200个岗位。在这项所谓扩张工程中，对综合大学和应用科学大学的财政分配得以采用全新的控制机制——综合大学和应用科学大学拥有相等的，即50:50的录取义务（为新生设定适当录取名额的义务）。而新项目的经费会以60:40的比例分配给综合大学和应用科学大学，这样便保证应用科学大学在学生数量过度增长的情况下财政的正常运转。这种对应用科学大学如此有利的分配比例在以前是完全不可想象的，与过去相比的大规模"人口扩张"以及显著提升的资金进项使应用科学大学无论是在内部管理结构还是教师队伍的质量数量上都得到了改善和提升。综合大学在实现扩张的过程中遇到了阻碍，不断地被应用科学大学超越，这点并不出人意外。坦白来说，下列现象早就屡见不鲜了：因为应用科学大学的录取名额有限，那些原本想要尽快踏入职业生涯的学生不得不勉强进入综合大学，在那里开启了原本并非他们所愿的学习。因为他们在那里会被培育成"年轻的科学家"，但他们却想投入实践当中。

但是，应用科学大学无法只进行纯粹的数量扩张。数量扩张必须得到重视。但只有当应用科学大学在学界和社会公众眼中证明自己是综合大学之外的另一种良好的选择，它们才能够实现数量上的扩张。应用科学大学不光在学校数量上有所提升，还设立了带有跨学科性质的新型大学课程和的新兴综合专业。跨学科课程是针对实践要求所作出的反应，也是针对"革新力恰恰出自学科交界处"这一认识所作出的反映。这一类大学课程有生命医药工程、汽车技术、通讯设计、机械电子学、护理学、材料管理和资源效率、能源和建筑科学、健康学信息技术以及老年病和预防。

应用科学大学所有新型学科的一大"独特卖点"是，其本科学习时长总计七个学期(只有如建筑专业或是国际方向的企业经济专业等少数例外)。这一政策规定原本被一些人视为巴伐利亚的弱点。但在此期间，公众却逐渐认为这点不光是与综合大学相比的一项优势，也是与其他德国联邦州相比的一项优势。这种学习模式还包含了一个由高校全程监管的实践学期，确保了毕业生拥有真正的工作能力。而这种"受雇能力"通常不是综合大学追求的首要目标，或者被推迟到了硕士毕业阶段。这在巴伐利亚州(对于整个德国也是如此)是一个很重要的因素，因为从很早之前开始，三分之二以上的工程师、一半以上的企业经济学家和55%的计算机科学研究者都毕业于应用科学大学。

应用科学大学质量发展另一关键点是，它们通过努力争取而被批准设立硕士点。只限于本科教育的模式是不受欢迎的，尤其不在大学领域受欢迎，它会成为巴伐利亚高校发展的掣肘。这又重新导致了当初在设立高等专科学校时一开始便须克服的情况：在科学迅速发展的时代，教师若得不到现实性研究的反馈结果便无法按照劳动市场的需求来培训学生。应用科学大学赢得了这条通往硕士学制的道路，不光通过对自身设立了一些质量标准，诸如规定了硕士生的录取条件来证明自己此番成功的合理性，还如上文所提，在继续教育的领域的必要范围迅速设立了不同的、合适的硕士专业点，和综合大学一样延续着这种教育方式。它们创造了许多新的各阶段学习的连接可能性，还吸引了例如来自其他联邦州和其他国家的一批新的学生。

法律和财政前提无疑是应用科学大学发展的中心因素。但在公众看来还存在着另一重要因素：多年以来，还没有一个德国教育机构的毕业生能够像应用科学大学一直以来的这样，拥有如此低的失业率。我们在此不单是说双元制高校的毕业生没有失业的困扰。我们想说的是，尽管应用科学大学的学生数量大规模增多，但它们在自己的关键领域无疑也满足了学界和经济界提出的质量要求。

此外，双元制高校能够成功而快速地针对企业一个又一个的需求作出如此精准的反映，并因此培育出了一群高水平、抗压能力强、干劲十足的应用科学大学的学生，这也是导致和证明这种成功的一大因素。

若是跨越高校政策的范畴从整个社会角度来看，那还需要强调另外一点：德国面临着明显缺乏专业人才的难题。如果不把移民纳入劳动市场，那么这个问题甚至会变得更加严重。因此，应用科学大学在吸引和培育这种第一代大学生方面的功绩，对于德国经济的未来安全，说白了就是对于确保未来德国的国内生产总值而言是一个估计不足的因素。若是考虑到所有这些，诸如泰国、越南、印度这类国家，还有经济正在飞跃发展的巴西、智利和很多以前的发展中国家对于巴伐利亚的这种实践高校和应用科学大学的模式以及其他大体相似的德国大学模式拥有极大的兴趣，并传出了"我们也急切需要这种模式"的呼声，这种现象已不足为奇了。但在与外国合作伙伴以及与本国或是巴伐利亚的决策机构对话的过程中仍需强调一点：如果应用科学大学转变成小型的综合学校，那么它在符合目标群体需求、与实践相结合的结构和增强研究能力方面所实现的成功便会戛然而止，从而产生严重的误解。因为应用科学大学在多大程度上可与综合大学相提并论这一问题不能通过模仿综合大学的模式得以解决。这个问题唯一的解决方式是，应用科学大学得像至今为止所做的那样，继续坚定地将它们的主要核心标志——针对实践和需求进行的教学和同样以此为目标的研究及继续教育适应于正在变化的社会需求。

因此，对未来趋势的观察包括对劳动市场重要性的基础观察和在此基础上构建的新型学科，也与将教学和学习结构针对例如延长人的终生学习时间，即所谓的终身学习的新要求，针对现代的学习模式，针对交界处的革新力，针对多样化以及针对职业教育和学术教育之间的渗透性进行调整一样，具有同等重要的意义。应用科学大学只有针对自己的特点进行调整，只有了解实践的重要性以及致力于设立博士点才能确保自己的发展潜力，也才能确保当地经济的发展。

若要确保自己国家的未来就得坚持两点：主要由综合大学负责的基础研究或是它们进行的带有自己特殊目的的应用研究无疑是成功实现长期改革的基础。但为了将市场理念成功转变为能在世界竞争中脱颖而出的产品，这就需要利用应用科学大学的转化成果。

然而，单纯以经济和货币指标来衡量应用科学大学重要性的想法是错误的。应用科学大学应采取因材施教的方式，将知识和能力相结合，将所知用于实践并发现解决方案，这些就像发现新问题一样，都应带有个人的色彩，这才是衡量其教学任务的标准。

教育的努力目标始终是将各类知识相互联系起来。因此，无论是经济还是教育都需要用到应用科学大学的独特理念或成果，因为它在结合理论与实际方面起到了示范作用。

（陈壮鹰　译）

梁锡江（上海外国语大学）

德国翻译职业培训初探

　　由于语言本身的普及性，所以在德国，翻译这一职业名称并不像医师等那样是一个受法律保护的职业名称，原则上任何人都可以称自己为翻译，而且也都被允许在相关的领域从事翻译工作。而从所从事的工作性质来看，德国方面主要将翻译分为三大类，即笔译（具体可以分为各种专业笔译、文学笔译、证书翻译、字幕翻译、软件本土化翻译、会议笔译等），口译（具体可有会议口译和法庭宣誓口译[Gerichtsdolmetscher]）以及手语翻译。由于手语翻译具有一定的特殊性，所以我们在这里将重点从四个方面探讨笔译和口译这前两大类的相关职业培训：翻译培养的目标与重点、翻译培训的相关机构、翻译培训的课程设置以及国家翻译考试。

　　这个职业本身的复杂性以及获得职业资格的必要前提条件常常为人们所忽视，他们误以为只要学好一门外语就可以了，但事实上，这是远远不够的，人们还需要有其他方面的专业知识和技能，才能真正成为一名职业翻译，这也是翻译界的共识。这些知识和技能当然可以通过长年的实践和自学积累起来，但是比较常见的道路则是通过正规的翻译职业培训而获得。按照德国联邦翻译协会（Bundesverband der Dolmetscher und Übersetzer e.V.）给出的标准[1]来看，对于从事翻译活动，无论是笔译还是口译，以下的能力都是不可或缺

1　http://www.bdue.de/der-beruf/wege-zum-beruf/

的：(1)拥有良好的专业知识，可涉及一到多门学科；(2)拥有较好的跨文化交际能力；(3)较为专业的现代电脑技术。可以看出，现代社会对翻译的要求更高，不再仅仅局限于外语本身。所以相关的职业培训的重点与内容也就不再仅仅局限于语言培训。德国联邦翻译协会给出了翻译培训必须突出的重点：

Sprachkenntnisse, soweit diese nicht bereits vorausgesetzt werden	必要的外语训练
Grundlegende Techniken des Dolmetschens und Übersetzens	口笔译的基本技巧
Fachübersetzen/Fachdolmetschen	专业口笔译训练
Landeskunde	国情知识
Vertiefte Kenntnisse in einem oder zwei Sachfächern	一到两门较为精深的专业知识
Terminologiearbeit und Sprachdatenverarbeitung	术语以及语言数据处理

不难看出，这些职业培训的重点与之前所提到的能力培养是密不可分的：

培训重点	对应的能力培养
必要的外语能力	外语及翻译能力
口笔译的基本技巧	外语及翻译能力
专业口笔译训练	专业知识及翻译能力
国情知识	跨文化交际能力
一到两门较为精深的专业知识	专业知识
术语以及语言数据处理	现代电脑技术

在德国，主要是三种机构可以进行翻译人员的培养，分别是高校(Hochschulen)、专科学校(Fachakademien)以及其他私立翻译学校。

高校里有资质颁发翻译学士以及硕士学位文凭的共有14所，其中综合性大学7所，应用技术大学7所：

高校	本科专业名称	硕士专业名称	涉及语言
波恩大学 （东方学院）	汉语与翻译 韩语与翻译 日语与翻译 阿拉伯语与翻译	汉语与翻译 韩语与翻译 日语与翻译 阿拉伯语与翻译	汉语、韩语、日本语、阿拉伯语
杜塞尔多夫大学 （英语系）		文学翻译	英语、法语、西班牙语、意大利语（均以德语为目标语）
海德堡大学 （翻译学院）	1.翻译学 2.信息术语翻译研究（只有英语）	1.翻译学 2.会议口译	德语、英语、法语、西班牙语、意大利语、俄语
希尔德斯海姆大学（翻译学与专业交际学院）	国际交际与翻译	1.国际专业交际学——语言与技术 2.媒体文本与翻译	英语、法语、西班牙语
莱比锡大学 （应用语言学与翻译学学院）	翻译学	1.会议口译 2.翻译学	英语、法语、西班牙语、俄语
美因兹大学 （翻译、语言与文化学院）	语言、文化与翻译	1.翻译学 2.会议口译	阿拉伯语、汉语（仅限硕士）、德语、英语、法语、意大利语、希腊语、荷兰语、波兰语、葡萄牙语、俄语、西班牙语、土耳其语
萨尔布吕肯大学（哲学系：应用语言学与翻译学方向）	对比语言学、比较文学与翻译	翻译学	英语、法语、意大利语、西班牙语

弗伦斯堡应用技术大学	国际专业交际学	国际专业交际学	英语、德语
科隆工业大学(原科隆应用技术大学)(信息与交际学系)	1. 多语言交际 2. 语言与经济	1. 专业翻译 2. 国际管理与跨文化交际 3. 会议口译 4. 术语与语言技术学	英语、法语、西班牙语
安哈尔特应用技术大学(信息学与语言学院)	专业交际学与软件本土化(理科学士学位)	软件本土化(理科硕士)	英语、德语
马格德堡–施滕达尔应用技术大学(交际与媒体学院)	国际专业交际学与翻译		英语、德语
慕尼黑应用语言学院(私立)	1. 国际经济交际专业(国际经济交际或中文经济交际方向) 2. 国际媒体交际专业(国际媒体交际与技术交际方向) 3. 翻译专业(双学位：中文与翻译学)	1. 国际经济交际专业(跨文化交际与会议主持) 2. 国际媒体交际专业(跨文化媒体交际) 3. 翻译专业(口译)	汉语、法语、英语、意大利语、西班牙语、俄语
维尔茨堡–施韦因富特应用技术大学(应用科学系)	专业翻译(经济与技术)	专业翻译(经济与技术)	英语、法语、西班牙语
齐陶–格利茨应用技术大学(管理与文化学系)	经济与语言	经济专业翻译(德语/波兰语)	德语、波兰语、捷克语

　　除了大学教育之外，德国的翻译教育也可以通过职业培训的途

径获得，而负责翻译职业培训的学校主要是德国的专科学校，一共有8所，全部在巴伐利亚州。这8所专科学校同时也是国家翻译考试的考点。

专科学校	培训方向	涉及语言	翻译国家考试（语种及专业）
班贝格欧洲学院	1. 外事秘书(经济方向) 2. 欧洲管理秘书(经济方向) 3. 笔译与口译(法学与技术方向)	英语、法语、西班牙语	英语(经济专业)
英戈尔施塔特欧洲学院	1. 外事秘书 2. 欧洲管理秘书 3. 笔译与口译	英语、法语、西班牙语	英语(经济专业)
慕尼黑首府外语学院	笔译与口译(经济与技术方向)	英语、法语、西班牙语	英语(经济或技术) 西班牙语(经济或技术) 法语(经济)
魏登欧洲外语职业学校	笔译与口译(经济方向)	英语、法语、西班牙语、意大利语、捷克语	英语(经济)
纽伦堡大学下属外语学院	1. 外事秘书 2. 笔译和口译(法学、经济、技术与人文方向)	德语、英语、法语、意大利语、俄语、西班牙语、中文(选修)、土耳其语(选修)	英语(经济、技术、法律、人文科学) 法语(经济、技术、人文科学) 俄语(经济、技术) 西班牙语(经济、技术、人文科学)
肯普滕外语职业学院	1. 外事秘书 2. 笔译与口译(经济方向)	英语、法语、西班牙语	英语(经济)

慕尼黑翻译专科学院（与慕尼黑应用语言学院同属慕尼黑语言与口译学院集团）	笔译与口译（经济与技术方向）	汉语、法语、英语、意大利语、西班牙语、俄语	英语（经济、技术、法律、自然科学） 法语（经济、法律） 意大利语（经济、法律、技术、人文科学） 俄语（经济、技术） 西班牙语（经济、技术、法律）
维尔茨堡口译学校	1. 口译（自然科学、经济、技术方向） 2. 笔译（自然科学、经济、技术方向） 3. 欧盟秘书（文员、营销或健康管理） 4. 外语事务文书（经济方向）	英语、法语、西班牙语	英语（经济、自然科学） 西班牙语（经济）

　　另外，在德国还有一家可以提供函授的私立大学以及一家可以提供在线课程的私立学校。

学校名称	培训方向	涉及语言
AKAD函授大学	1. 国际商贸交际 2. 口笔译国家考试培训	英语、法语、西班牙语
科隆翻译学校	1. 笔译（经济与技术方向） 2. 笔译（在线，经济与法学方向） 3. 口译（经济与技术方向） 4. 外事秘书（经济方向）	英语、法语、西班牙语、土耳其语、阿拉伯语、俄语

　　不难看出，上述综合性大学的翻译培养主要侧重学术性人才与口译高端人才培养，所以开设的硕士专业基本上都是翻译学、会议口译等。而无论是以实用性科学见长的应用技术大学，还是一直贴近职业实际的专科学校或翻译学校，都尝试将翻译与某一专业结合

起来，即要求翻译学员本身除了掌握一到两门外语之外，还必须深入地了解一到两门专业知识，其主要涉及的领域是经济、法律、技术、自然科学、人文科学等。这样既保证学员的语言能力培养，同时也保证学员能够正确地理解实际翻译对象背后的原理与情况，避免硬伤与误译。

让我们以慕尼黑首府外语学院[1]为例，其课程设置主要分为四个模块：

(1)第一外语培训

专业	第一学年(周课时)	第二学年(周课时)	第三学年(周课时)
1.基础外语：语法、词汇、正字法等	6	4	1
2.翻译 2.1 德译外（普通语篇及简单专业性语篇）	4	—	—
2.2 外译德（普通语篇及简单专业性语篇）	3	—	—
2.3 德译外（难度较高文本）	—	2	2
2.4 外译德（难度较高文本）	—	2	2
3.口语练习与会话口译	3		
4.文书处理（双语）	2		
5.即席口译	1	1	2
6.国情类写作	—	1	2
7.口译 7.1 口译技巧导论	1	1	—
7.2 会谈口译（一般性及专业性）	—	2	2
7.3 报告翻译（仅限口译专业）	—	1	3
7.4 同声传译（仅限口译专业）	—		1

1　http://www.fim.musin.de/ausbildung/

(2)专业领域(经济或技术)

专业	第一学年 (周课时)	第二学年 (周课时)	第三学年 (周课时)
8.专业知识与术语(德语授课)	1	1	—
9.专业知识与术语实践课	1	2	1
10.专业翻译 10.1 德译外	—	2	2
10.2 外译德	1	1	2

(3)第二外语培训

专业	第一学年 (周课时)	第二学年 (周课时)	第三学年 (周课时)
11.1 基础第二外语(口语与写作)	6	4	3
11.2 普通文本翻译(德译外与外译德)	—	3	2
11.3 文书处理(双语)	—	—	1

(4)通识类教育

专业	第一学年 (周课时)	第二学年 (周课时)	第三学年 (周课时)
12.德语	1	1	1
13.国情研究 13.1 德国国情	1	—	—
13.2 对象国国情(外语授课)		2	
14.对象国历史(外语授课)	—	—	1

15. 法律及文牍术语	—	1	—
16. 文本处理	1	—	—
17. 基于信息技术的术语处理与翻译	—	1	1

　　而谈到最后的毕业方式，则主要是两种：高校翻译人才的培养以获得学士或硕士学位(通常是B. A. 或M. A.)；而专科学校毕业生则必须参加国家翻译考试，通过考试的学生可以获得"国家认证的笔译人员"、"国家认证的口译人员"或"国家认证的笔译及口译人员"三种称号。参加考试的应试者可以是翻译专科学校的学生，也可以是其他人员，只要他具有高中毕业文凭，同时能够证明自己接受过与三年专科学校培训相等同的翻译培训或是与三年培训相等同的翻译职业实践即可。

　　在德国一共有10个州提供国家翻译考试，考试形式全国统一，具体内容由各州决定：

联邦州	考试地点	主管部门	测试语言
巴伐利亚州	8所专科学校负责常用外语，非通用外语则在慕尼黑	巴伐利亚州教育、文化、科学与艺术厅	英语、法语、意大利语、俄语、西班牙语、阿拉伯语、汉语、丹麦语、芬兰语、克罗地亚语、荷兰语、波斯语、土耳其语
巴符州	卡尔斯鲁厄	卡尔斯鲁厄政府翻译考试点	英语、法语、西班牙语、印地语、乌尔都语、旁遮普语
柏林	柏林	教育、青年与科学厅国家翻译考试办公室	<u>仅限笔译</u>：阿拉伯语、保加利亚语、汉语、英语、法语、意大利语、日语、希腊语、波兰语、葡萄牙语、俄语、斯洛伐克语、西班牙语、捷克语、土耳其语、匈牙利语

不来梅	不来梅	不来梅成人学校国家翻译考试办公室	英语、法语、西班牙语
黑森州	达姆施塔特	黑森州教师进修学院国家翻译考试办公室	阿尔巴尼亚语、阿拉伯语、亚美尼亚语、波斯尼亚语、达利语、汉语、英语、法语、格鲁吉亚语、希伯来语、印尼语、意大利语、日语、韩语、北库尔德语、中库尔德语、立陶宛语、马其顿语、普什图语、希腊语、波斯语、波兰语、葡萄牙语、罗马尼亚语、塞尔维亚语、俄语、斯洛伐克语、斯洛文尼亚语、西班牙语、捷克语、泰语、土耳其语、乌克兰语
梅前州	罗斯托克	教育、科学与文化厅下属质量发展学院翻译考试办公室	丹麦语、英语、芬兰语、法语、意大利语、波兰语、俄语、西班牙语、瑞典语
莱法州	美因茨	教育、科学、培训与文化厅州立考试办公室	阿拉伯语、汉语、芬兰语、日语、希腊语、荷兰语、俄语
萨尔州	萨尔布吕肯	教育厅翻译考试办公室	英语、法语、意大利语、俄语、西班牙语、土耳其语
萨克森州	莱比锡	莱比锡教育局口译考试办公室	阿姆哈拉语、阿拉伯语、波斯尼亚语、保加利亚语、汉语、英语、法语、意大利语、克罗地亚语、蒙古语、波兰语、罗马尼亚语、俄语、塞尔维亚语、西班牙语、捷克语、乌克兰语、匈牙利语、越南语
汉堡	汉堡	州内务与体育厅	仅限法律方向：所有语言均可

由于8所翻译专科学校均在巴伐利亚州，所以我将以巴伐利亚州为例，来说明国家翻译考试的基本结构。考试主要分为三类，分别对应笔译、口译以及口笔译。其中，要想参加纯粹的口译考试，必须在此前成功通过笔译的国家翻译考试才可以。不论参加何种考试，考生必须选择一门专业方向：经济、法律、技术、自然科学（含医学）、人文科学或社会科学。

笔译考试有两部分组成，即笔试和口试。笔试共有5个题目：(1)用非母语撰写关于所涉国家国情的文章（德语为母语者用外文撰写对象国国情，德语非母语者则需要用德语撰写德国国情），主题3选1，时间为3个小时；(2)普通文本翻译（德译外），文本长度一般为30行，时间为90分钟；(3)所选专业的文本翻译（德译外），文本长度为30行，时间为90分钟；(4)普通文本翻译（外译德），文本长度为30行，时间为90分钟；(5)所选专业的文本翻译（外译德），文本长度为30行，时间为90分钟。

口试共有4个题目：(1)用非母语谈论所涉国家国情诸方面，时间为25分钟；(2)短篇即席翻译（外译德），文本必须来源于所选专业领域，时长为10分钟；(3)短篇即席翻译（德译外），文本必须来源于所选专业领域，时长为10分钟；(4)用外语德语就(2)和(3)所选的文本进行语言及专业性的解释，时长为30分钟。

口译考试的构成：(1)笔译口试的所有题目；(2)所选专业领域的报告翻译（外译德），时长为20分钟，其中报告本身时长约8分钟；(3)所选专业领域的报告翻译（德译外），时长为20分钟，其中报告本身时长约8分钟；(4)与所选专业相关的会谈口译（双语），时长为20分钟。

考试的分数体系采用德国式计分体系，1分为最高，4分为及格，4分以下为不及格。及格后将获颁相关的口笔译证书。

除此之外，德国工商总会（IHK）还为那些非翻译专业毕业的人士提供相关的德国工商会认证的口笔译考试。该种考试主要针对的是某一商务职业培训毕业的人员，他们一般拥有至少1年的工作经验，并且通过进修或深造而具备了一定的与经贸类相关的外语知识和翻译技能。他们可以参加德国工商总会组织的笔译或口译考试，获得"认证笔译人员"或"认证口译人员"的称号，其涉及专业领域一般为经贸类。考试也分笔试和口试两部分，笔试要求考生翻译两篇文章德译外、两篇外译德，并且用外语撰写一篇文章，而口试则要求考生用外语进行对话，并且口译两篇德译外，两篇外译德。

德国商会的翻译考点共有8个：

联邦州	考试地点	测试语言
巴符州	卡尔斯鲁厄	英语(笔译)
巴伐利亚州	雷根斯堡	英语(笔译)
柏林	柏林	英语(口笔译)
黑森州	威斯巴登	英语(笔译)
北威州	多特蒙德	英语、法语、西班牙语(口笔译)
	杜塞尔多夫	德语、英语、法语、意大利语、俄语、西班牙语(笔译)
	科隆	英语(笔译)
莱法州	科布伦茨	英语(口笔译)

小　结

总的来看，德国的翻译职业培训已经形成一个良好的系统：一方面有相关的综合性大学进行学术型人才及高端口译人才的培养，另一方面则由相关的专科学校及培训机构举办的职业性培训来满足其他方面的需求。但是，不论哪一种培养方式，都坚持将语言与专业相结合的道路，让学生在一定的语言技能基础上，结合一定的专业知识，注重全方位的能力培养。同时再通过相关的国家考试或职业考试来进行监控与检验，保证教学质量。

Thomas Kerstan

Die Berufsbildung in Deutschland im Spiegel der Presse

Das Bildungssystem eines Landes und der Vergleich der Bildungssysteme verschiedener Länder sind ein interessantes und herausforderndes Thema der journalistischen Berichterstattung. Wie die nachfolgenden Generationen auf ihr Leben vorbereitet werden, entscheidet vieles. Es ist kein „weiches" politisches Thema mehr, sondern ein „hartes", ein entscheidendes. Dabei hat das Thema viele Facetten, es geht um das persönliche Glück als Einzelner, als Paar oder als Familie, es geht um den Erfolg im Beruf und den Beitrag zur Wirtschaft eines Landes, und es geht um den Platz in der Gesellschaft und den Beitrag, den man als Staatsbürger leisten kann.

An dieser Stelle möchte ich keinen systematischen, gar statistisch abgesicherten Überblick über die Presseberichterstattung zum Thema Berufsbildung geben, sondern Ihnen aus meiner Perspektive berichten, aus der Perspektive eines Journalisten, der seit nunmehr 18 Jahren das deutsche Bildungssystem beobachtet.

Weil es genau 50 Jahre her ist, möchte ich an eine Artikelserie in unserer Zeitung, der „Zeit", erinnern, die der liberale Politiker und Wissenschaftler Ralf Dahrendorf gestaltet hat, und die große Wirkung gezeigt hat – aber inzwischen zu unrecht in Vergessenheit geraten ist. Er hat darin einen Gedanken formuliert, der mir sympathisch ist: Der Wettbewerb zwischen den Staaten sei nur ein schwaches Argument für die Expansion des Bildungswesens, ebenso seien es die Anforderungen und Forderungen der Wirtschaft. Das stärkste Argument sei die „Bildung als Bürgerrecht", also das Recht des Einzelnen auf Teilhabe an der von der Menschheit geschaffenen Wissens und der Kultur. Es wäre schön, wenn dieser Gedanke auch in Bezug auf die Berufsbildung häufiger mitgedacht würde.

Die Berufsbildung ist wichtig für Deutschland, und sie ist auch im Volk allgemein als wichtig anerkannt – als journalistisches Thema aber ist sie nicht sonderlich beliebt. Warum das so ist, darüber kann man nur mutmaßen. Meine Vermutungen sind:

– Die meisten Journalisten haben studiert (die meisten Leser der Qualitätszeitungen auch), deshalb ist ihnen das Thema fremd, es hat keinen Platz in ihrer Erfahrungswelt.

– Es gibt sehr viele Player, die Lage ist unübersichtlich (viele Klein- und Mittelbetriebe, verschiedene Arbeitgeberverbände und Gewerkschaften, in der Politik nur ein Randthema). Deshalb eignet es sich nicht zur Skandalisierung, zur Zuspitzung, also zu Mitteln, zu denen Journalisten gern greifen.

– Wenn es konkreter wird, ist das Thema Berufsbildung kompliziert und erfordert Sachkenntnis, die in den Redaktionen zu dem Thema nur wenig vorhanden ist.

Ich selber stehe dem Thema wohl auch deshalb offener gegenüber, weil ich vor meinem Studium eine Berufsausbildung absolviert habe, im klassischen Beruf des Industriekaufmanns. Geblieben ist mir davon der Einblick in die wirtschaftliche Praxis (mit dem nötigen Handwerkszeug) und vor allem das Kennenlernen eines Unternehmens „von unten" – und zwar nicht als Praktikant, also als eine Art Gast, sondern als jemand, der dazu gehört. Wie Menschen arbeiten und wie Menschen das Arbeiten so simulieren, dass es der Vorgesetzte nicht merkt, das habe ich dort gelernt :)

Wenn sie als Journalist das Thema Berufsbildung (in Konkurrenz zu anderen Themen) ins Blatt bringen wollen, dann gelingt das nur (genauer: am besten), wenn sie solche Aspekte aufgreifen, die an die deutsche Seele gehen. Solche Themen sind das (als Gefahr an die Wand gemalte) Verschwinden des Facharbeiters, der als Erfolgsgarant der deutschen Industrie gilt, oder das Beklagen des Akademisierungswahns (nebenbei: ein Dauerbrenner mindestens seit den 1970er Jahren). Neuerdings auch die Zufriedenheit darüber, dass Deutschland im Vergleich zu seinen europäischen Nachbarn nur eine geringe Jugendarbeitslosigkeit aufweist, was seinem Berufsbildungssystem zugeschrieben wird.

Folglich gibt es zwei Arten der Berichterstattung über Berufsbildungsthemen: Zum Einen eine recht differenzierte, sachliche, die die Probleme und die verschiedenen Interessen, Meinungen und Perspektiven darlegt. Diese Artikel werden vorwiegend von einem Fachpublikum gelesen, erregen jedenfalls kein großes Aufsehen. Zum Anderen die populären Grundsatz- oder Gefühlsthemen, etwa zum „Akademisierungswahn". Letzere erregen die Gemüter, werden in der politischen Debatte ebenso aufgegriffen, wie in den Familien am Abendbrotstisch.

In letzter Zeit wurde das Thema zusätzlich befeuert. Erstmals in der deutschen Geschichte begannen im Jahr 2013 mehr junge Leute ein Studium als eine Berufsausbildung. Das ist wahrlich eine historische Zäsur. Mit diesem Trend (unterstützt durch die demografische Entwicklung, also der sinkenden Zahl Jugendlicher) einher geht ein neues Verhältnis zwischen Angebot und Nachfrage bei Lehrstellen. Früher war das große Thema der Lehrstellenmangel; es gab regelmäßig weniger Ausbildungsplätze als Bewerber. In jedem Herbst zum Ausbildungsbeginn schaffte es das Thema Berufsbildung darüber in die Schlagzeilen nahezu aller Zeitungen.

Das verkehrt sich gerade ins Gegenteil: In vielen Branchen beklagen die Unternehmen, dass sie ihre Lehrstellen nicht mit geeigneten Bewerbern besetzen können. Für die Unternehmen ist es eine ganz neue Erfahrung; dass sie, die ursprünglich Umworbenen, nun ihrerseits mögliche Lehrlinge umwerben müssen: mit den Zahlen des Führerscheins und anderen Lockprämien. Aufgesprungen auf diese Welle ist 2014 dann der Philosophieprofessor und ehemalige Bundeskulturstaatsminister Julian Nida-Rümelin mit einem Buch, in dem er den „Akademisierungswahn" beklagt.

Der Mainstream der journalistischen Berichterstattung – und da folgen die Medien dem Mainstream der Gesellschaft – folgt der Klage über den angeblichen Akademisierungswahn. Während gleichzeitig – so widersprüchlich sind die Menschen – mehr und mehr Kinder Abitur machen und an die Hochschulen streben.

Bemerkenswert ist dabei, dass das Thema in den Medien, und auch in Politik und Gesellschaft, nicht dem Links-Rechts-Schema folgt. Nida-Rümelin beispielsweise ist Sozialdemokrat, weiß sich aber einig etwa mit der konservativen Frankfurter Allgemeinen Zeitung oder den Gewerkschaften.

Das mag an der Geschichte und der Konstruktion der Berufsbildung in Deutschland liegen. Wesentliche Inhalte werden ja bis heute von den Sozialpartnern, also den Arbeitgebern und Arbeitnehmern, ausgehandelt. Der Kompromiss und das Zurückführen auf gemeinsame Interessen ist der Berufsbildung also inhärent. Zudem ist die deutsche Art der Berufsbildung tief in der Seele des Volkes verankert, weil sie sich aus den Handwerker-Zünften des Mittelalters entwickelt hat.

Sie ist, wie so viele Teile des sogenannten Bildungssystems, nicht das Ergebnis rationaler Planung nach dem Abwägen von Alternativen, sondern urwüchsig entstanden, ohne sich deshalb im Einzelnen rechtfertigen zu müssen. Das macht den Diskurs, und auch die Berichterstattung, nicht einfach. Die Gefahr ist groß, dass man sich im Klein-klein verliert, also den Wald vor lauter Bäumen nicht sieht, oder man schlägt – um im Bild zu bleiben – Schneisen der Erkenntnis durch den Urwald und wird ihm dadurch auch nicht ganz gerecht.

In den Zeitungen, in denen unterschiedliche Sichtweisen auf die Berufsbildung ihren Platz finden, wird die Debatte meist sehr grundsätzlich geführt. So auch in unserem Blatt. Immer mal wieder streiten in unserem Format „Pro und contra" etwa Professoren darüber, ob wir mehr Akademiker brauchen oder nicht.

Über diese Grundsatzdebatte wird (auch in unserem Blatt) die wirkliche Bewegung zuwenig beleuchtet, obwohl sie interessanten Stoff bietet:

– Wenn über Berufsbildung geschrieben wird (das gilt für die gesamte öffentliche Debatte), dann vorwiegend über die duale Berufsausbildung. Sicher ist sie der Kern der Berufsbildung. Aber neben ihr besteht das sogenannte Übergangssystem, in dem zehntausende schlecht qualifizierter Jugendlicher mit geringem Erfolg ausbildungstauglich gemacht werden sollen. Außerdem gibt es den Bereich der Berufsfachschulen, die zum Beispiel im wachsenden Gesundheits- und Pflegewesen eine große Rolle spielen. Der zunehmende Bedarf an Pflegekräften könnte aus diesem Bereich gedeckt werden und böte gleichzeitig Beschäftigungsmöglichkeiten für Jugendliche, die in anderen Bereichen abgehängt werden.

– Während das Pro und contra der Akademisierung gestritten wird, entwickelt sich längst ein „hidden champion", das duale Studium. Es vereint die typisch deutsche Verschränkung von betrieblicher und staatlicher Bildung mit dem Trend zur Akademisierung. In Klammern sei hier angefügt: Anscheinend sind in Deutschland vor allem jene Bildungsbereiche besonders erfolgreich, die „Graswurzelprojekte" sind, also Basisgewächse, wie die duale Berufsausbildung und das duale Studium, um die es kaum politischen Streit gibt, und auch wenig politische Einflussnahme. In den meisten Ministerien auf Bundes- und Landesebene sind dafür irgendwelche Unterabteilungsleiter zuständig (klar: es gibt Ausnahmen, etwa den Einsatz der Politik in Baden-Württemberg für die Duale Hochschule, oder die Zuordnung der Berufsbildung in Hamburg zu einem eigenen Institut).

Hier zeigen sich sowohl wenig beackerte Felder der journalistischen Berichterstattung, als politische Handlungsräume.

Weil wir hier vom Ausland aus auf das deutsche Berufsbildungssystem schauen, möchte ich noch auf den Widerspruch aufmerksam machen, dass Deutschland von anderen europäischen Ländern durchaus um seine geringe Jugendarbeitslosigkeit beneidet wird (auch von Ländern wie Finnland, die zum Beispiel in den Pisa-Vergleichen sehr gut dastehen) – aber das Interesse an der Übernahme der deutschen dualen Berufsausbildung doch erstaunlich gering ist; es wächst, aber es bleibt gering. Das mag daran liegen, dass die Traditionen eines Landes für die Entwicklung eines Bildungssystems eine weitaus stärkere Rolle spielen, als man als nüchterner Beobachter wahrhaben will. Eine ähnliche Beobachtung mache ich bei den Schulreformen in Folge der Pisa-Studie. Es ist sehr schwierig, Erfolgsfaktoren für gute Pisa-Ergebnisse zu identifizieren, und noch schwerer, sie von einem Land ins andere zu exportieren.

Insofern rate ich dazu, auch meinen Journalistenkollegen, das System der deutschen Berufsbildung nicht losgelöst von seinem historischen und soziologischen Kontext zu betrachten. Vielleicht bietet dieser Kontext sogar aufregendere Erkenntnisse, als das System selber.

托马斯·凯尔斯坦（德国《时代》周报）

报刊镜像中的德国职业教育

　　一个国家的教育体系及不同国家教育体系的比较是新闻报道中有趣并富于挑战性的主题。后面几代人如何为他们的生活做准备，决定着很多方面。这不再是一个"软"的，而是一个"硬"政治主题，具有决定性的作用。同时这个主题涉及到很多方面，有关个人、夫妻或家庭的幸福，有关职业成功，有关对国家经济的贡献，有关在社会中的定位以及公民对国家的贡献。

　　在此我不想就职业教育这个话题进行系统的、数据方面的概述，而是从我个人作为一个记者的视角和大家谈谈这十八年来一直观察德国教育体系这个主题。

　　因为整整50年过去了，我想在此回忆一下我们《时代》周报中影响力巨大的一组系列文章，作者是自由派政治家、学者拉夫·达伦道夫，但目前这组系列文章已被人渐渐遗忘，这是很不公正的。作者在文章中表述了一个我非常欣赏的思想，即：国家间的竞争和经济的需求都不足以充分说明教育事业急剧发展的原因。最强有力的论据是"教育作为公民权利"，也就是个人享有人类创造的知识和文化的权利。如果这个想法也能联想到职业教育体系的话，那该多好啊。

　　职业教育之于德国非常重要，民众也普遍认识到其重要性——但它作为新闻主题却不太是特别受欢迎。为什么会这样？人们只能猜测一二。我的猜测是：

　　——大多数新闻记者都接受了大学教育（大多数高质量报纸的读者也是如此）。因此对于他们而言这是个陌生的话题，在他们的经验世界中并不占有一席之地。

——涉及的人员、组织太多，状况混乱(很多中小企业，不同的雇主联合会和工会，在政治中也只是一个边缘话题)。因此它并不适合丑闻化、尖锐化，也就无法成为记者喜欢报道的内容。

——更具体地说，职业教育这个主题要求的专业知识非常复杂，编辑人员掌握这方面的知识较少。

我之所以对这一话题持更开放的态度，是因为我在读大学之前参加了销售工程师这一传统职业的培训。我了解(使用必要工具的)经济实践，特别是我对企业的了解"来自底层"——并不是作为实习生，作为一种客人，而是作为属于其中的一员。人们如何工作，如何假装工作并且不为领导所察觉，这些我都在企业里学到了。

如果记者想要将职业教育这样的内容(在与其他内容竞争的情况下)落笔在纸上，只有他们理解了深植于德国内心的这些观点，才有可能成功(更确切说：完全成功)。这些主题包括技工的消失(这样的危险显而易见)，而技工是德国工业成功的保证；或者对"上大学狂热"的抱怨(这个问题至少自1970年以来一直持续升温)。近来也有充满自信的报道，因为与其他欧洲邻国相比，德国青年失业率低，这要归功于其职业教育体系。

因此关于职业教育主题的报道有两类：一类是精确、客观的，阐述了问题及不同的利害关系、观点和视角。这类文章主要针对专业读者，不管怎样都无法引起巨大的轰动。另一类文章涉及流行的基础性或情感性的主题，如针对"上大学狂热"。后者更能打动人心，能成为政治讨论和家庭晚餐的谈话主题。

在过去一段时间这个主题尤为受到关注。2013年，在德国历史上首次出现选择大学学习的学生人数超过选择职业培训的人数。这真的是一个有重大历史影响的转折。这一趋势的推动力是人口的发展，也就是青年人口的减少，随之而来的是学徒岗位上一种新的供求关系。以前的大问题是缺少学徒岗位，学徒岗位数通常比申请者的数量少。每年秋天开始申请培训时，与之相关的职业教育话题几乎会成为所有报纸的头版新闻。

现在这一局面完全扭转过来：许多行业的企业都抱怨，他们找不到适合学徒岗位的申请者。这是企业之前从未有过的经历。他们以前坐等申请者，现在却要主动招揽潜在的学徒，比如支付驾照费用或者采取其他吸引措施。2014年，经历过这波浪潮的哲学教授、前联邦文化部长尤利安·尼达–吕梅林写了本书，他在书中控诉了这种"上大学狂热"。

新闻报道的主流，都在诉说对所谓"上大学狂热"的不满，媒体也追逐社会的这种主流。同时人们又是如此矛盾，越来越多的孩子参加高中毕业考试，争相上大学。

这方面值得注意的是，媒体、政治和社会中有关这个话题的看法没有分为左派右派模式。例如尼达–吕梅林是社会民主党人，但却与保守的法兰克福汇报或工会立场一致。

这一矛盾的原因可能在于德国职业教育的历史和结构。其主要内容至今都由社会雇佣双方商定。为共同利益而妥协和后退都是职业教育内在固有的特点。此外，德国职业教育的方式由中世纪手工业者行会发展而来，因此深深根植于民族精神中。

它和许多所谓的教育体系部分一样，不是衡量不同选择之后理性计划的结果，而是自然形成的，并不需要详细论证。这增加了相关讨论和报道的难度。非常危险的是，人们迷失在了细枝末节中，就像只见树木不见林一样，或像要在原始密林中开出一条认识之路。因此这样的任务人们无法完全胜任。

报纸上对职业教育的看法多种多样，其中的大多讨论是非常基础性的。我们的报纸上也是这种情况。教授们总是按照我们这种"正方和反方"的辩论形式讨论我们是否需要更多大学毕业生。

这种基础性讨论很少探讨实际行动（包括我们的报纸），尽管它能提供有趣的材料：

——职业教育方面的文章（适用所有公开讨论）大多是关于双轨制的职业教育。当然这是职业教育的核心。但除此之外，还有所谓的过渡体系，它的目标是使几万个能力较差的青少年变得适宜接受职业教育。另外还有职业技术学校领域——这些技术学校在不断发展的卫生及护理事业中起着重要作用，能够满足护理人员日益增长的需求，同时为无法适应其他领域的青少年提供就业机会。

——人们对"大学化"进行是对是错争论的同时，一个"隐形冠军"早就成长起来了，它就是双轨制大学学习。它将典型的德国式的企业和国家联手培训与"大学化"趋势结合起来。这里需要补充说明一下，看起来在德国尤其是那些"草根项目"，也就是基本农产品的职业教育领域尤为成功，就像双轨制的职业培训和双轨制的大学学习一样，与之相关的政治争论几乎没有，且受到的政治影响也小。联邦和各州的大多数部门都有某些下属部门领导负责职业教育（当然也有例外，如巴符州实施的双轨大学政策，或者在汉堡，职业教育被划归到一个独立的机构中）。

以上既展示了新闻报道较少涉及的领域，又呈现了政治行动空间。

因为我们在这里要从外国的视角看德国职业教育体系，我还想要指出这样一个矛盾：其他欧洲国家（也包括芬兰这样在国际学生评价项目中表现极好的国家）非常羡慕德国青年失业率低，但想要采用德国双轨制职业教育体系的兴趣却出乎意料地小；目前虽然有所增加，但为数依然很少。原因可能是一个国家的传统对于教育体系的发展起到的作用，比人们作为客观的观察者所承认的要大得多。我在一系列国际学生评价项目研究之后的学校改革报道中也发现了同样的问题。人们很难准确找出在国际学生评价项目中表现优秀的成功因素，而要将这些因素从一个国家输出到其他国家那就更难了。

就这方面而言，我建议，包括对我的记者同行们，不能脱离德国历史和社会的联系来观察职业教育体系。也许这一联系能提供的认识，甚至会比教育体系本身更令人激动。

（常璇璇　译）

苗晓丹(上海外国语大学)

德国职业教育体系对我国的启示

一、德国职业教育内容划分

德国职业教育内容的划分以《2005年联邦职业教育法》为准则。该法把德国职业教育分为中等职业教育预备、中等职业教育、职业进修教育(适应性进修和晋升性进修)及职业转行教育。

1. 中等职业教育预备。此阶段是针对那些接受了初等教育、尚没有职业定位的青年。此阶段教育通过传授相关基础知识,使受教育者获得职业行为能力,从而顺利过渡到中等职业教育阶段。

2. 中等职业教育。《2005年联邦职业教育法》对中等职业教育提出了高要求,即"中等职业教育应该通过合理的培训进程,使受教育者获得在不断变化的工作环境下,从事一项专业性工作而必备的职业技能、知识和能力"。其目的体现在以下几个方面:传授广范围的职业基础教育,从而使受教育者适应日益变化的工作环境;使受教育者获得职业资格,为其职业生涯做准备;通过受教育者在企业中的实践性培训积累经验,达到学习的目的;培养受教育者独立能力、承担责任的能力及同工协作的能力。

3. 职业进修教育。职业进修教育可划分成适应性进修和晋升性进修两种。适应性进修以适应不断变化的工作条件及内容为出发点。例如,培训内容为如何使用互联网从而适应通讯技术的发展。晋升性进修的目的在于使受教育者获得、调整和扩展职业行为能力，使其在职业上晋升成为可能。其内容具体体现在以下几个方面：学习同行的从业经验；与经济领域相结合，扩展已经在中等职业教育阶段获得的生产技术性知识和技能；使受教育者获得胜任管理性工作的能力；接受在相邻职业领域的培训。在一般情况下，此类型的进修需以接受过中等职业教育及拥有从业经验为前提(例如通过师傅证书考试、技师证书考试)。

4. 职业转行教育。对于那些由于个人原因或企业原因不能继续从事当前职业的从业者进行转行教育，为其进入另一职业领域做准备。当某些职位由于技术进步而逐渐消失或一些职业内容随着时间的推移出现明显变化时，转行教育就凸显了它的必要性。转行教育主要由联邦劳动服务局组织实施。

德国职业教育的目的在于理论与实践相结合，使不同背景的青年人能接受高质量的职业教育成为可能，这种高质量的职业教育为他们未来的职业生涯奠定基础。其意义在于：对于受教育者而言，他们获得了核心从业技能；对于提供教育的企业而言，后继专业人员的来源有了保证；对于社会而言，受到过优质培训的专业人员保证了国家的税收来源，从而也保证了国家的富足。简而言之，德国职业教育打造的是具备职业行为能力及从业经验的技术工人。

二、德国职业教育体系结构

经过长期发展，德国形成了自己独具特色的职业教育体系(见图1)。

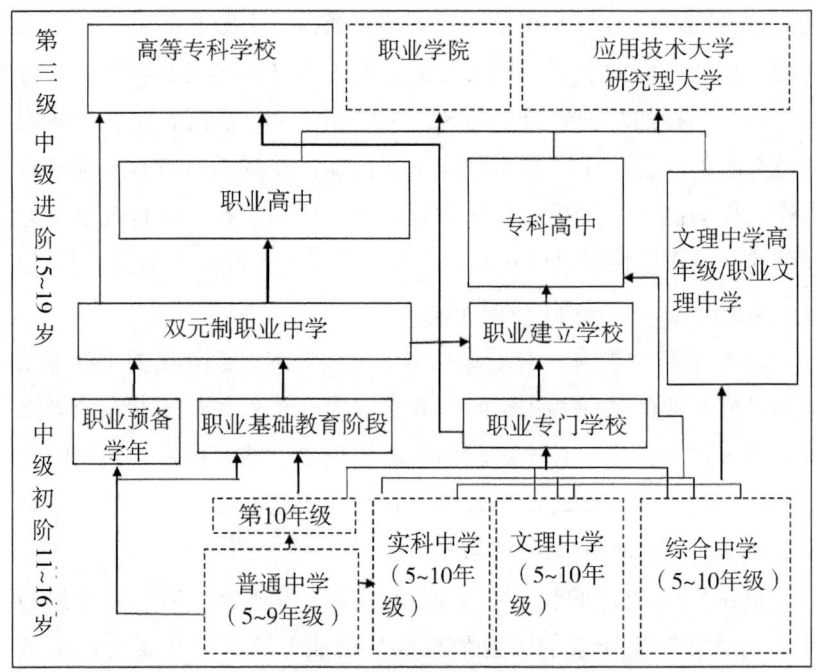

图1   德国职业教育体系结构

注：实框里的内容为职业教育体系内的学校类型，虚框里的内容为普通教育及高等教育体系内的学校类型

中级进阶的职业教育学校类型主要包括以下几种：

1. 职业预备学年。普通中学[1]9年级毕业生，可进入此阶段接受为期一年的全日制教育，为进入职业基础教育阶段做准备。

2. 职业基础教育阶段。职业基础教育阶段的学制为1～2年，是针对普通中学10年级毕业生传授文化知识以及相应的基础性理论知识和实践能力，为他们进入双元制职业中学做准备。他们的学习成绩在日后的双元制职业中学得到承认并可折算计入该阶段的学习成绩。

3. 双元制职业中学。它是职业义务教育制下负责中等职业教育

---

1   普通中学是德国中等教育阶段的学校类型，供学业程度欠佳的学生就读。

的学校，与企业共同培养职业人才。所有联邦州的青少年在完成第9年或第10年全日制学校义务教育后，如果没有进入全日制普通中学或全日制职业中学（例如职业专门学校或职业文理中学），那就有义务接受3年的双元制职业中学教育。其班级按职业分类划分，课时数一般情况下达到每年480课时。课程内容既包括专业课，又包括普通教育课（例如德语、政治等）。3年学习结束后，进行理论和实践考试，及格者获得相关专业资质证明。双元制职业中学是职业教育在此阶段的主要学校类型，也是双元制中等职业教育的实施主体。本文第三部分将对此教育模式展开深入的分析。

4. 职业专门学校。它属于中等职业教育的全日制学校，其学生为从事相关职业活动，获得相应的职业技能，同时学习相应的普通教育文化知识。学制为1～3年，视专业不同而异。

5. 职业建立学校。职业专门学校的毕业生可以升入此类学校，或至少在双元制职业中学上满半年后进入此类学校。全日制学校学制1～1.5年，非全日制学校学制3～3.5年。

6. 专科高中。其教育在德国教育体系内为第11及第12年级，入学以中等学校教育文凭为前提。专科高中传授普通教育文化知识、专业理论知识及专业实践技能，毕业生可获得普通高校入学资格。实践技能教育安排在第一学年，全年每周4天，每周至少8小时课堂教学。

7. 职业高中。其学制为两年全日制教学，毕业生可获得与专业相关的高校入学资格，学生也可采取非全日制形式学习，但学制相应延长。

8. 职业文理中学。它在德国部分州设置，以文理中学的高年级形式设立，课程教学的职业相关性较强，学制为3年。入学前提为中等学校教育文凭，同时相应科目的分数符合进入文理中学的要求，或者取得同等教育的文凭。学生毕业即可获得普通高等学校入学资格。

第三级教育阶段不仅包括高等教育领域，也包括高等专科学校为主的职业教育领域。例如，农业领域的高等专科学校要求中等职业教育毕业，在已有的职业经验基础上，以深入的专业学习及扩展的普通教育文化知识为教学内容。

三、贯穿职教体系的双元制职教模式

德国作为一个高度发达的工业化国家，职业技术教育走在世界前列。双元制职业教育模式享誉世界，是企业与职业学校密切配合、实践与理论同时并举的职业教育制度，对德国中等技术人才储备起到不可替代的作用，因此成为包括中国在内的多个国家学习的对象。

20世纪30年代起，德国中央官僚机构开始通过制定统一的教学计划，将企业培训与职校教学紧密地联系在一起，这种校企合作的培训模式持续了下来并得以发展。1948年德国教育委员会首次使用了双元制一词描述存在了100多年的校企共同培训的形式。1969年，德国政府颁布了《职业教育法》，标志着双元制作为一个完整的培训体系完成了制度化的进程。20世纪70年代中期，为了满足没有条件单独承担培训工作的中小企业对培训的需求，在联邦政府的促进和资助下，行业协会建立了许多跨企业的培训中心，作为企业培训不足的补充。20世纪80年代后，德国对双元制职业教育不断进行修改和调整。1990年两德统一后，双元制职业教育进入一个新的发展时期，原民主德国地区的职业教育仿照原联邦德国的模式进行改革。

1. 双元制中等职业教育模式概况

德国双元制中等职业教育目前拥有国家统一提供的327种不同的须经培训的职业。教育期限分为36个月（大部分所涉职业）及24个月（8%的所涉职业）。2013年接受双元制中等职业教育的年轻人达到了

140万，工业及贸易领域约占59%，手工业领域约占27%，自由职业领域约占8%。

德国完善的法律体系为双元制中的"企业教育"和"职业学校教育"这两元提供了有力的法律保障。针对"企业教育"这一元，在联邦层面上，《联邦职业教育法》通过协调资方、劳方、行会和国家机关来组织除手工业领域外的职业教育。《手工业法》则针对手工业领域所涉及的职业，是对企业实施职业教育进行规定的法律。在其授权的基础上，由执行机构颁布关于职业教育实践的框架性法规。例如，《职业教育条例》、《实训教师资格条例》、《师傅证书考试条例》等。其中，全德统一的《职业教育条例》确保了各州职业资格证书的等值和互认。当地的职业教育负责机构为各行业的行会，负责监管各行业领域下《职业教育条例》的实施。参与职业教育的企业则须经州法定主管部门批准，对其大小、设备状况、管理标准等基本要求，由包括经济部和教育部在内的联邦相关部委共同商定。此外，企业与学徒签定《职业教育合同》，确保双方义务的履行。针对"职业学校教育"这一元，各联邦州颁布了相应的教育教学法律。职业学校的授课部分，以各州的教学大纲为准则进行课程规划及设置。此法律体系既保障了双元制模式下企业教育的实施，也保障了各州职业学校教学内容的统一。

2. 高等教育领域下的双元制模式

德国早在上世纪70年代，以把位于中等职业教育阶段的双元制原则应用于高等教育阶段为基本思路，出现了职业教育高移的现象。这种现象主要体现在职业学院和双元课程两种形式当中。

上世纪70年代初期创建的双元制校企合作模式的职业学院，是一种特殊形式的高等教育，其机构本身并不属于高等教育范畴，但由于德国文教部长联席会议承认其文凭与应用科技大学的文凭等值，因此客观上使职业学院享有了高等院校的地位。自2009年起，德国巴符州的职业学院更名为"巴符州双元制大学"，被德国大学校长联席会议认定为等同于应用科技大学，从而真正确立了高等教育的地位。教学计划和培训课程由学校和企业组成的专业委员会共同制定，双方共同参与教学与实训过程。企业不仅参与专业理论知识的传授，还要补充特定的应用性专业知识。在教学上采取工读交替的形式，技能培训主要在企业完成。

职业教育与高等教育衔接的另一条途径是德国高校开设的双元制课程。目前，此类学士和硕士课程的总量已达1000多门，其中90%的课程由应用科技大学开设，综合性大学只占10%。学生在高校学习的同时，又在企业从事相应的生产实践活动，课程内容与生产实践得到了有机结合。目前，双元制课程类型共分四种：大学理论学习与职业教育相融合、大学理论学习和企业实践相融合、大学理论学习和职业相融合、大学理论学习和职业平行。

上述两种形式拓宽了职业教育与高等教育的衔接途径，使学生在较短的时间内既能接受高等教育又能学到职业技能，实现学历证书和职业资格证书"双证"教育。

四、对中国构建现代化职教体系的借鉴

纵观德国职业教育体系、社会各界在其中发挥的作用以及其本身为适应时代发展而进行的自我调整，对我国构建现代化职业教育体系的借鉴作用有如下几点：

第一，职业教育不同于普通教育，对国家的经济发展意义重大。德国的职教体系不仅涉及职业学校的建设、职教师资的培养，而且还与成百上千个工种职业、各行业的行会以及相关政府部门紧密相关。在这一复杂的职教系统中，利益攸关方众多。通过设立相关法律各利益群体，提供了示范。

第二，德国职业教育的成功得益于企业积极主动地参与职业教育事业并为此投资，这是现代职业教育体系成功运作的关键。当参

与职业教育本身并没有给企业带来经济收益的时候，国家有必要通过法律赋予其相应的义务。除了这种自上而下的实施机制外，也可以通过自下而上的方式，通过相关部门的牵线搭桥，使有员工储备需求的企业对接相应等级的职业学校。

第三，社会对职业教育的认同，是职校和企业获得良好生源的前提条件。除了提高职校生和职校毕业生的经济待遇以外，还要广泛宣传职业教育对人才培养、经济发展和社会稳定的积极作用，充分肯定职业教育与普通教育、应用型高校与研究型高校的等值，为职校毕业生搭建好继续深造的立交桥，消除其学术发展的后顾之忧。

第四，德国双元制职教理念在高等教育体系下的灵活发展，是对实践应用能力和学术素养的深层次解读。在德国，双元制高等教育并非"次等"教育，其凭借优秀的生源及高质量的就业更加偏向"精英"教育。对于我国应用型本科院校的发展，这样的思路具有借鉴意义。我们应当积极寻找实践应用能力和学术素养的结合点，以两者互补的思路去设计课程，重新审视我国应用型本科院校的定位，培养出符合就业市场需求的高级应用型人才。

Bernd Seuling[1]

Berufsbildung Made in China 2025 Herausforderungen und Lösungsansätze für die Ausbildung 4.0

1. Die Vierte Industrielle Revolution – Made in China 2025

„Industrie 4.0"[2] ist eine Zukunftsvision, die erstmals 2011 bei der Hannover Messe einer breiteren Öffentlichkeit vorgestellt wurde: *Big Data, Virtual Reality, Smart Factory, Smart Grid, Mobile Computing und Internet of Things* sind prominente Vertreter dieser Vision. „Industrie 4.0" soll die Antwort auf eine neue Welt der vernetzten Systeme geben. Sowohl Prozesse, Maschinen, Produkte, bis hin zu einzelnen Komponenten, die über das Internet verbunden, über die Systemgrenzen

---

1 Der Autor, Herr Dr. Bernd Seuling, ist Repräsentant der Hanns-Seidel-Stiftung in Shanghai.

2 Eine klare und einheitliche Definition von Industrie 4.0 lässt sich der Literatur nicht entnehmen. Eine sehr grobe Einteilung bezüglich der vier industriellen Stufen kann wie folgt vorgenommen werden. Industrie 1.0 (Mechanisierung): Entwicklung der ersten regelbaren Dampfmaschine durch Thomas Newcomen (1712), die die mechanischen Webstühle antrieb und die ersten industriell gefertigten Produkte ermöglichte. Industrie 2.0 (Elektrifizierung): Die Einführung der Fließbänder ab 1870 in den Vereinigten Staaten von Amerika und der damit verbundene Beginn der Massenfertigung. Industrie 3.0 (Automatisierung): Mit der Mikroelektronik ab Mitte der 1970er Jahre wurden die ersten speicherprogrammierbaren Steuerungen in den Fertigungsprozessen integriert und somit der Grundstein für die Serienfertigung gelegt. Industrie 4.0 (Digitalisierung): Seit Anfang des 21. Jahrhunderts verbreiten sich verstärkt cyber-physische Systeme in der industriellen Fertigung, die über eine Dateninfrastruktur zwischen der physischen und der virtuellen Welt Daten automatisiert austauschen. Eine industrielle Einzelfertigung und somit die Individualisierung der Produkte scheint in naher Zukunft auch im größeren Stil greifbar zu sein.

hinaus smart und effizient Daten austauschen, spiegeln diese neue Welt des Informations- und Kommunikationszeitalters. Eine bisher unerreichte Wertschöpfung soll durch den von Innovation und Nachhaltigkeit getragenen rasanten, technologischen Fortschritt ermöglicht werden. Hierdurch entsteht eine digitale Welt, die Menschen und Dinge vernetzt, die jeden industriellen Prozess abbildet und weit über eine intelligente Fabrik hinausgeht. Es kommt zu einem „anhaltenden Wandel der Wertschöpfungssystematik, die sich durch Strukturen, Prozesse und den Gegenstand der Wertschöpfung konstituiert"[1]. Neben den gewaltigen Chancen stecken aber auch Risiken einer disruptiven Entwicklung in Industrie 4.0.

1.1 Made in China 2025

„Made in China 2025" ist zusammen mit „Internet Plus" ein im Jahr 2015 von der chinesischen Staatsregierung aufgelegtes Innovationsprogramm zur Steigerung der Qualität der industriellen Produktion. Neben der Erhöhung der Qualität soll auch die überaus ineffiziente Industrieproduktion verbessert werden. Als Werkbank der Welt hat China inzwischen fast ausgedient. Durch die seit 2010 jährlichen Lohnsteigerungsraten von nahezu 10% sind die Löhne, bezogen auf 2010, inzwischen um mehr als 60% gestiegen, wodurch China zunehmend seine Funktion als Billigproduzent verliert. Bis 2020 soll nach Plänen der Regierung das Bruttosozialprodukt (BSP) verglichen zu 2010 um 100% steigen. Haben sich noch zu Beginn des zweiten Jahrtausends im großen Stil Produktionskapazitäten in China angesiedelt, so hat sich diese Entwicklung wesentlich verlangsamt. Parallel zu diesem Prozess ist eine Verlagerung der Produktionsstandorte mit gerin-

---

1   Redlich 2011, S. 2

gem Innovationspotenzial und geringer Fertigungstiefe in das Inland Chinas zu beobachten. Stark umweltschädigende Industrieanlagen werden in den östlichen Ballungszentren ab- und im Landesinneren wiederaufgebaut. Ausländische Investoren mit neuen Technologien sollen durch vereinfachte Genehmigungsverfahren und weniger Regularien in die gut vernetzten, großen Wirtschaftssonderzonen mit gut ausgebauter Infrastruktur ansiedeln.

Der Strukturwandel ist bereits heute in den östlichen und südlichen Küstenregionen sichtbar. Mit Ausnahme von Deutschland herrscht international ein Trend hin zur Abnahme des industriellen Wachstums vor, ein Trend, der sich auch in China wiederfindet. Nach langen Jahren hoher Zuwächse erreichte im Jahr 2007 die Wachstumsrate der industriellen Produktion mit 18,5% ihren Höhepunkt. Im selben Jahr lag die Steigerung des BSP bei 14,2% und damit nur noch um vier Prozentpunkte niedriger als die industrielle Produktion. Über die Jahre hinweg verringerten sich die Wachstumsraten, bis im Jahr 2015 die industrielle Produktion auf lediglich 6,0% sank und somit erstmals niedriger war als das Wachstum des BSP mit einem Wert von 7,0%[1].

1.2   Von der Werkbank der Welt zu „Made in China 2025"

Ohne Zweifel hinkt China im internationalen Vergleich seinen westlichen Wettbewerbern in der Industrieproduktion hinterher. Der Staat unternimmt große Anstrengungen, um seine Staatsbetriebe zu modernisieren. Und er muss, um erfolgreich zu sein, seine Steuerungspolitik korrigieren und die geschaffenen Überkapazitäten in einzelnen Sektoren abbauen.

---

1   Vgl. Liu Lunan 2015, S. 13

Chinas Technologieambitionen spiegeln sich im Industrieprogramm zur Förderung von zehn Schlüsseltechnologien, über die der Anschluss Chinas zu den Industrienationen erreicht werden soll. Interessant, aber nicht überraschend für die deutsche Wirtschaft, ist die Konzentration auf neue Informationstechnologien und numerisch gesteuerte Werkzeuge. Zudem rücken neben neuen Materialien, Bahn-, Medizin-, Luftfahrt- und Energietechnik auch Energieeinsparung und Hightech-Schiffe in den Fokus, allesamt Schlüsseltechnologien die zum Rückgrat der deutschen Industrie gehören.

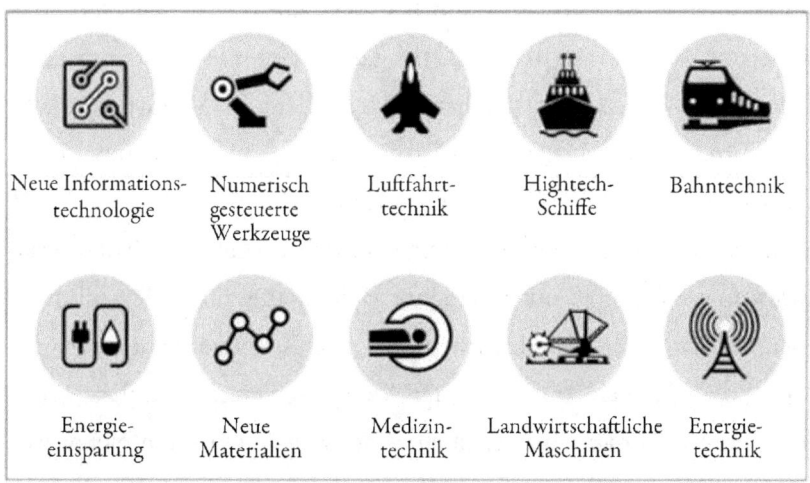

(Abbildung 1: People Daily China, 2015)

Beim Übergang von der „Werkbank der Welt" auf „Made in China 2025" wird der Umbruch in der Produktionsstruktur große Umwälzungen zur Folge haben. So befindet sich die chinesische Industrieproduktion heute noch zum großen Teil im Wandlungsprozess von Industrie 2.0 auf 3.0 mit einem relativ geringen Anteil an Automatisierung. Massenproduktion bei geringer Fertigungstiefe und schwach ausgeprägter eigener Innovation dominieren noch heute das Bild chinesischer Industrieproduktion, was zur Folge hat, dass nur ein kleiner Teil der Wertschöpfung im Land generiert wird. Obwohl Apples iPhone größtenteils in chinesischen Fabriken millionenfach produziert wird, ist der Verbleib an Profit marginal, nur 1,9% der Wertschöpfung und auch des Profits[1] finden in China statt.

Gleichzeitig strebt China mit seinem Technologiefahrplan an die Weltspitze. Obwohl China, verglichen mit den Industriestaaten, nur wenige Roboter pro 100 Arbeiter einsetzt ist es bereits heute der größte Importeur von Industrierobotern. Angesichts der steigenden Lohnkosten soll die Anzahl von Industrierobotern in weniger als fünf Jahren auf mindestens 50% und bis zum Jahr 2025 sogar auf 80% ausgebaut werden. Im Oktober 2015 wurde das erste selbst entwickelte Passagierflugzeug des staatlichen Herstellers COMAC vorgestellt. Der Mittelstreckenflieger C919 ist ein Beispiel für die zunehmende Eigenständigkeit der chinesischen Luftfahrtindustrie, auch wenn heute noch wesentliche Komponenten wie Bordelektronik oder Triebwerke durch Joint-Ventures mit westlicher Beteiligung zustande kommen. Nicht zuletzt sind es die Informations- und Kommunikationstechnologien, die China einen Platz an der Weltspitze verschaffen. Das Technologieunternehmen Huawei ist eines der weltweit größten Netzwerkausrüster, das binnen kurzer Zeit zur Weltspitze aufschließen konnte und in einem Markt mit hoher Innovationsdynamik die europäischen Wettbewerber inzwischen weit hinter sich lässt. Die getätigten Investitionen im Bereich Forschung & Entwicklung in Schlüsseltechnologien machen sich schon heute in Form von Patentabsicherungen und Lizenzgebühren bemerkbar.

Die von langer Hand geplante „Made in China 2025"-Strategie ist eingebettet in einer staatlichen Infrastruktur- und Innovationspoli-

---

1   Vgl. Neumann 2016, S. 120

tik. Sie bietet chinesischen und ausländischen Unternehmen genügend Unterstützung für Investitionen in Forschung und Entwicklung an, um einen wenig erschlossenen Absatzmarkt mit gigantischem Potenzial zu eröffnen. Sowohl für chinesische als auch für westliche Unternehmen erscheint China weiterhin als ein unermesslicher Absatz- und Beschaffungsmarkt mit überschaubaren Risiken.

Wenn die industrielle Revolution „Made in China 2025" weiterhin mit hohen Tempo voranschreitet, so wird bei zukünftigen Produktions- und Fertigungsverfahren mit massiven Auswirkungen zu rechnen sein, die insgesamt die Erwartungen an Fachkräfte, sowohl im akademischen als auch nichtakademischen Bereich, neugestalten werden.

2. Fachkräftemangel als Folge der industriellen Erneuerung

Auch wenn man momentan nicht davon ausgehen kann, dass in absehbarer Zeit die Produktionsstätten und Fabriken menschenleer und nur noch von Robotern bevölkert sein werden, nimmt die vernetzte Produktion der Maschinen untereinander weiter zu, wobei die von Sensoren generierten Daten zur Optimierung der komplexen Prozessabläufe genutzt werden. Die *Smart-Factory*, wie sie auch oftmals genannt wird, gewinnt allmählich, ja geradezu evolutionär, an Kontur. Dies kann nicht sofort erreicht werden, sondern es braucht Zeit, bis die entstehenden Komplexitäten beherrscht werden. Diese Zeit muss aber für die Qualifizierung der Fachkräfte genutzt werden, um nicht festzustellen, dass die benötigten Qualifikationen am Ende fehlen und der *Smart-Factory* die „smarten Kollegen" ausgehen, bevor der Strukturwandelprozess überhaupt richtig begonnen hat.

2.1   Fachkräftemangel im MINT-Bereich

Bei dieser Entwicklung kommt den Fachkräften aus dem MINT-Bereich sowohl in Deutschland als auch in China eine hohe Bedeutung zu. Das Institut der deutschen Wirtschaft Köln zeigt in ihren jährlichen MINT-Herbst und Frühjahrsreporten die aktuellen Entwicklungen für Deutschland auf. Wiederholt wurde auf den Zusammenhang von Innovation und Fachkräfteausstattung hingewiesen.[1] Zwar zeigt sich zumindest für den akademischen Bereich eine Deckung des Bedarfs an Arbeitskräften, jedoch ergibt sich im Berufsbildungsbereich ein vollkommen anderes Bild. Weder für den demografischen Ersatzbedarf noch für den Expansionsbedarf werden bis zum Jahr 2020 genügend Fachkräfte qualifiziert werden können. „Insgesamt dürften ohne Fachkräftesicherungsmaßnahmen am Ende des Jahrzehnts in Deutschland rund 1,4 Millionen MINT-Fachkräfte fehlen."[2]

Eine Untersuchung von Liu Xiaohui aus dem Jahre 2009 zeigt für China bis zum Jahr 2020 einen Bedarf von 149 Millionen Fachkräften auf. Die zu erwartende Lücke ist mit 9,27 Millionen alleine im MINT-Bereich gewaltig und birgt für eine gewünscht stabil zunehmende industrielle Produktion eine große Gefahr. Sollten die gegenwärtigen Maßnahmen der Staatsregierung, die Attraktivität der Ingenieurs- und technischen Berufe zu erhöhen, nur unzureichend greifen, wird mittelfristig der Wandel hin zu „Made in China 2025" aufgrund fehlender Fachkräfte nicht gelingen.

Die genauere Betrachtung der Untersuchung von Liu zeigt, dass 59%, und somit weit mehr als jeder zweite Arbeitsplatz von den knapp 150 Millionen Stellen durch ausgebildete Facharbeiter oder hö-

---

1   Vgl. Anger et al. 2015, S. 4
2   Vgl. ebd. S. 8

her qualifizierte Meister und Techniker zu besetzen sind. Zudem ergeben sich noch 5%, also 7,5 Millionen, der Beschäftigungsmöglichkeiten für Hochschulabsolventen im MINT-Sektor und 1% der Arbeitsplätze für höchstqualifizierte Spezialisten. Die neu zu besetzenden Stellen sind zukünftig zu 2/3 durch qualifizierte, höher qualifizierte und hochqualifizierte bis hin zu höchstqualifizierte Fachkräfte zu besetzen. Das nahende Ende der Billigproduktion lässt auch in China den Bedarf an un- bzw. angelernten Arbeitern stetig abnehmen. Im Jahr 2020 verbleiben demnach nur noch 35% der Stellen oder lediglich 52 Millionen Arbeitsplätze für das große Heer der Wanderarbeiter, die bisher mit einer kurzen Unterweisung in ihre Arbeit eingeführt werden konnten.

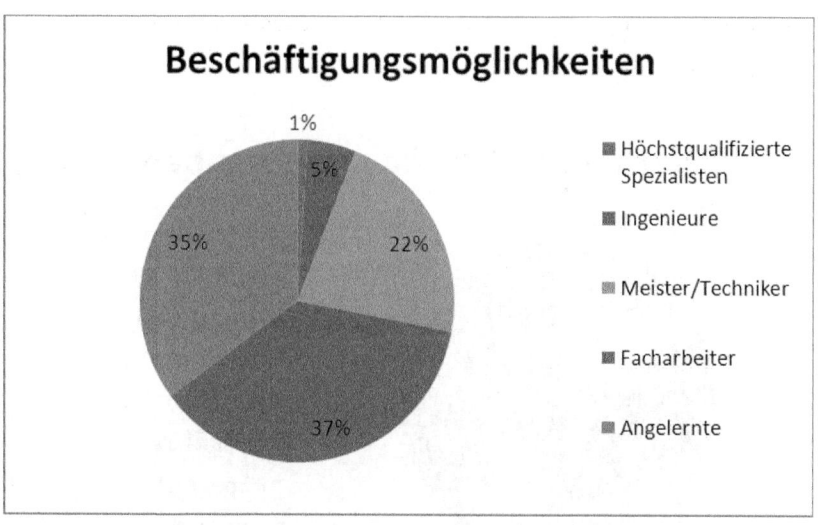

Abbildung 2: Forecast China 2020; Quelle Liu, 2011; eigene Darstellung

2.2 Investitionen in Bildung

Wenn also der Strukturwandel vorangetrieben werden soll, so muss sich dies auch in einer angepassten Finanzierung und einer entsprechenden Entwicklung der Schüler und Studentenzahlen innerhalb des

Bildungssystems spiegeln. Im positiven Fall würde sich der Bereich der nichtakademischen Bildung gegenüber der akademischen Bildung stärker entwickeln. Zahlen aus dem Jahr 2011 zeigen beispielsweise jedoch für Universitäten in China einen Anteil von 18% am Bildungsbudget. Der Anteil an beruflichen Colleges und Berufsschulen macht insgesamt mit nur 11% aus. Von diesem Betrag entfallen 4% auf die beruflichen Colleges und 7% auf die Berufsschulen. Das von China selbst gesetzte Ziel bis zum Jahr 2000 mindestens einen Anteil von 4% am BIP für die Bildungsausgaben zu erreichen, konnte trotz der raschen Entwicklung des Bildungswesens und der damit einhergehenden starken Erhöhung der Ausgaben erst im Jahr 2011 erfüllt bzw. überschritten werden. Im Vergleich zum OECD-Durchschnitt, der 2011 bei 5,3% lag, liegen Chinas Bildungsausgaben immer noch um ein Viertel niedriger.

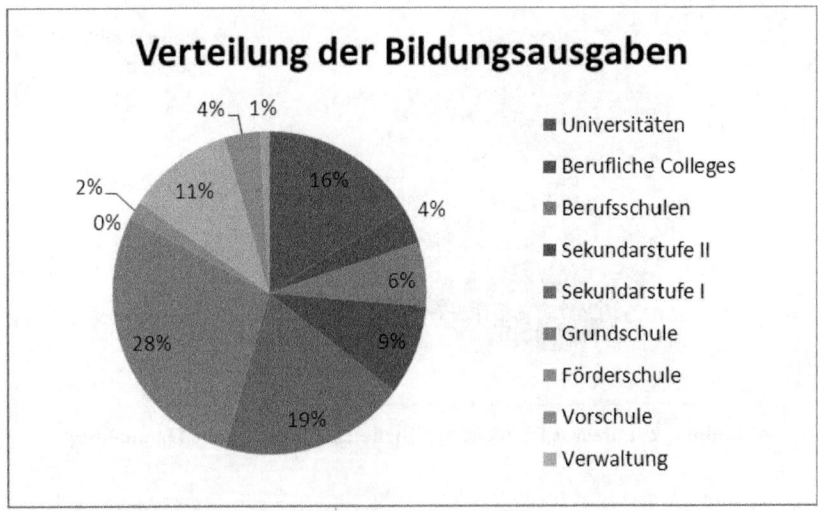

Abbildung 3: OECD 2015; eigene Darstellung

2.3   Entwicklung der Schüler- und Studentenzahl bis 2020

Neuere Zahlen des MoE aus dem Jahr 2015 geben einen Überblick über die Entwicklung der Schüler- und Studentenzahlen. Waren 2009 noch 64,25 Millionen Schüler und Studenten in Berufsschulen, beruflichen Colleges und Hochschulen eingeschrieben, so werden es bis zum Jahr 2020 voraussichtlich 73,8 Millionen sein. Zwischen 2009 und 2020 wird die Zahl der Schüler und Studenten demnach voraussichtlich um mehr als 12% ansteigen. Aus deutscher Sicht erscheint es verwunderlich, dass die Zahl der Bachelor-Studenten erheblich über der der Berufsschüler liegt. Waren 2009 noch 23% mehr Bachelor als Berufsschüler eingeschrieben, so soll sich bis 2020 der Trend fortsetzen und sich der Anteil auf insgesamt 29% erhöhen.

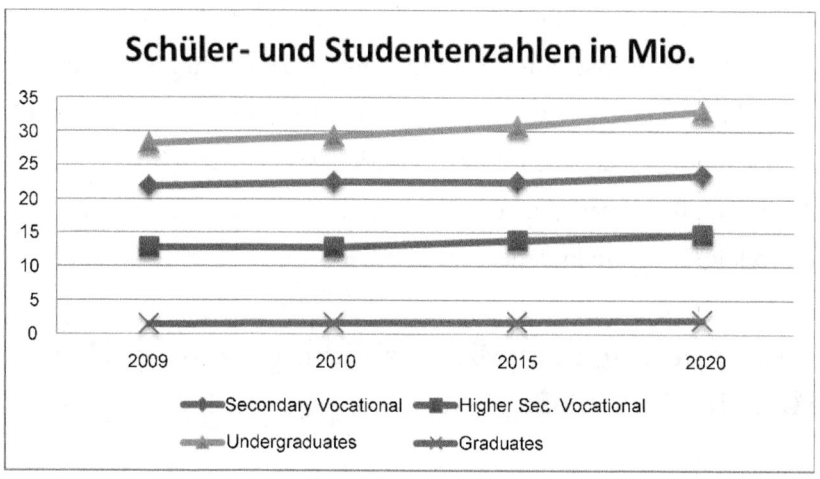

Abbildung 4: Yuan Guiren, 2015, eigene Darstellung

Setzt man nun die Bildungsausgaben für Schüler und Studenten ins Verhältnis, so fällt die vergleichsweise gute finanzielle Ausstattung der Hochschulen im Vergleich zu den Berufsschulen auf. Bedenkt man zudem, dass eine hochwertige technische Ausbildung an den Berufsschulen sehr kostenintensiv ist, so verwundert es kaum, dass die Ausbildungsqualität nicht den Bedürfnissen einer modernen Fertigungsstätte im Sinne einer Industrie 4.0 entsprechen kann. Natürlich muss an dieser Stelle jedoch auf die aktuellen Anstrengungen der

Staatsregierung für den beruflichen Bereich verwiesen werden, die implizit im 13. Fünfjahresplan für die berufliche Bildung festgeschrieben sind und den Praxisbezug besonders stark durch zusätzliche finanzielle Mittel fördern soll. Dies kann aber nicht darüber hinwegtäuschen, dass in China nach wie vor eine Fokussierung auf die akademische Bildung vorliegt. Diese Fokussierung, sowie die Tatsache, dass deren Abgänger, von wenigen Ausnahmen abgesehen, dennoch allenfalls mittelmäßig sind, werden den Anforderungen eines „Made in China 2025" oder „Internet Plus" bei Weitem nicht gerecht. Die Akademikerschwemme ist ein deutliches Zeichen dieser Fehlentwicklungen. Die geplante Umwandlung von 600 Universitäten in Hochschulen für angewandte Wissenschaften ist ein wichtiger und richtiger Schritt für die Zukunft Chinas. Anwendungsorientierte Ausbildungen sowohl im akademischen als auch im nichtakademischen Bereich können die Qualifikationen liefern, die eine moderne, vernetzte und automatisierte Produktionsstätte in naher Zukunft benötigt.

3. Anforderungen an die Ausbildung 4.0 bzw. TVET-Made in China 2025

Die Verschmelzung der realen mit der virtuellen Welt, also die Vernetzung von Mensch und Maschine, Werkzeugen und Halbzeugen, Normteile und Produkten etc., die über Sensoren und Aktoren permanent Informationen austauschen, haben erhebliche Folgen auf die Art und Weise einer modernen industriebezogenen Ausbildung. Hier sollen Ausbildung 4.0 bzw. TVET-Made in China 2025 im Sinne von Industrie 4.0 bzw. „Made in China 2025" betrachtet werden.

3.1 Ausbildung 4.0

Die Zunahme der Digitalisierung für eine gesteigerte Prozessoptimierung muss in den Berufsbildern – ob alt oder neu – abgebildet werden. Zunächst stellt sich aber die Frage, ob nicht schon in den vorhandenen Berufsbildern bzw. schulischen Curricula genügend Raum für die notwendigen Anpassungen vorhanden ist. Die deutschen Ausbildungsberufe beziehen sich spätestens seit der Einführung des Lernfeldkonzeptes durch den Beschluss der Kultusministerkonferenz (KMK) von 1996, stärker auf die wechselseitigen Bezüge von Wissen und Können. Basis für den Unterricht bildet dabei die berufliche Handlungsstruktur, die sich an realen betrieblichen Handlungssituationen ausrichtet. Die Auszubildenden lernen in einem ganzheitlichen Prozess anhand einer vollständigen Handlung, welche neben dem Informieren, Planen, Entscheiden, Ausführen, Kontrollieren und Bewerten auch das Handeln beinhaltet. Entscheidend ist demnach die Trias aus Wahrnehmen, Denken und Tun. Schelten betonte hierzu schon 2007, dass das Wahrnehmen und Denken aber erst dann zur vollständigen Handlung werden, wenn beides in ein Tun mündet. „Das Tun wirkt auf Wahrnehmen und Denken rückkoppelnd zurück, indem es beides verändert und erweitert."[1] In Deutschland war es zunächst ein schwieriger Prozess, die Berufsschullehrer für den neuen Weg zu begeistern, da die Lehrer bei dem handlungsorientierten Unterricht und den Lernfeldkonzepten alleine gelassen wurden. Die Universitäten konnten kaum Hilfestellungen geben, wie der Schritt von der Fächertrennung hin zum fächerübergreifenden Unterricht gelingen kann. Mehr als zehn Jahre benötigten die Schulen, um ihren

---

1   Schelten 2012, S. 74

eigenen Weg zu finden, bis sie heute selbstbewusst mit Hilfe einer Handlungsstruktur eine problemorientierte Handlungssituation entwickeln und diese mit ihren Kollegen, zum Teil gemeinsam, im Unterricht umsetzen konnten.

Eine moderne Ausbildung, die den Anforderungen einer Industrie 4.0 gewachsen sein will, benötigt genügend gestalterischen Freiraum innerhalb eines Rahmenkonzeptes, das den Bedarf an künftigen Qualifikationen der Unternehmen im Fokus hat. Dies gilt grundsätzlich für die meisten Berufe in der bisher angelegten Ausbildungsstruktur und dementsprechend ist für die Mehrzahl der dualen Ausbildungsberufe zunächst kein Strukturwandel zu erwarten. Dies heißt aber nicht, dass es nicht zu Anpassungen in anderen Bereichen kommen wird. Selbstverständlich wachsen schon heute in einer Industrie 4.0, dort wo es zu einer intelligenten Vernetzung der gesamten Produktion zwischen Mensch, Maschine, Produkt und Prozess kommt, auch die Ausbildungsberufe an den Schnittstellen Maschinenbau, Elektrotechnik, Verfahrenstechnik und Informatik enger zusammen. Ausbildung 4.0 bedeutet auch eine Fusion bisher getrennter Bereiche und eine Erweiterung der Kernberufe. Informatiker, Elektriker und Industriemechaniker verschmolzen je nach Schwerpunkt, ob Mechanik oder Elektronik, zum Mechatroniker oder Elektroniker für Geräte und Systeme. Zukünftig müssen die Fachkräfte 4.0 Schnittstellenkompetenz mitbringen. Es reicht nicht mehr aus, sich als Informatiker lediglich auf die Programmentwicklung oder als Industriemechaniker auf die Produktfertigung zu konzentrieren, sondern Fachkräfte 4.0 verfügen als Allrounder über eine breite Basis und eine Spezialisierung zur Systemkonfiguration und Systemoptimierung. In Ausbildung 4.0 ist eine gemeinsame Fachsprache angelegt, um Probleme an den Schnittstellen Informatik, Elektrotechnik und Mechanik zu vermeiden und die komplexen Systeme und Prozesse in der *Smart-Factory* mit Hilfe neuer Daten- und Informationsströme optimiert steuern zu können.

3.2 TVET-Made in China 2025

Betrachtet man heute die Ordnungsmittel und den Unterricht an chinesischen beruflichen Bildungsinstitutionen, so fällt auf, dass berufsbezogene Aufgabenstellungen innerhalb zusammengehöriger Arbeitsprozesse nicht die Regel sind. Berufliches Lernen unterteilt sich immer noch weitgehend in Theorie und Praxis. Der Unterricht isoliert strukturell die Praxis von der Theorie und die Theorie ist ohne Bezug zur Praxis. Die Ursachen hierfür sind vielfältig und gehen nicht zuletzt auf den Ursprung vieler Berufsschulen von 1996 zurück. Damals wurde eine große Zahl allgemeinbildender Mittelschulen quasi über Nacht zu Berufsschulen umgewandelt und die im System vorhandenen Lehrer zu Berufsschullehrer ohne Beruf. Lehrer die gestern noch Mathematik, Physik oder Chemie unterrichteten, sollten plötzlich ohne grundlegende Vorbereitung bspw. KFZ-Mechaniker oder Industriemechaniker unterrichten. Dies konnte nicht gelingen und der Abstand zwischen Theorie und Praxis war und ist auch heute noch für die meisten Lehrer und Ausbilder unüberwindbar. Solange Berufsschullehrer nicht in der Lage sind die Abschlussprüfungen ihrer eigenen Schüler und Auszubildenden sowohl in Theorie als auch in der Praxis zu bestehen, solange wird sich die Berufsausbildung in China nicht entwickeln können. Die gesteigerten Anforderungen in der industriellen Produktion von Industrie 2.0 bzw. 3.0 auf 4.0 verlangen auch eine Entwicklung in der Qualität der Berufsausbildung und damit auch in der Qualität der Berufsschullehrer und Ausbilder.

Im Mai 2014 veröffentlichte der Staatsrat seine Entscheidungen für eine Beschleunigung der Entwicklung hin zu einer modernen beruflichen Ausbildung[1] mit dem Ziel, bis zum Jahr 2020 ein modernes Berufsbildungssystem mit chinesischer Prägung auf Weltniveau etabliert zu haben. Der Unterricht soll sich demnach an den Anforderungen und Entwicklungen der Industrie ausrichten. Dies bezieht sich nicht nur auf die Berufsschulen und Colleges, sondern auch auf die allgemeinbildenden Schulen und inkludiert das Konzept des lebenslangen Lernens. Unternehmen werden zudem aufgefordert sich selbst stärker in der beruflichen Bildung zu engagieren und ggf. auch eine Führungsrolle in der Berufsausbildung zu übernehmen. Über ein noch nicht vollständig definiertes Set an Anreizen sollen die Firmen hierzu motiviert werden, auch (Werks-)Berufsschulen zu gründen und in Kooperation mit weiteren Akteuren die gesamte Fertigungskette abzubilden.

So hart es auch klingt, befindet sich China trotz großer Anstrengungen weitgehend noch in der Phase Ausbildung 1.0 bzw. TVET-Made in China 1996. Die Bildungskommission der Stadt Shanghai hat diesen Missstand erkannt und im letzten Jahr ein vielversprechendes Projekt begonnen. Die Hanns-Seidel-Stiftung, das bayerische Kultusministerium und die Bildungskommission Shanghai sowie deren untergeordneten Institutionen entwickelten ein Konzept zur Erhöhung des Praxisbezugs von Elitelehrern. Theorielehrer werden innerhalb von sechs Monaten sowohl in Shanghai als auch in Deutschland weiterqualifiziert. Der Schlüssel zu einer besseren Lehrer- und Ausbilderqualität liegt auch hier in einer Trias: 1. Stärkung des fachpraktischen Könnens für Lehrer aus dem Theoriebereich bzw. theoretische

---

1   State Council 2014

Unterfütterung von Praxislehrern und Ausbildern[1], 2. methodisch-didaktische Nachqualifizierung des Ausbildungs- und Lehrpersonals zur Entwicklung und Durchführung berufsbezogener Projekte und 3. ein Paradigmenwechsel des Unterrichtens und Unterweisens. Das Verhältnis von Systematik im Sinne von wissenschaftlicher Fachsystematik und Kasuistik im Sinne von betrieblicher Handlungssystematik erweist sich nach Pahl (2010) somit als Dreh- und Angelpunkt curricularer sowie fachdidaktischer Fragestellungen.[2] China muss, um erfolgreich zu sein, auch hier möglichst bald eine Anpassung vornehmen.

4. Handlungsempfehlungen zur Implementierung einer modernen Berufsbildung TVET-Made in China 2025

Anhand der hier dargestellten Überlegungen zur Ausbildung 4.0 und Berufsbildung TVET-Made in China 2025 wird deutlich, dass sich in der chinesischen Berufsbildung noch viel verbessern muss, um den Anforderungen einer Industrie 4.0 oder eines „Made in China 2025" gerecht zu werden.

4.1 Vorüberlegung

Sowohl deutsche als auch chinesische Unternehmen müssen Gewinne erwirtschaften, um langfristig bestehen zu können. Profitorientierung ist weder in der bundesdeutschen sozialen Marktwirtschaft noch in der sozialistischen Marktwirtschaft mit chinesischen Merkmalen ver-

---

1   Praxislehrer wurden bei der Maßnahme nicht beteiligt, sollten aber bei einer Konzeption zur Verbesserung der Unterrichtsqualität mitberücksichtigt werden.
2   Pahl 2010, S. 450

werflich. Die Unternehmen stehen in einem globalen Wettbewerb zueinander und müssen versuchen ihre Kosten niedrig zu halten. Deutsche und chinesische Unternehmen gehen bei der Frage nach der Zuständigkeit für die Qualifizierung von Fachkräften getrennte Wege. In Deutschland übernehmen die Unternehmen ca. 90% der Kosten für die Ausbildung von Fachkräften.[1] In China wird dieser Teil vom Staat übernommen. Die Ursachen für die unterschiedliche Herangehensweise liegen nicht nur in der alten Tradition des Handwerks in Deutschland begründet, sondern auch bei den deutschen Industrieunternehmen, die sich in der Verantwortung sehen einen großen Anteil in der Berufsausbildung zu übernehmen. Um es klar zu sagen: Es ist weder beim Handwerk noch bei der Industrie reiner Altruismus, der die Firmen animiert, sich einzubringen. Vielmehr sind es klare Wettbewerbsvorteile, die sie sich aus einem Engagement erhoffen. Zum einem gilt es die Ausbildungsinhalte zu bestimmen und zum anderen sind es, vorausgesetzt es werden genügend Fachkräfte ausgebildet, die relativ niedrigen Stücklohnkosten, die durch die sehr gut qualifizierten nichtakademischen Fachkräfte erreicht werden. Als drittes kommt noch hinzu, dass diese Unternehmen ihre Auszubildenden individuell fördern können und nach Beendigung der Ausbildung eine hervorragende Position innehaben, um die besten Talente für ihr Unternehmen zu gewinnen.

4.2   Gelingensfaktor 1: Die Industrie ist zuständig bei der Änderung bestehender oder bei der Entwicklung neuer Berufsbilder

Das deutsche Verfahren zur Anpassung oder Neuentwicklung bei einer veränderten Berufspraxis ist durch das Berufsbildungsgesetz bzw.

---

1   Vgl. Seuling 2014, S. 32

der Handwerksordnung geregelt. Die Sozialpartner besitzen über ihre Spitzenorganisationen, dem Arbeitgeberverband bzw. den Gewerkschaften, das Initiativrecht und können, neben dem Bundesinstitut für Berufsbildung (BiBB), so ihre Vorschläge beim zuständigen Bundesministerium zur Modernisierung oder Neugestaltung eines Ausbildungsberufes einbringen.[1] Dieses Verfahren stellt den entscheidenden Vorteil des deutschen Systems gegenüber dem chinesischen System dar. Die deutschen Unternehmen entscheiden über die Ausgestaltung der Ausbildungsberufe. Es werden die Qualifikationen vermittelt, die von den Betrieben nachgefragt werden und nicht die Qualifikationen, die die Berufsschulen anbieten können oder wollen. Nur die Betriebe können wissen, welche Anforderungen in Zukunft von ihren Fachkräften benötigt werden, um weiterhin auf dem Markt zu bestehen. Kommt es zu Fehleinschätzungen durch die Betriebe, so werden sie früher oder später nicht mehr wettbewerbsfähig sein und vom Markt gedrängt. Die Ministerien, ob in Deutschland oder in China, sind zum einen den Marktkräften nicht ausgesetzt und wären, zum anderen, auch bei dem Blick in die Zukunft bei weitem überfordert.

4.3   Gelingensfaktor 2: Ausbildungsverträge sind Steuerungsinstrumente der Unternehmen

Es sind die Betriebe, die die Auszubildenden in einem von ihnen definierten Beruf mit einem Ausbildungsvertrag binden und nicht die Berufsschulen, die auf Grund des Sprengels im jeweiligen Ausbildungsberuf, unterrichten. Auszubildende sind keine Arbeiter und demnach primär zum Lernen verpflichtet. Es besteht eine Berufsschulpflicht für die jungen Auszubildenden und auch die Ausbildungsbetriebe sind

---

1   Vgl. Kuppe 2006, S. 22

verpflichtet, ihre Auszubildenden für den Unterricht an der Schule freizustellen.

Ausbildungsberufe, die den Bedürfnissen der Betriebe nicht mehr entsprechen, werden auch nicht mehr abgeschlossen. Diese Nachfrageorientierung durch die Betriebe führt zu einem Korrektiv und verhindert, dass es zu einer Angebotsorientierung durch die vorhandenen freien Ausbildungsplätze an den Berufsschulen kommt. Über geeigneten Auswahlverfahren können sich die Unternehmen schon frühzeitig die besten Talente sichern und gezielt auf die Aufgaben im Unternehmen vorbereiten. Eine Ausbildung am Bedarf vorbei wird hierdurch eher vermieden und die Wirtschaft wird besser mit den erforderlichen Fachkräften versorgt.

4.4   Gelingensfaktor 3: Erhöhung der Attraktivität für eine Berufsausbildung

Die duale Berufsausbildung verliert auch in Deutschland zunehmend an Attraktivität. Durch die Strukturverschiebung der Absolventen allgemeinbildender Schulen und der damit verbundene höhere Anteil an jungen Menschen mit Hochschulzugangsberechtigung kam es 2013 erstmalig zu mehr Studienanfängern als Neuzugängen in der dualen Ausbildung.[1] Die Folgen für den Ausbau von Industrie 4.0 sind schwerwiegend. Wie oben schon dargelegt können weder für den demografischen Ersatzbedarf noch für den Expansionsbedarf die nötigen Fachkräfte qualifiziert werden.

Unter diesen schwierigen Rahmenbedingungen ist zu überlegen, wie mehr geeignete Jugendliche für eine Berufsausbildung gewonnen werden können. Ein Argument, sich für eine Ausbildung zu entschei-

---

1   Vgl. Autorengruppe Bildungsberichterstattung 2014, S. 97

den, ist zumindest in Deutschland, die durch die Ausbildungsvergütung gewonnene finanzielle Unabhängigkeit vom Elternhaus. Nach den aktuellen Zahlen vom BiBB für das Jahr 2015 erhalten bspw. westdeutsche Mechatroniker durchschnittlich 998 Euro im Monat.[1] Für die Unternehmen sind in den anspruchsvollen Industrieberufen die Ausbildungskosten ein Negativposten. So belaufen sich die Bruttokosten nach den Angaben des BiBBs für den Mechatroniker auf 26.339 Euro. Dem stehen lediglich 9.065 Euro Erträge gegenüber und führt zu Nettokosten in Höhe von 17.274 Euro.[2]

Ein weiterer Punkt der ausgebaut werden muss, um die Attraktivität steigern zu können, ist die Öffnung des Bildungssystems für eine Aufstiegsqualifizierung nach der Ausbildung. Sowohl in Deutschland als auch in China werden große Anstrengungen unternommen, um Facharbeitern Zugänge zu einer akademischen Bildung zu verschaffen. Für Industrie 4.0 und „Made in China 2025" sind gerade diese Fachkräfte mit einer grundständigen Berufsausbildung hoch attraktiv.

Im Zusammenhang mit der akademischen Aufstiegsqualifizierung ist in China auch über eine nichtakademische Aufstiegsqualifizierung nachzudenken. Die Stärkung des Meisters und des Technikers könnte die vorhandene Qualifikationslücke zwischen der akademischen und nichtakademischen Ausbildung schließen. Für den Techniker bestehen gute Chancen einer mittelfristigen Etablierung, da es eine sogenannte *white collar* Arbeit ist und der Abschluss im Deutschen Qualifikationsrahmen (DQR) vergleichbar mit einem Bachelorabschluss ist. Eine Variante des integrierten Technikers kann an der Chinesisch-Deutschen Berufshochschule (CDBH) belegt werden.

---

1   Vgl. Bundesinstitut für Berufsbildung 2015, S. 4
2   Vgl. Bundesinstitut für Berufsbildung, S. 2

Die ersten Absolventen der binationalen Kooperation zwischen der deutschen Technikerschule in Passau, der Hochschule für angewandte Wissenschaften in Landshut und der CDBH in Shanghai konnten bereits erfolgreich verabschiedet werden. So gut sich die CDBH und ihre Techniker entwickeln, so schwierig scheint es mit der Meisterausbildung zu werden. Obwohl in Deutschland hochgeschätzt und DQR-Stufe 6, werden die Meister es in China trotz Bachelor-Niveau ungleich schwerer haben, einen angemessenen Platz im Betrieb und in der Gesellschaft zu finden. *Blue-collar* Worker sind in der konfuzianischen Tradition eher geringgeschätzt.

4.5   Gelingensfaktor 4: Ausbau dualer Bildungsgänge

Die Stärke der dualen Ausbildung macht man sich auch bei den artverwanden **ausbildungsintegrierten dualen Studiengängen** zu nutzen. Dabei wird die bewährte duale Berufsausbildung mit einem Studium an einer Hochschule oder an einer Akademie kombiniert. Bewerben können sich Absolventen mit einer Fach- bzw. Hochschulzugangsberechtigung bei den teilnehmenden Betrieben. Die Studienzeit variiert zwischen drei und fünf Jahren und schließt sowohl mit einer Kammerprüfung als auch mit einer Hochschulprüfung und dem Bachelor ab. Während der gesamten Ausbildungszeit erhalten die Studenten eine Ausbildungsvergütung.

    Praxisintegrierte duale Studiengänge sind eine weitere Form der dualen Bildung. Auf der Grundlage eines Praktikantenvertrages mit Vergütung werden in einem Betrieb feste Praxisblöcke absolviert, die es den Studenten von Anfang an erlauben, an echten Aufgaben im Betrieb zu arbeiten. Innerhalb von sechs bis acht Semestern, die der Student abwechselnd im Betrieb und an der Hochschule verbringt, wird ein akademischer Grad erworben. Sowohl an der Universität

Shiyan als auch an der Jianghan Universität in Wuhan können diese praxisintegrierten Studiengänge belegt werden. Die HSS war auch hier Vorreiter und aktiver Begleiter bei der Einführung dualer Studiengänge in China.

4.6 Gelingensfaktor 5: Zuständige Stellen und der Berufsbildungsausschuss

Die Zuständigen Stellen nehmen in Deutschland in der Organisation und Gestaltung der Berufsausbildung eine Schlüsselrolle ein. Das Berufsbildungsgesetz (BBiG) schreibt ihnen die Durchführung der Berufsausbildung und die Beratung der Auszubildenden zu. Sie übernehmen die Überwachung der Eignung der Ausbildungsstätte sowie der persönlichen und fachlichen Eignung der Ausbildenden. Wesentlich ist der gesetzliche Auftrag zur Überwachung der gesamten Ausbildung und der betrieblichen Seite. Sie nehmen *de facto* hoheitliche Aufgaben durch den Erlass von Rechtsvorschriften wie Prüfungsordnungen vor. Wichtigstes Bindeglied in der Doppelhelix-Struktur des dualen Systems ist der Berufsbildungsausschuss (BBA), der von den zuständigen Stellen errichtet wird. Er hat die Aufgabe, auf eine stetige Entwicklung der Qualität der beruflichen Bildung hinzuwirken. Dies erreicht er durch Beratung und Rechtsetzung.[1]

In China sind inzwischen drei BBA durch die AHK etabliert, die die wesentlichen Steuerungsfunktionen innerhalb der „deutschen" Berufsbildung übernehmen und auch international anerkannte Zertifikate erteilen. Ausgehend von der AHK-Shanghai wurde 2011 der erste BBA gegründet, um die Ausbildungsbetriebe sowohl bei der Durchführung der Ausbildung als auch bei den Prüfungen zu unterstützen.

---

1   Vgl. Seuling 2014, S. 41f

Inzwischen beteiligen sich neben den Betrieben auch zunehmend chinesische Schulen und Colleges.

Inwieweit in China eine ähnliche Struktur erwünscht ist, ist zunächst eine politische Entscheidung, die ausschließlich in der Hand der chinesischen Bildungsverantwortlichen liegt. Sollten sich bspw. die Fachverbände zukünftig stärker in der Berufsausbildung engagieren wollen und dies auch strukturell angelegt werden, so ist ein Blick auf den BBA der AHK-Shanghai sicherlich hilfreich.

4.7　Gelingensfaktor 6: Stärkung der Ausbilder

Die Hauptlast in der dualen Ausbildung wird von den Betrieben übernommen. Zwischen 70 und 80% ihrer Ausbildungszeit verbringen die Auszubildenden im Betrieb und lediglich die verbleibenden 20 bis 30% in der Berufsschule. Jeder Betrieb, der dual ausbilden möchte, benötigt mindestens einen Ausbilder, der unmittelbar verantwortlich ist und in wesentlichem Umfang die Bildungsinhalte vermittelt. Er ist sowohl Ansprechpartner für die Auszubildenden als auch Ansprechpartner innerhalb des Betriebes für alle Angelegenheiten, welche die Ausbildung betreffen. Neben der fachlichen Eignung muss der Ausbilder auch die persönliche Eignung nachweisen, dies ist im BBiG geregelt. Die meisten Ausbilder besitzen deshalb einen Ausbildereignungsschein und sind durch die zuständigen Stellen zum Ausbilden berechtigt.

Sollte die Berufsausbildung in China zukünftig praxisorientierter aufgestellt werden und die Betriebe sich stärker daran beteiligen, so ist auf die Qualität der Ausbilder zu achten und Standards für das betriebliche Ausbildungspersonal einzuführen. Ausbilder sollten neben den praktischen Fertigkeiten auch genügend pädagogische Kompetenz mitbringen, um fachgerechte Unterweisungen nicht nur durchzuführen, sondern auch die Kollegen im Betrieb anzuleiten. Für die Praktikanten aus den Colleges und Berufsschulen sind Praxispläne zu erstellen und mit den Schulen abzustimmen. Bei einer stärkeren dualen Ausbildung müssen Ausbilder Ausbildungspläne erstellen, umsetzen und überprüfen können. Ideal wäre hier die Akquirierung über die eigenen Facharbeiter, die hierdurch die Möglichkeit zu einem beruflichen Aufstieg erhalten und sich auch finanziell verbessern können.

4.8   Gelingensfaktor 7: Lehrerfortbildung als Übergangslösung

Die mangelnde Qualität der chinesischen Berufsschullehrer lässt sich nur teilweise auf die Umwandlung der Mittelschulen in Berufsschulen zurückführen. Nach inzwischen dreißig Jahren und einem vollständigen Generationswechsel an den Berufsschulen, muss den chinesischen Lehrern und Ausbildern konstatiert werden, dass der zu erwartende Kompetenzanstieg nicht im ausreichenden Maße erreicht wurde, um insgesamt von einer höherwertigen Ausbildung reden zu können. Die Stärken der Lehrer an den Colleges und Berufsschulen liegen ohne Zweifel in der theoretischen Durchdringung ihrer Fächer und sie sind im Vergleich zu den deutschen Kollegen an den Berufsschulen mindestens gleichauf. Schwierig wird es immer dann, wenn ausgehend von der Fächersystematik, wie sie noch in den chinesischen Curricula angelegt ist, auf konkrete berufliche Handlungssituationen abstrahiert werden soll. Wenn also – wie in den Lernfeldern vorgesehen – komplexe berufliche Handlungen von den Lehrern in beruflich-praktische Problemstellungen übersetzt werden sollen.

Lehrerfortbildungszentren in China und internationale Kooperationen mit bspw. deutschen Berufsschulen und Bildungsanbietern versuchen das Niveau der Lehrer zu erhöhen. Aus deutscher Sicht

kristallisieren sich zwei Arbeitsschwerpunkte heraus: 1. Die Stärkung
der praktischen Fertigkeiten und 2. die Vertiefung der didaktisch-
methodischen Kompetenzen der Lehrer.

Das Methodentraining bzw. das Lernen elementarer Arbeits-
techniken ist, auch in einem großen Flächenland, schnell und einfach
durch Lehrerfortbildungszentren oder schulinterne Lehrerfortbildun-
gen zu implementieren. Weitaus schwieriger stellt sich die Stärkung
der praktischen Fertigkeiten dar. Um Theorielehrer für das Arbeiten
an öligen und schmutzigen Werkzeugmaschinen zu begeistern, muss
schon sehr viel Überzeugungsarbeit geleistet werden. Auch braucht
es viel Zeit, um sich die notwendigen Fertigkeiten anzueignen. Lehrerfortbildungszentren besitzen oftmals nicht die notwendige Ausstattung und auch geeignete überbetriebliche Ausbildungsstätten sind
kaum vorhanden. Ein Weg, der zurzeit von einigen staatlichen Fortbil-
dungszentren eingeschlagen wird, ist der Versuch, deutsche Experten
zu gewinnen, um sich so die fehlende Expertise ins Land zu holen
und die notwendigen Konzepte zu erarbeiten. Zusätzlich werden über
einen mehrmonatigen Zeitraum chinesischen Lehrer von deutschen
Experten vor Ort ausgebildet.

4.9   Gelingensfaktor 8: Aus- und Aufbau des Lehramtes für be-
ruflichen Schulen

Langfristig betrachtet ist die Stärkung des Hochschulstudiums speziell
für Lehramtsstudenten im berufsbildenden Bereiches maßgeblich.
Selbstverständlich existieren auch heute schon Studiengänge für dieses Lehramt in China. Aber inwieweit sind hier die Anforderungen
einer Ausbildung 4.0 oder TVET-Made in China 2025 berücksichtigt?
Welchen Anteil besitzt der berufspraktische Teil? Welche berufspraktischen und schulpraktischen Erfahrungen besitzen überhaupt die

Professoren und welchen Beitrag leisten sie zur Erhöhung der berufs- und schulpraktischen Kompetenzen?

In Deutschland besitzt der größte Teil der technischen Berufs- schullehrer eine abgeschlossene Ausbildung. Hierdurch sind die Un- terrichtenden in der Lage, authentisch Inhalte zu vermitteln und ihre persönlichen Erfahrungen in den Unterricht einfließen zu lassen. Dies hilft, sowohl vom Auszubildenden als auch vom Ausbildungsbetrieb, als Fachmann und Experte anerkannt zu werden.

Empfehlenswert für China ist die Einführung eines dualen Stu- dienganges für Berufs- bzw. Ingenieurspädagogik. Richtungsweisend könnten die im Jahr 2014 mit der Unterstützung der HSS an der *Tech- nische Universität Hubei* in Wuhan eingeführten dualen Studiengänge sein. In einem 8-semestrigen Studium können sowohl die wissen- schaftlichen Grundlagen als auch die schul- und berufspraktischen Fä- higkeiten und Fertigkeiten erlernt werden. Anfang des Jahres konnte zudem eine weitere Kooperation mit der *Guangdong Polytechnic Normal University* gestartet werden. Erfahrungen aus Wuhan und Guangzhou sollten in der Zukunft herangezogen werden, um zu erkennen, wie die Lehrerbildung ausgebaut und verbessert werden kann, um letztendlich „Made in China 2025" zu einem weltweiten Gütesiegel zu entwickeln.

5. Literaturverzeichnis

Anger, Christina; Koppel, Oliver; Plünnecke, Axel (2015): MINT- Frühjahrsreport 2015. Institut der deutschen Wirtschaft Köln. Köln. Online verfügbar unter http://www.arbeitgeber.de/ www%5Carbeitgeber.nsf/res/MINT-Fruehjahrsreport_2015. pdf/$file/MINT-Fruehjahrsreport_2015.pdf, zuletzt geprüft am 08.01.2016.

Autorengruppe Bildungsberichterstattung (2014): Bildung in Deutschland 2014. Ein Indikatoren gestützter Bericht mit einer Analyse zur Bildung von Menschen mit Behinderungen. 1. Aufl. Bielefeld: W. Bertelsmann Verlag.

Bundesinstitut für Berufsbildung (Hg.): BIBB-Kosten-Nutzen-Erhebung 2012/13. Online verfügbar unter https://www.bibb.de/dokumente/pdf/Ausbildungskosten_nach_Berufen_2012_13_Internet.pdf, zuletzt geprüft am 17.01.2016.

Bundesinstitut für Berufsbildung (Hg.) (2015): Tarifliche Ausbildungsvergütungen 2015 in Euro. Online verfügbar unter https://www.bibb.de/dokumente/pdf/a21_dav_Gesamtuebersicht_Ausbildungsverguetungen_2015.pdf, zuletzt geprüft am 17.01.2016.

Kuppe, Anna Maria (2006): Ausbildungsordnungen und wie sie entstehen … 4., überarb. Aufl. Bonn (Schriftenreihe des Bundesinstituts für Berufsbildung Bonn).

Liu Lunan (2015): Industrial output to drag economic growth in 2016. In: *China Daily* 2015, 25.12.2015, S. 13.

Neumann, Clas (2016): China als Frontrunner bei der Digitalisierung. In: Ferri Abolhassan (Hg.): Was treibt die Digitalisierung?: Springer Fachmedien Wiesbaden, S. 113–128.

Pahl, Jörg-Peter (Hg.) (2010): Handbuch berufliche Fachrichtungen. Bielefeld: Bertelsmann.

Redlich, Tobias (2011). In: Jens P. Wulfsberg (Hg.): Wertschöpfung in der Bottom-up-Ökonomie. Berlin, Heidelberg: Springer-Verlag Berlin Heidelberg (VDI-Buch).

Schelten, Andreas (2012): Begriffe und Konzepte der berufspädagogischen Fachsprache - Eine Auswahl. 1. Aufl. Stuttgart: Franz Steiner Verlag.

Seuling, Bernd (2014): Berufsschulleiter und ihre Deutungsstrukturen. Passau.

State Council (2014): Decision of the State Council on Accelerating the Development of Modern Vocational Education.

邵贝德（汉斯·赛德尔基金会）

职业教育与中国制造2025

——职业教育4.0所面临的挑战及解决方案

1. 第四次工业革命——中国制造2025

"工业4.0"[1]是一个未来的构想，这个构想在2011年汉诺威工业博览会上第一次公之于众：大数据、虚拟现实技术、智能工厂、智能电网、移动计算以及物联网是这个构想的杰出代表。"工业4.0"可以给予联网系统的新世界一个答复。程序、机器、产品或者各个零件可以通过网络连接进行系统间智能、高效的数据传输，这都反映了这个信息和通讯时代的新天地。一种迄今为止尚未达到的价值创造应该通过以创新与持久为特征的飞速的技术进步成为可能。数字时代由此诞生，它把人与物联系在一起，复刻了每一项工业流程并远远超越了智能工厂。于是出现了"价值创造系统持续的转变，这个系统通过结构，程序以及价值创造对象进行自我组建"。[2]在这巨大的机遇之中，工业4.0还潜藏着破坏性发展的风险。

1　在文献中找不到关于工业4.0的一个清晰完整的定义。工业发展大致可划分成以下四个阶段：工业1.0(机械化)：托马斯·纽可门(1712年)发明了早期可控制的蒸汽机，这台蒸汽机由机械织布机推动，使得早期工业生产成为可能。工业2.0(电气化)：自1870年起美国引入流水线以及由此开始的批量生产。工业3.0(自动化)：自20世纪70年代中期微电子出现后，可编程控制首次融入生产程序并因此奠定系列型号生产的基础。工业4.0(数字化)：自21世纪初数字物理系统在工业生产中得到了推广，该系统通过实物与虚拟世界之间的数据基础设施进行自动数据交换。工业上的单件生产以及产品的个性化在不久的未来大体上是可以实现的。

2　Redlich，2011年，第2页。

(1) 中国制造2025

"中国制造2025"和"互联网+"是2015年由中国政府提出的一套革新计划,旨在提高工业生产的质量。除了提高质量,还要改善那些极其低效的工业生产流程。中国曾一直扮演世界工厂的角色,而如今几乎"落伍"了。自2010年起中国每年的工资增长率将近10%,与2010年相比,如今中国国民的工资已经整体上涨了60%。因而,中国日渐丧失廉价生产者的作用。根据政府规划,2020年中国的国民生产总值要比2010年翻上一番。2000年伊始还有生产厂家大规模移入中国,如今这种趋势也明显放缓。同样,那些创新能力薄弱,加工深度不高的生产基地转移到中国内陆的速度也逐渐慢了下来。环境污染严重的工业设备在东部大城市被拆除或者在内陆地区被重新组装。通过简化的审批程序与法规让那些具有新工艺的外国投资者可以落户联系便利,公共设施齐全的大型经济特别开发区。

时至今日,结构转型已经在东部与南部沿海地区显而易见。除了德国,全球工业发展都出现一种减弱的趋势,在中国也是如此。经过多年的高速增长,2007年中国的工业生产增速更是以18.5%达到峰值。同年,国民生产总值增速达到14.2%,仅以4个百分点略低于工业生产。近年来增长率逐渐降低,截至2015年,工业生产降到了仅6.0%,并第一次低于国民生产总值7.0%的增速。[1]

(2) 从世界工厂到"中国制造2025"

纵观全球,中国在工业生产中毫无疑问是落后于它的西方竞争者的。中国做了很大努力来使国企现代化。要取得成功,中国需要改变财税政策,去除某些领域的产能过剩。

中国在技术方面的雄心反映在旨在促进十大核心技术的工业规划上。通过这十大核心技术中国要与主要工业国家对接起来。对于德国来说,把重心放在信息技术与数控机床上很有意思,这并不令

---

[1] 参看刘璐楠2015年,第13页。

人感到吃惊。此外，除了新材料、轨道交通技术、医药、航空航天技术与新能源技术外，能源高效利用与高技术船舶也成为关注的焦点。这些核心技术也都属于德国工业的支柱部分。

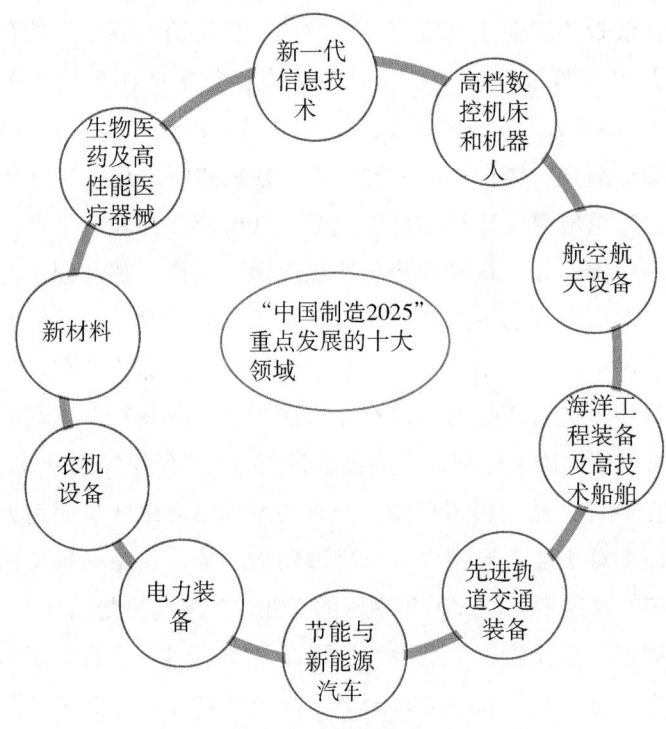

图1：此图由笔者绘制

在从"世界工厂"到"中国制造2025"的转变过程中，生产结构的变化将会带来巨大的变革。然而，中国的工业生产今天仍有很大一部分处于从工业2.0到工业3.0的转变过程，只有相当低的比例实现了自动化。大规模生产中出现的浅加工和自我革新缓慢的现象依旧是中国工业生产的主要特点，这就导致只有很少量的价值创造被激发出来。即便数以百万计的苹果手机在中国工厂生产，但利润极低，仅为1.9%。[1]

---

1   参看诺依曼2016年，第120页。

与此同时，中国在工艺计划的指引下向世界顶峰冲刺。尽管中国与工业国家相比，每100个工人中只投入几个机器人，然而中国今天已经成为最大的工业机器人进口商。鉴于上涨的工资水平，工业机器人数量应该在5年内至少扩充50%，到2025年甚至增至80%。2015年10月，国有大客机制造商中国商飞（COMAC）展示了自主研发的第一架客机。中程飞机C919证明了中国航空工业逐渐独立发展起来。尽管如此，一些主要零部件如机舱内电子元件或者发动机主要还是通过合资企业在西方技术人员的参与下完成的。不得不说的是，信息与通讯技术为中国在世界尖端行列谋得一席之地。信息技术公司华为是世界最大的网络设备制造商之一，它在短时间内就跻身世界一流水平行列，并在一个创新能力强大的市场中把欧洲竞争者远远地甩在身后。今天它凭借在核心技术研发上的投资从专利申请数量与技术授权使用费领域可见一斑。

"中国制造2025"作为一个长期规划项目已经写入国家基础设施创新政策。这一策略为中外企业在研发投资方面提供了足够的支持，以打开一个有巨大潜力却有待开发的销售市场。无论是对中国企业还是对西方企业来说，中国仍然是一个具有无限潜力的销售与供给市场，同时风险也是显而易见的。

如果工业革命"中国制造2025"继续高速发展，那么这将会对未来的生产加工领域产生巨大的影响，而这一影响将在学术和非学术领域再次提升对专业人员的期待。

2. 工业革命导致专业人员缺失

即便目前人们还不能预见未来生产中心与工厂里将不再有人，而只是被机器人取而代之，但是如今机器之间的联网生产持续增加，这一过程中由传感器生成的数据会用于优化复杂的流程。智能工厂，正如人们经常称呼它的那样，其轮廓逐渐清晰，而这一改变又极具革命性。这一过程不能立即实现，而是需要时间，直到所产生的各种问题被克服。为了防止在结构转型过程真正开始之前，所需要的技能缺失或者智能工厂的"智能同事"缺失，所以，这段时间必须用于培训专业人才。

(1) MINT[1]领域专业人才缺失

无论是在德国还是在中国，来自MINT领域的专业人才在这一发展中都有极其重要的意义。位于科隆的德国经济研究所在每年的MINT-Herbst（秋季报告）与年初报告中指明了德国的当前发展情况，反复指出技术创新与专业人才配备之间的关系。[2]虽然在学术型高等教育领域内对专业人才的需求得到了满足，然而在职业教育领域却呈现出另外一番景象。截至2020年可以培养出的专业人才，既满足不了人口代际更替的需求，也满足不了扩张的需求。"如果没有专业人才保障措施，那么到2020年底在德国将会出现140万MINT专业人才缺失现象。"[3]

刘晓辉的调查（2009）表明，截至2020年中国将有1.49亿名专业人员的需求。仅在MINT领域预计就有927万名专业人员的缺口，这个数字极其巨大，对工业生产持续稳定的发展也构成巨大威胁。如果政府没有对现有状况采取充分措施来提高工程技术工作的吸引力，那么今后的发展就会受制于专业人员的匮乏，向"中国制造2025"的转型将不可能取得成功。

刘晓辉的调查进一步表明，59%也就是说约1.5亿个职位中超过一半的工作岗位由受过训练的或者高素质的工匠师傅与技术人员担任。此外，5%也就是750万个岗位为MINT领域的大学毕业生提供了就业机会，1%的工作岗位是为高级专家设置的。新岗位将来有2/3

1　MINT：数学、信息学、自然科学与工艺（Mathematik, Informatik, Naturwissenschaft und Technologie 的缩写）。
2　参看Anger，2015年，第4页。
3　参看Anger，2015年，第8页。

是由高素质的人才构成的。廉价生产走向终结使得在中国对于未接受过培训或半熟练的工作者(初学者)需求逐渐降低。因而，2020年只有35%的岗位或者说只有5200万个工作岗位适合流动的民工。他们只接受过简短的培训就开始工作了。

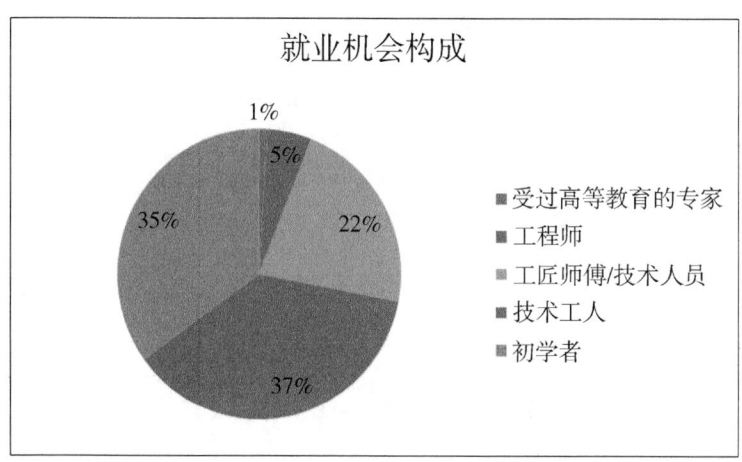

图2：预测中国2020；来自刘璐楠，2011年；此图由笔者绘制。

(2)教育投资

结构转型得到推动，应该在教育体系的经费投入、大中小学生人数增长上反映出来。从积极的角度看，非学术型教育相对于学术型高等教育将获得更大的发展。但是，2011年的数据显示，中国对高校的投入占到教育经费总预算的18%，高职高专与中职中专的份额总共只占到11%，其中，4%用于高职高专，7%用于中职中专。中国曾设定目标，到2000年，国内生产总值有至少4%要投入教育事业。尽管这些年来教育事业飞速发展，教育支出也随之提高，然而这一目标直到2011年才完成和超越。经济合作与发展组织成员国(OECD)2011年的平均教育经费投入达到5.3%，相比之下，中国的教育投入还少了1/4。

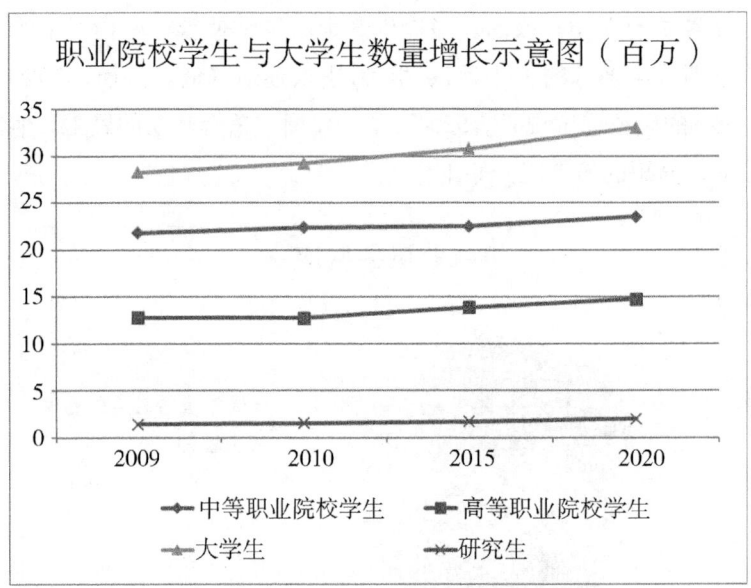

图4：袁贵仁，2015年；此图由笔者绘制。

(3) 到2020年大中小学生人数的发展变化

中国教育部于2015年公布了有关最新数据展示了大中小学生人数的发展变化情况。2009年有6425万名中小学、职业院校学生及大学生在职业学校、高等职业专科学校以及大学注册报到，那么到2020年预计将会增加到7380万名。因此，从2009年到2020年之间大中小学、职业院校学生与大学生的数量预计增加12%以上。对于德国人来说，本科生数量远远超过职业学校学生数量这一事实已经很惊人了。2009年本科生数量高于职业学校学生23个百分点，这种趋势会逐渐加剧，2020年将上升到29个百分点。

如果对职业学校与大学的教育经费进行比较，就会发现，大学比职业学校的经费投入更多。此外，职业学校一流的技术培训成本居高不下，因而，职校的培训质量无法满足工业4.0现代制造工厂的需求也就不足为奇了。在这里我们不得不指出中国政府在职业领域所做的努力，这也是第十三个五年规划有关职业教育内容的明确规定，相关实践活动也通过资金支持获得了长足发展。尽管如此，我们还是要认清一个事实，即在中国，学术教育还是像从前一样占据了中心位置。但是，这些大学的毕业生除去极个别例子之外大部分还都处于中等水平，根本无法满足"中国制造2025"以及"互联网+"的要求。学术型人才过剩明显揭示了这一畸形发展现状。600所大学转向职业技术学院这一规划对于中国未来而言是非常关键而正确的一步。应用型教育无论是在学术型高等教育还是非学术型教育领域都有利于提高学生的技能水平，而这又恰恰是现代的自动化联网工厂今后所必需的。

3. 对教育4.0与TVET-中国制造2025项目的要求

把现实世界与虚拟世界融合在一起，也就是把人与机器、工具、半成品、标准件以及产品等联系在一起。它们通过传感器与执行器不断地进行信息交换，这对现代工业教育方式产生了巨大影响。教育4.0与TVET(职业技术教育与培训)—中国制造2025应该从工业4.0以及"中国制造2025"的角度得到审视。

(1)教育4.0

数字化的增加对生产工艺流程的优化必须反映在新老职业领域内。首先有一个问题，在已经存在的职业与学校培训课程方面是否为必需的变化和调整提供足够的空间。自1996年德国文化部长联席会议决定引入教学领域计划以来，其培训工种便不断涉及知识与能力之间的相互关系。职业的行为结构构成了课堂学习的基础，而这一结构又以企业真实的操作情景为指南。学员在一整套程序中根据信息获取、计划、决断、实施、监控以及评估进行学习。因而起决定作用的三因素是感知、思考与行动。早在2007年Schelten就强调，感知与思考只有当其付诸行动才能称得上是完整的行为。"行动通过改变并扩展感知与思考来反作用于后两者"。[1]在德国，鼓励职业学校教师走上一条新的道路是一个非常艰难的过程，因为教师们在以行为导向的课堂上与新的教学领域计划方面是孤军奋战的。如何在从专业分化到跨学科授课这一步上获得成功，综合型大学几乎不能提供任何帮助。学校花费了十多年时间才走出一条自己的路，如今他们已经能在行为结构的指引下自主研发一种解决问题的操作情境，还能和同事们一起在课堂把这个情境贯彻实施。

能满足工业4.0要求的现代职业教育需要得到框架计划中可塑性强的空间，而这一计划重心在于提高企业未来的竞争力。这基本适用于迄今为止开拓的职业教育结构中的大多数专业。相应的，对于大多数双元制教育职业来说刚开始都不会出现结构转型。但是也不意味着，其他领域不会出现结构转型。在工业4.0领域出现了人类、机器、产品以及流程整个生产过程的智能网络化，机械制造、电气工程、工艺流程以及信息学的培训工作也随之发展成熟起来。工业4.0策略意味着今天相分离领域的合并以及核心岗位的扩充。信息工程人员、电气技术人员以及工业机械技师根据重心的不同(机械学或电气工程)要融合成机电一体化技术人员或仪器系统电气技术人员。在未来，专业人员4.0在各个专业之间将起到衔接作用。作为信息工程人员单单专注于程序设计或者作为工业机械技师单单专注于产品加工是不够的。专业人员4.0作为一个多面手要具有广博的基础知识，还要精通系统配置与优化。教育4.0中还设置了一套共同的专业用语，以避免信息工程学、电气工程与机械学在学科交叉点上出现问题，也是为了在智能工厂中借助新的数据流和信息流以最优的方式控制复杂的系统与程序。

(2) TVET（职业教育）-中国制造2025

如果今天你观察中国职业教育院校的培训条例与课程，就会发

1　Schelten，2012年，第74页。

现，按照职业进行任务分配的工作程序并不是惯例。职业学习总是被划分成理论与实践。而课堂教学在结构上又把实践与理论分离开来，理论与实践没有任何联系。造成这种情况的原因是多样的，尤其要追溯到1996年大批职业学校的出现。当时很大一批普通中学几乎是一夜之间转变成了职业学校，前者体系中的教师也变成了没有相应工作经验的职业学校教师。他们昨天还在教数学、物理或者化学，今天却要在没有任何准备的情况下培训例如汽车技师或者工业机械技师。这根本不可能成功。理论与实践之间的差距，无论是之前还是现在对于大多数教师与培训师来说都是难以逾越的。只要职业学校教师无法通过学生的理论或实践结业考试，那么中国的职业培训就无法获得发展。中国工业2.0或3.0转变为工业4.0所带来的工业生产领域的要求呼吁着职业教育质量的提升以及职业学校教师与培训师质量的提升。

2014年5月国务院公布了一项旨在加速发展现代职业教育的决议，目标是到2020年建成具有中国特色的世界一流现代职业教育体系。[1]因此，课堂设置应该以工业的要求与发展为导向。不仅职业学校与大学，普通中学在教育过程中也要遵循这一导向，并贯彻终身学习的理念。此外，企业也要不断致力于职业教育并有可能承担职业教育的领导角色。通过一套还不完整的有限奖励机制鼓励一些企业去筹建(工厂)职业学校，并和其他参与者合作组建整个生产流水线。

整个过程看起来很艰难，中国在很大范围内还处于教育1.0水平，也就是TVET-中国制造1996的水平，虽然中国确实付出了巨大努力。上海市教育委员会也意识到了这一短板，并在去年开展了一个颇有前景的项目。汉斯·赛德尔基金会、巴伐利亚州文化部与上海市教育委员会及其下属各院校研制了一套旨在提高优秀教师实践能力的方案。无论在上海还是在德国，教授理论的教师要在6个月内

1　中国国务院，2014年。

得到进一步培训。教师或者培训师要达到一个更高的水平，关键在于以下三点：1)理论教师要强化其专业实践能力，同样，实践领域的教师与培训师要加强其理论修养；[1]2)对培训与教学工作者进行教学法加培训，旨在发展贯彻职业相关项目；3)上课与指导作范式转换。根据Pahl (2010)的观点，科学的专业体系意义上的系统学与企业行为体系意义上案例之间形成的关系被证明是课程设计与设置的轴心与关键。[2]为了获得成功，中国必须尽快开始适应这些变化。

4. 完成现代职业教育任务(TVET-中国制造2025)的实用忠告

根据以上所提及的针对教育4.0以及职业教育TVET-中国制造2025各方面考虑，中国的职业教育还有很多方面有待完善，从而满足工业4.0策略或者"中国制造2025"的要求。

(1)前期考虑

不管是德国企业还是中国企业，为了长期生存下去都必须获取利润。无论在德国的社会市场经济还是带有中国特色的社会主义市场经济，利润导向都不应该受到指责。各个企业都处于全球竞争中，而且必须尝试降低生产成本。德国与中国企业在关于专业人才培训责任问题上走上了不同的路。在德国，企业承担了教育专业技术力量费用的大概90%。[3]而在中国，这一部分费用由国家承担。造成这种差异的原因一方面在于德国手工业领域有由来已久的传统，另一方面也在于德国的工业企业。他们把承担职业教育所产生的大部分费用看成自己的责任。更确切地说：在手工业与工业领域激励企业参与进来的并不是单纯的利他主义，更多的是明显的竞争

1　实践教师不参与措施的制定，而是参与课堂质量改善方案的制定。
2　Pahl，2010年，第450页。
3　参看Bernd Seuling，2014年，第32页。

优势，从参与中获取的竞争优势。所谓的竞争优势在于：一方面企业可以决定教育内容，另一方面是相对较低的计件工资。当足够多的专业人员培训出来之前，这批受过完好培训却没有受过学术型高等教育的专业人才只能拿到低廉的计件工资。最后还要补充的一点是，企业可以挑选自己的学员。教育培训完成后企业就能获得为公司选取最好人才的优先权。

(2)成功因素1：企业有责任改变已有的职业形象或发展新的职业形象

当某项职业内容发生改变时，为了适应这种变化或者想要获得新发展，德国的处理方法是通过职业教育法规或者手工业法规进行调整。雇主与雇员通过他们的领导机构，即雇主联合会或者工会享有提案权，也可以(除了联邦职业教育研究所)向主管政府部门提出建议来更新或改进教育职业。[1]这种处理方法是德国相对于中国在体制上的一个决定性优势。德国企业可以决定职业教育的专业设置。他们还可以决定进行哪方面培训，而职业学校并没有决定权。只有企业才知道，要想继续在市场中生存，未来他们的技术人员需要满足哪些要求。如果企业做出了错误评估，那么他们迟早会失去竞争力，离开市场。而中国与德国的政府部门都不会受到市场力量的影响，另一方面，他们在展望未来时会面临更高要求。

(3)成功因素2：培训合同是企业的调控手段

企业传授课程并凭借培训合同把他们的学员固定在某个职业，而职业学校并不能因各行政区的不同来限制学生。学员并不是工人，因而第一职责是学习。年轻学员在职业学校有义务，培训企业也有着免除其学员学校课程义务的责任。

不符合公司需求的培训工种也不会再设立。企业的需求导向

---

[1]　参看Kuppe，2006年，第22页。

可以使措施得到及时调整，并可以阻止职业学校里无人报读培训工种现象的产生。通过合适的选拔程序，企业可以提前获得最好的人才，并开始有目标地为企业的任务做准备。因此，不符合需求的教育培训可以较早得到避免，也可以更好地为经济发展提供必需的专业力量。

(4) 成功因素3：提高职业教育的吸引力

在德国，双元制职业教育也逐渐失去其吸引力。随着普通教育学校毕业生结构的变化以及有越来越多的年轻人拿到高校录取通知书，2013年第一次出现大学新生数量超过双元教育体制下新成员的现象。[1]其后果对于工业4.0的发展来说是非常严重的：正如上文所提到的，培训一批必需的专业人才既满足不了人口代际更替，也满足不了人口扩张的需要。

必须在这些艰难的框架条件下去思考，如何才能为职业教育获得更多合适的年轻人。至少在德国，选择这项教育的一个理由是可以通过教育补贴在经济上获得独立，不再依靠父母。例如，2015年联邦职业教育研究所的一项数据显示，德国西部的机电一体化职业学校学员平均每个月能拿到998欧元。[2]在一些要求较高的职业中，企业的教育费用入不敷出。联邦职业教育研究所称，一个机电一体化职业学校学员的培训总成本为26339欧元，却只能产生9065欧元的收益，因而对公司来说支出缺口为17274欧。[3]

另外需要补充的一点是，要增加职业教育的吸引力，须为学生在毕业后打开继续深造的大门。为了给技术工人提供进入高等学术型教育的途径，德国与中国都做出了很大努力。对于工业4.0策略与"中国制造2025"来说，正是这种具有基本职业培训经历的专业人才受到高度欢迎。

1　参看作家协会的教育新闻报道，2014年，第97页。
2　参看职业教育联邦研究院，2015年，第4页。
3　参看职业教育联邦研究院，第2页。

　　说到学术型高等人才发展培养，在中国还必须考虑到非学术型高等教育人才发展培养情况。增强高水平技师与技术人员的实力可以填补学术教育与非学术教育之间的空缺。对于技术人员来说这是一个很好的机会。因为这是一份白领工作，在德国培训框架下毕业相当于拿到一个本科生毕业证书。一个这样的技术人员在中德职业学院是很受欢迎的。德国帕绍技术人员学校、兰茨胡特应用技术大学以及上海电子信息职业技术学院中德学院（以下简称：中德学院）已经成功送走了第一批合作培养出的毕业生。中德学院与其培养出的技术员都得到了很好发展，但是技师的培训却是如此艰难。尽管这些技师在德国获得高度评价，而且达到了德国培训框架等级6，相当于本科生水平，但是要在中国企业中或社会上找到一个合适的位置还是很有困难的。在传统观念里，蓝领工人是受到歧视的。

(5) 成功因素4：完善双元制教育过程

　　在有关的双元教育一体化学习过程中，一定要学会利用**双元制教育课程**的优势。这套卓有成效的双元制教育是与大学或者研究所的学习结合在一起的。被专科学校或者大学录取的学生可以在一家参与进来的企业里申请进入这种双元制教育体系。学习时间在三到五年左右。最后结业的时候学生不仅要参加行业协会考试还要参加高校考试，才能本科毕业。在整个培训期间学生可以获得培训津贴。

　　实践一体化双元制学习课程是双元制教育的另一种形式。按照实习协议在提供实习生一定津贴的基础上，实习生要在企业完成固定的实习模块内容。这可以满足学生从一开始就在完成公司真正的任务。大概六到八个学期学生需要交替在企业与大学度过，之后就可以拿到大学学位了。无论在十堰的湖北工业职业技术学院还是在武汉的江汉大学都可以报名参加这种实践一体化的学习课程。在这方面，汉斯·赛德尔基金会是把双元制学习课程引入中国的先驱者和积极的伙伴。

(6) 成功因素5：主管部门与职业教育委员会

在德国，主管部门在职业培训组织与安排方面发挥着核心作用。按照职业教育法规，主管部门不仅要贯彻职业教育的实施，还要为学员提供建议与意见。他们承担起了监管培训机构资格与培训师个人与专业能力的责任。其主要作用是监管整个教育流程与企业方面的法律任务。事实上，主管部门通过发布法律法规例如考试条例已经承担了一项很高尚的任务。在这个双元制双螺旋体系里，最重要的环节是职业教育委员会，它是由主管部门设立的。职业教育委员会的任务是通过提案与立法，谋求职业教育质量的不断提升。[1]

目前，在中国有三家由德国工商大会成立的职业教育委员会，他们承担了德国职业教育中的主要调控功能，也会颁发在世界上广受认可的证书。2011年，德国驻上海工商代表大会成立了第一家职业教育委员会，在教育期间以及考试时给予承担教育任务的企业以支持。目前在中国，除了一些企业，也不断有职业专科院校参与进来。

中国对类似这种体制有何种期望值，这首先是一项政治上的决策，由中国教育主管人员决定。如果专业协会未来想要更多地参与职业教育，并且在结构上也有所建设，那么德国驻上海工商代表大会承办的职业教育委员会一定能起到很大作用。

(7) 成功因素6：增强培训师能力

企业承担了双元制教育的主要负荷。学员在企业度过了70%–80%的受教育时间，只有剩余的20%–30%在职业学校度过。一个企业如果想要进行双元制教育，必须至少有一个培训师要负直接责任，并且传授大部分教育内容。他既是学员的对话伙伴，也是企业相关教育事务的对口联系人。培训师除了要有专业能力，还要证明自己的个人能力，这是职业教育法所规定的。因而大部分培训师具

---

[1]　参看Bernd Seuling，2014年，第41页及以下。

有培训师资格证，并通过主管部门获得教师资格。

如果中国职业教育在未来更注重实践或者企业有了更强的参与度，一定要注重培训师的质量，还一定要引入企业教育人员选拔标准。除了实践专业能力，培训师还要有足够的教育能力，不仅能对学员进行专业指导，还可以对企业同事进行引领。对高等专科学校与职业学校里的实习生也要设定实践计划，还要与学校协调好。为了使双元制培训具有更好效果，培训师还要制定培训计划并贯彻落实，后期还要审查。最好的情况是具有一批自己的专业人员，他们能获得职业上晋升的机会，也能在经济上得到改善。

(8)成功因素7：师资培训可以作为暂时性解决办法

中国职业学校教师质量不过关的部分原因可以追溯到中学向职业学校的转型(上文已提及)。如今30年过去了，职业学校里已经完成了一次完整的换代，然而中国教师与培训师发现，学生能力并没有得到理想中足够的提升，也不能说这是一场具有更高价值的教育。毫无疑问，高等专科学校与职业学校中教师的强项在于专业的理论渗透，在这方面，他们与德国职业学校的教师不相上下。问题在于，中国课程大纲里的专业系统如何落实到具体的工况操作情境中，也就是如教学所规定的，如何把教师复杂的职业行为引向工作中出现的实际问题上。

中国师资培训中心与一些国际合作组织，例如德国职业学校与教育项目提供者，尝试提高教师的水平。从德国方面来看可以总结出两个工作重心：其一，增强专业实践能力；其二，深化教师教学能力。

在很多地方，教育教学法培训或者基本工作技巧的学习可以通过师资培训中心或者学校内部组织的教师培训快速便捷地完成。实践专业能力的强化则更为困难。为了鼓励理论课教师走近充满油渍的不干净的机床工作，还有很多说服教育工作要做。掌握一些必需的专业技巧也需要很多时间。师资培训中心经常没有必需的设备，合适的跨企业培训场地也几乎不存在。目前几所国家继续教育中心采取了邀请德国专家的方法，希望以此引进专家，拟定需要的教育草案。此外，中国教师还会得到德国专家为期几个月的指导培训。

(9)成功因素8：为职业学校设立与完善教师职位

长期来看，强化高校学习尤其对于职业教育领域的师范学生来说是非常重要的。当然，在今天中国高校已经有师范类专业。然而，教育4.0或者TVET-中国制造2025的要求究竟要达到什么程度呢？职业实践部分要达到多大比例？教授究竟要有多少职业经历与学校授课经验以及他们为提高学生的实践能力做了多大贡献？

在德国，绝大部分技术职业学校的教师都完成了教育培训。因而，他们可以在课堂上传授可靠的内容，分享他们的个人经验。这样一来，作为专家的他们容易得到学员与培训企业的认可。

在中国引入一种双元制职业工程教育学专业是值得推荐的。2014年在湖北工业大学支持下在武汉引入的双元制大学课程在这方面具有指导意义。八个学期的学习中，学生不仅能掌握科学基础，还能学会学校职业实践能力与技巧。今年年初，与广东技术师范学院的新一轮合作又将开启。今后，武汉与广州的经验可以作为参考，以便于看清如何才能扩充与完善师资建设，从而最后把"中国制造2025"发展成为一枚受到世界认可的质量保证标签。

（刘茜茜　译）

周凤华[1]（教育部职业技术教育中心研究所）

中国职业教育集团化办学的实践与政策研究

中国职业教育包括职业学校教育和职业培训，而职业学校教育主要有中等职业学校教育（高中阶段教育）和高等职业学校教育（大专层次）。[2]中国职业教育作为国家教育体系的重要组成部分，21世纪以来得到了国家的高度重视，中等职业教育和高等职业教育的招生数、在校生数一度占到高中阶段教育、普通高等教育的"半壁江山"，有力地支撑了中国经济社会发展对人才的需求。但是，在职业教育改革发展的过程中，也遇到了很多困难，其中行业企业的参与度较低一直是中国职业教育难以破解的难题。在这种情况下，一部分职业学校和行业企业积极行动起来，探索职业教育集团化办学，力图促进产教融合、深化校企合作。

一、产生背景和发展历程

开展集团化办学，是中国职业教育在实践中不断探索发展出来的一种办学模式，是基层首创的好经验、好做法。自20世纪90年代

1　作者简介：周凤华，女，中国教育部职业技术教育中心研究所副研究员，研究方向为职业教育宏观政策、校企合作等。
2　本文所指的职业教育主要是指职业学校教育，为学历教育。

初到现在20多年中，集团化办学经历了一个从校际合作、教育互帮
互助到校企合作、产教融合发展的实践过程，反映了职业教育不断
适应市场经济体制改革、努力形成自身办学特点和发展路径的探索
历程。

1. 市场经济改革，迫使学校与学校抱团取暖

最早一批职业教育集团产生于上个世纪90年代初期。当时中国
开始建立社会主义市场经济体制，职业学校招生和就业制度发生重
大变化，按政府指令办学、政府包办一切的局面被打破，在新环境
下面临招生难、就业难等困境。为更好地适应市场经济体制改革、
寻求自身改革突破口，学校之间开始采取"抱团取暖"的方式，形
成了主要以校际合作为主的职业教育集团。初期的职教集团，在一
定程度上走的是一条类似县级职教中心的路子，多所职业学校联合
起来，做大做强职业教育资源，以增强适应市场、抗击市场风险的
能力。

2. 行政体制改革，建立多方合作的新型关系

1998年之后，随着市场经济体制改革的推进以及政府机构改
革、国有企业改革的实施，职业教育管理体制发生变化，大多数行
业部门不再具有举办和指导职业教育的职能，相当一部分由行业、
企业举办的职业学校划转到地方教育部门管理，职业学校与行业、
企业之间的关系明显弱化。在这种背景下，如何构建职业教育与
产业、学校和企业的合作关系，如何坚持工学结合、校企合作，成
为摆在各方面前的问题。这客观上为加快推进集团化办学提出了要
求，职教集团在全国普遍组建起来，大批行业组织、企业加入职教
集团，有些行业组织和企业还牵头组建起职教集团。集团化办学进
入一个新阶段：向教育界和产业界、学校和企业合作共赢的新型利
益共同体发展。这成为职教集团在构成要素上的基本特征。

3. 政府倡导，形成集团化办学的政策环境

集团化办学受到政府及教育主管部门的高度重视。2005年，国务院《关于大力发展职业教育的决定》明确提出："推进公办职业学校资源整合和重组，走规模化、集团化、连锁化办学的路子。"在国务院及教育部等部门的推动下，全国范围内集团化办学加快发展。2010年《国家中长期教育改革和发展规划纲要(2010–2020年)》和2014年国务院《关于加快发展现代职业教育的决定》，都对推进集团化办学作了相应要求。为落实好这一系列要求，2015年6月，教育部印发了《关于深入推进职业教育集团化办学的意见》，对职业教育集团化办学的发展目标、实现形式、体制机制、政策保障等作出明确规定。目前，全国1/3的省(市)也出台了鼓励集团化办学的政策措施。至此，集团化办学的政策环境基本形成。

二、基本内涵和主要特征

1. 内涵

从职业教育集团化办学的产生背景和发展历程可以看出，职业教育集团化办学是以职业教育集团为组织基础的办学行为。而职业教育集团是指由多个具有独立法人资格的组织机构组成，以契约、资产等形式为联结纽带，以集团章程为共同行为规范，以合作开展人才培养培训、技术技能积累、社会服务活动等为主要任务，以提高教育质量、提升人力资本素质、促进产教融合发展和协同创新为目的的合作办学组织。每个职教集团必须有一个牵头单位，可以是学校，可以是行业，也可以是企业或其他机构。

2. 特征

从集团化办学的内涵可以看出，其具有以下特征：

一是具有多元参与的主体。作为一种新型组织形式的职业教育集团往往包含来自学校、行业、企业、政府机构、科研机构或其他社会团体的多个具有独立法人资格的成员单位。在这些成员单位中，要有核心主体，要有一个牵头单位，并且各成员各有职责。在集团化办学中，政府的职责主要是宏观指导，通过制定相关政策措施加大资金支持，发挥引导作用。行业的职责主要是制定专业标准、岗位资格标准、培训规划，提供行业人才需求预测，履行指导职责。职业学校作为核心主体的一方，其主要职责是根据企业对劳动力的需求来安排教学，具体实施人才培养工作。企业作为核心主体的另一方，与职业学校共育人才，包括共建专业、共同开发课程、共建共享实训基地、共享校企人才资源、共同开展研究与技术服务等。科研机构和其他社会团体等组织提供决策咨询和供需信息等支持性工作。随着职业教育改革的深入，集团化办学越来越强调学校与行业企业的作用，甚至希望企业成为办学主体之一。这从另一方面也充分说明了行业企业在职业教育集团化办学中的不可或缺性。

二是把人才培养作为共同利益。共同利益是不同行为主体能紧密合作的基础。作为集团化办学的成员单位都有着利益的交集——培养高素质技术技能人才。行业企业作为人才的需求方，通过集团化办学深度参与育人过程，能够得到合格、稳定、优质的人力资源；职业学校作为人才的供给方，通过集团化办学熟知行业企业人才标准和要求，利用好行业企业资源，从而提高教育质量；政府通过创设良好的集团化办学环境，提升自身的社会形象和人才的经济效益。即通过集团化运作，实现技术技能人才合作培养的规模化和优质化，社会服务的有效化与高效化以及资源整合共享运营带来的办学效益最大化，从而实现各方合作共赢。

三是不以营利为目的作为共同价值取向。共同的价值取向决定了集团化办学的稳固度。以人才培养为核心，不以营利为目的是所有集团成员的共同认识。从这个角度来说，职业教育集团是"准公益性"的社会组织，利用各方资源提高技术技能人才培养质量与效益是其主营业务。职业教育集团中的企业是为获取稳定的人才来源渠道、最适宜本企业的人力资本而参与集团化办学的，并非通过参与集团的办学活动而直接获取经济利益。

四是把联结纽带作为维系力量。集团化办学的核心主体和各成员单位的联结纽带，是集团化办学的维系力量。其联结纽带有行政隶属关系、资产、契约等方式。

五是有从事体现职业教育特点的主要活动。集团的所有成员单位在专业建设、人才培养、教师队伍、课程改革、教材开发、实训基地建设、科技研发与社会服务等方面有共同行动，这是职业教育集团化办学区别于其他集团化行为的关键所在、特色所在。

六是以服务经济社会发展和人的发展为行为宗旨。这是集团化办学的目标引领。通过集团化办学，创新职业教育发展模式与人才培养模式，提升职业教育质量。这一方面有利于提升职业教育服务区域经济社会发展的能力，另一方面能满足人的发展需求，培养人的职业技能，促进充分就业。

三、发展现状与办学成效

1. 集团数量和覆盖范围

截至2016年上半年，全国共建成职业教育集团1221个，覆盖60%多的职业学校和近3万家企业。[1]近些年，由于集团化办学具有良好的政策环境，职教集团数量发展迅速(图1)。

1　为引导和规范职业教育集团化发展，中国建立了一个全国职业教育集团化办学统计与公共服务平台（http://jth.chinazy.org/），要求实行集团化办学的牵头单位在平台上填报相关数据。因此，本文有关数据都是以此为基础的。

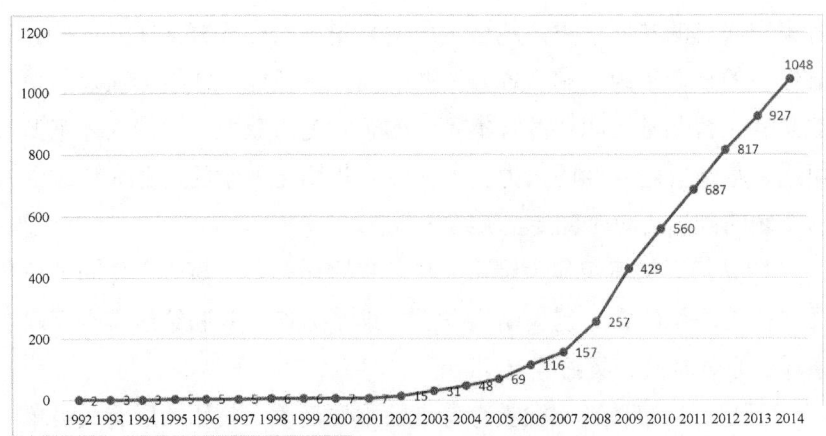

图1   职教集团数量增长状态

　　随着职教集团数量的快速增加，集团化办学从初期的由职业学校牵头向职业学校、政府部门、行业组织与企业等多类主体牵头转变；区域分布逐步从以产业比较发达的东部沿海地区向产业欠发达的中西部地区延伸。目前，集团化办学已经覆盖除西藏自治区以外的各省（自治区、直辖市），近60%的集团分布在东部地区，中、西部各占20%左右；行业覆盖逐步从以服务业、信息业等为主向三大产业的各行业拓展。集团化办学在三大产业的分布中，一产占8%，二产占52%，三产占40%，基本符合中国三次产业的分布情况。至此，中国形成了由不同主体牵头、体现不同服务面向和服务范围的多种类型的职教集团。

2.　集团治理结构和组建形式

　　由于大多数职业教育集团是由多元主体组成的不具备法人资格的联盟，内部治理结构和运行机制成为能为实现预期效果的关键因素。运行良好的职业教育集团一般都制订了章程和相关工作制度，并在此基础上建立了较完整的管理架构：理事会（董事会）为决策机构，秘书处（办公室）为协调机构，专业建设分会（专业建设指导委员会、师资队伍建设委员会等）为执行机构，监事会（指导委员会）为监督机构等。

如重庆旅游职业教育集团(图2)由重庆市旅游学校牵头,成员包括重庆、云南、贵州等省市的20所中职学校,重庆、北京、天津、杭州等地的20家星级饭店和旅行社,重庆市教育科学研究院等5家科研机构,重庆市旅游协会等6家行业协会,共计51家成员单位。集团的运行以章程和相关工作制度为根据,选举产生了集团理事长、副理事长、秘书长人选。理事会制订并实施了相关的管理制度,成立了秘书处作为工作机构,组建了烹饪等专业等教育指导委员会,开展教材创新研究等工作。

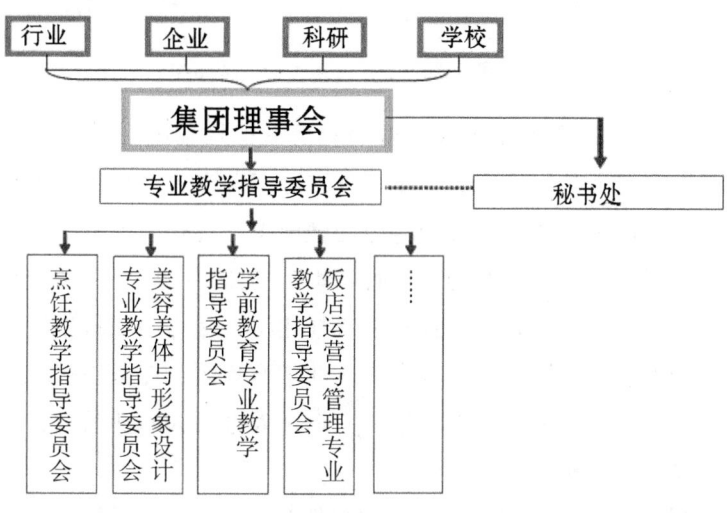

图2　重庆旅游职教集团的治理结构

如北京交通职业教育集团(图3)是以政府为主导,职业学校(既有高等职业学校也有中等职业学校)为主体,企业、行业协会、科研机构、职业技能鉴定机构参与组成。管理模式为管委会领导下的理事长(校长)负责制,具有强势的政府介入、统筹管理特征的治理机构,使集团成员关系更趋紧密。

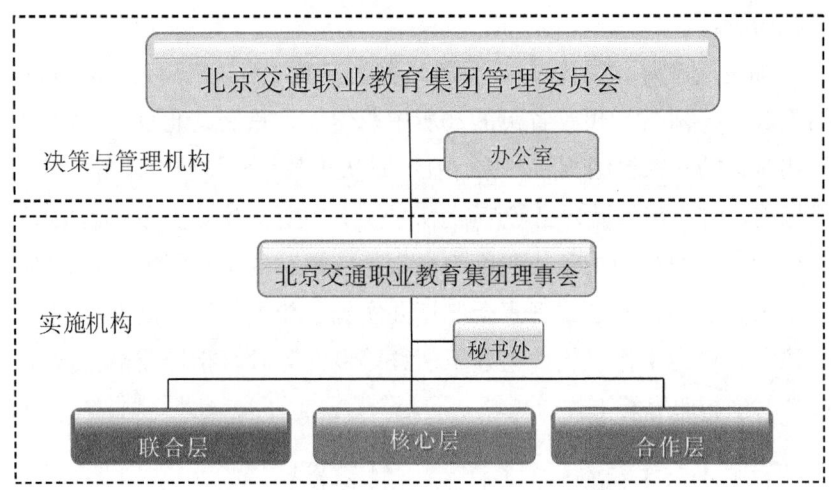

图3　北京交通职业教育集团的治理结构

中国职业教育集团绝大多数为教育联盟性质的非法人机构，经政府批准或者备案成立，各地根据实际情况在主体范围、主体结构、主体作用和集团组织性质等方面做出不同选择，形成了各具特色的多种实现形式。一些地方进行探索，构建了一些具有事业单位法人、企业法人、民办非企业法人或社团法人资格的职教集团，如佳木斯职业教育集团、青岛西海岸职业教育集团、江西现代职业教育集团、河南机电职业教育集团等，但法人性质的职业教育集团占的比例很小，全国尚不足1%。

根据牵头单位类型的不同，职业教育集团主要有学校牵头、行业组织牵头、大型企业牵头以及地方政府牵头的职业教育集团。职业学校牵头的职业教育集团一般在行业内具有一定的影响，通常解决学校办学过程中遇到的顶岗实习、毕业生就业、兼职教师、专业设置、课程开发等问题；企业牵头的职业教育集团通常是由行业龙头企业或是具有良好成长性的高新技术企业发起，主要解决企业技术进步和转型升级中所遇到的人力资本素质提升问题；地方政府牵头的职业教育集团一般较好地统筹了教育资源和产业资源，有利于促进产教融合、提升区域经济发展。从统计平台的数据来看，1221

个职业教育集团中，绝大多数职业教育集团为学校牵头，行业牵头的职业教育集团仅为12个(如中华全国供销合作总社、中国机械工业教育协会等)，企业牵头的职业教育集团仅为16个(如中铝职业教育集团、江苏发那科数控职业教育集团、北京祥龙资产经营有限责任公司牵头的北京现代服务业职教集团、联想职业教育集团等)。尽管学校牵头的职业教育集团仍然占优势，但行业企业的作用逐渐凸显，发挥的作用也越来越大。

3. 办学成效和经验总结

各地根据实际和需要建立起了不同类型的职业教育集团，这些集团各具特色，或服务于区域经济发展(区域型职业教育集团)，或服务于行业发展(行业型职业教育集团)，充分发挥了集团化办学的优势和功能。

(1)集团化办学是深化产教融合、校企合作的重要机制

这也是开展集团化办学的基本着眼点。职业教育是跨界教育，涉及政府、行业、企业、学校以及其他机构和社会组织等多方面的利益相关者。通过组建职教集团，为各方责任主体提供了一个组织平台，使大家能够"同在一个屋檐下"协商解决问题。这种协商不是孤立的、点对点的，而是链条式的、共享性的，是企业群与学校群、专业群与岗位群的对接，可以系统化地配置资源、开展合作，有利于形成教育链与产业链融合发展的良好局面。

为构建现代农业职业教育体系，推进农业职业教育集团化办学，农业部会同教育部共同在全国范围内筹建了中国现代农业校企联盟，在此联盟下陆续组建了中国现代农业职教集团、中国现代畜牧业职教集团、中国都市农业职教集团、中国现代农业装备职教集团和中国现代渔业职教集团。这5个职业教育集团分别由一个大型企业和一所高等职业学校联合成立，凡国内与农业专业有关的政府部分、职业学校、科研院所、行业协会以及企事业单位均可参加。这

种覆盖全行业的职业教育集团已经显示出明显的规模优势，有力地促进了产教融合、校企合作。

(2)集团化办学是完善人才多样化成长渠道的重要载体

职业教育集团内部涵盖中等职业学校、高等职业学校乃至普通本科高校等各个层次和类型的学校，能够发挥内部成员对口效应，合作探索院校间招生模式改革，优化生源结构和专业设置，联合企业行业建立师资、课程、基地等共建共享合作机制，有利于形成耦合效应，科学构建人才成长的"立交桥"。天津商务职业教育集团以服务京津冀商务事业，培养适应现代服务业的高素质技术技能人才为目标，集团以行业内大中型企业集团为核心成员，以本科、专科、中职、培训、行业协会、科研机构为"多元教育生态"，形成中职、专科与本科学历教育相衔接、学历教育与继续教育相结合、课堂教学与实习实训相融合的全方位人才培养格局。充分挖掘集团内部资源，实施工学结合课程体系改革、"三二分段"和五年一贯制系统化培养等中高职衔接的举措，整合了中高职和企业的各种资源。江西现代职业教育集团开展现代学徒制试点，集团毕业生在世界500强、国内200强等行业龙头企业就业超过20%。广东食品药品职业教育集团承担了广东省卫生、食品药品和中医药三个系统的教育培训工作，成为造就广东省药品、食品、医药卫生、保健品、化妆品、医疗器械等行业高端技术技能人才的摇篮。

(3)集团化办学是创新职业教育体制机制的重要探索

职业教育办学，从全国来看必然不是大一统的模式，而是由一个个利益相关者联合体构成"多中心治理"这样一个格局。也就说是，在宏观上，是政策层面的统筹规划、综合协调；中观上，是学校、行业、企业等相关方面联合起来，建立沟通、协调和决策机制；再向下延伸到微观层面，则是学校和企业开展校企合作。因此，职业教育集团的出现，完善了职业教育中观层面的管理架构。

同时，集团化办学将带来职业学校内部治理结构和资源配置方式的创新，为行业企业参与职业学校的管理和教学，为社会资源注入职业教育，都提供了可探索的机制和渠道。湖南现代物流职业教育集团是湖南省现代物流职业技术学院和有关物流企业、职业院校、科研院所、行业协会等组成产学研联合体。集团充分发挥成员企业与院校的知识优势、技术优势，结合行业发展趋势，分析行业发展态势，协助行业和地方做好行业发展规划，对物流行业的发展规模、布局调整和人才培养规格提出建设性、指导性意见，先后参与了《湖南省物流业调整和振兴规划》和《长株潭物流规划》等文件的起草、修改与制定工作；受政府部门委托，建立了"湖南省物流业'十二五'重点项目库"和"湖南省物流统计制度"；完成了湖南省标准化研究院委托的物流信息化标准研究项目；参与了中国物流与采购联合会组织的A级物流企业评估标准的制定与评估等工作，职教集团发挥类似行业组织的作用，创新了职业教育的体制和机制。

(4)集团化办学是提升职业教育服务能力的重要途径

中国职业教育通过集团化办学，吸纳了大批社会资源投入职业学校办学。职业教育集团的组建充发挥了资源禀赋和比较优势，加快了各主体相互之间合作利益共同点的形成。在政府相关政策的鼓励下，行业企业参与职业教育实训基地建设的积极性普遍提高，区域行业、骨干龙头企业投入职业教育的先进设备、场所、经费不断增加，极大地改善了成员学校的实训条件。集团化办学推动了"双师型"教学团队建设。近年来，集团成员企业累计派出近8万名专业技术人员与管理人员担任成员学校的兼职教师，成员学校累计安排23万人次专业教师进入企业挂职锻炼，加快了职业学校"双师"、"双素质"教学团队的形成。此外，组建职业教育集团，整合和共享学校、企业各方面资源，有利于实现优势互补、以城带乡、以强带弱。以滇西扶贫为例，自2012年开始，教育部组织了10个东部职业教育集团与滇西10个州市签署合作协议，利用集团的教育和产业优势开展对口帮扶，探索了"教育+产业"的职教扶贫模式，助推了国家扶贫工作的开展，拓展了职业教育的办学空间和产业发展渠道，实现了双赢。

四、存在的问题及原因分析

集团化办学虽然已成职业教育改革发展中的一个常态，但是，因为集团化办学涉及政府、行业、企业、职业学校等多方主体，需要协调好各方面的利益和诉求这一项复杂的系统性工作。从实践来看，目前许多职业教育集团还比较松散，参与各方的职责还不够明晰，相关配套政策还不够完善，有的工作还停留在面上，"集而不团"的问题还比较突出。造成这种现象的原因主要有：

1. 集团化办学的外部环境不成熟

首先是政策法规缺失。中国虽然在不少政策文件上出台了支持集团化办学的相关规定，但国家的法律法规并没有明确职教集团的地位、运作权限和业务范围，对各行为主体的责任、权利和义务缺乏明确的定义。其次是主体职责不到位。政府缺乏对职教集团的统筹、协调、监督和经费支持，行业企业参与合作办学的积极性不强，集团院校服务功能定位仍主要局限于教学与人才培养，为行业企业开展员工培训、科技开发等服务意识还不够强、能力相对较弱、成效不很明显，影响了集团化办学功效的发挥。再次是发展经费缺乏保障。职教集团建设与运行的工作经费，大多来源于牵头学校的年度预算，经费来源单一，不仅影响了牵头学校的积极性，也影响了集团成员之间的平等合作关系。一大批集团化办学合作基地的建设与常态化运行，需要较大额度经费的持续投入，但国家层面和地方政府的支持不明确，缺乏政策强有力的引导与支持。集团化办学经费来源渠道不畅，影响了其合作组织的成长。

2. 职业教育集团内部管理不规范

职业教育集团化办学的不断推进，需要健全职教集团的组织体系与管理制度，建立完善的治理结构，并通过规范评价来约束其日常行为。目前，部分集团除理事会或董事会及秘书处等常规机构外，上层未设立发挥政府及相应产业部门主导职能的联合指导组织，下层未设立具体承担合作协商与实施工作的基层组织，影响了政府主导作用的发挥与合作办学工作的落实；不少集团运行制度不完善、议事规则不健全，无法保证相互之间沟通、交流与协商的充分进行，难于形成有效决策，相关决策难以执行；大多数集团未建立完整的内部考核体系，没有科学系统的评价机制，致使集团化办学没有明确的判断标准，影响了对集团化办学的规范和指导，不利于参与单位及相关人员积极性的充分调动。

五、未来改革发展方向

从中国职业教育集团化办学的产生背景、发展历程和现状来看，集团化办学是中国职业教育在特定历史阶段、为适应社会主义市场经济体制改革和解决职业教育自身发展问题的产物，是实践中不断探索发展出来的一种符合职业教育发展规律、具有中国特色的职业教育改革和发展的办学模式。集团化办学的轨迹是中国职业教育各项改革创新的一个缩影，是一条具有中国特色的探索之路。

目前中国正在加快发展现代职业教育，建立现代职业教育体系成为其主要内容。为了建成现代职业教育体系，中国正在修订《职业教育法》（1996年颁布）和制定有关校企合作的法律法规，集团化办学将作为一项重要内容纳入其中，期待集团化办学成为破解行业指导不足、企业参与不深问题的重要"钥匙"。政府希望职业教育利用职教集团这个平台和机制，瞄准实际需求、夯实组织基础、开展务实合作，把职业教育集团办成供需对接、资源共享、责任共担、合作发展的命运共同体，为健全职业教育的办学体制、培养模式、组织机制、服务体系，将各方办学资源真正转化为人才培养的优势、转化为行业企业的竞争优势发挥积极推动作用。基于此，职业教育集团化办学有望成为中国建设现代职业教育体系的重要途径和实现形式，甚至将成为未来中国职业教育走向世界的"名片"。

参考文献：

1. 黄尧. 职业教育集团化办学的理论研究与实践探索. 北京：高等教育出版社，2009年.

2. 中国职业教育学会编. 全国职业教育集团化办学典型案例汇编(2015). 北京：高等教育出版社，2015年.

3. 高鸿. 职业教育集团化办学的内涵与特征研究. 中国职业技术教育，2012(36).

4. 周凤华、宁锐. 评价集团化办学质量咋用尺.中国教育报，2013–3–26.

5. 全国职业教育集团化办学统计与公共服务平台(http://jth.chinazy.org/).

刘红（教育部职业技术教育中心研究所）

中国企业举办职业教育的发展现状研究

　　行业企业参与职业教育在我国由来已久，行业企业举办职业教育是企业参与职业教育的一种类型。此种类型的参与在我国的发展历程和现状如何，是本文试图探究的问题。

一、企业举办职业教育的政策文本分析

　　现代意义上的职业教育诞生之时，许多职业学校就是企业所办。如商务印书馆早在晚清宣统元年就创办了商业补习学校，"招收有中学毕业程度之学生，专修商学，分科教授，一年或三个月毕业，毕业后派往总务处及编译、印刷、发行三所实习，由各科主任加以指导，期满授职定薪，与职员同等待遇"。

　　1958年，国务院在《关于教育工作的指示》中就办学形式问题提出了"国家办学与厂矿、企业、农业合作社办学并举"方针。职业技术教育在多层次、多形式、多渠道办学的方针指导下不断发展。"除教育部门办学之外，各部委、各企业以及地方用人单位也都根据生产建设发展的需要，兴办各种类型的职业技术学校。一般来说，中等专业学校实行分工分级按系统归口的管理体制。技工学校由各部委、地方主管部门、厂矿企业以及劳动人事部门分别举办和管理。"在此后的计划经济年代里，企业是举办职业教育的主要力量之一。

1980年，《国务院批转教育部、国家劳动总局关于中等教育结构改革的报告》指出，"实行国家办学与业务部门、厂矿企业、人民公社办学并举的方针"。到上世纪80年代末，全国有技校4184所，其中，企业和企业主管部门办的占80%以上，遍及机械、电子、能源、交通等22个部门和系统，覆盖近50个工种(专业)。一部分大中型企业还举办了中等职业专科学校和职业高中，取得了很好的办学经验和成果。

2002年，《国务院关于大力推进职业教育改革与发展的决定》(国发[2002]16号)指出，"要充分依靠企业举办职业教育。企业要根据实际需要举办职业学校和职业培训机构，强化自主培训功能，加强对职工特别是一线职工、转岗职工的教育和培训，形成职工在岗和轮岗培训的制度，实行培训、考核、使用、待遇相统一的政策。企业要和职业学校加强合作，实行多种形式联合办学，开展'订单'培训，并积极为职业学校提供兼职教师、实习场所和设备，也可在职业学校建立研究开发机构和实验中心。有条件的大型企业可以单独举办或与高等学校联合举办职业技术学院。中小企业应依托职业学校和职业培训机构进行职工培训和后备职工培养。企业举办的职业学校和职业培训机构应积极面向社会开展职业教育和培训"。文件非常具体地指出了企业参与职业教育的主要内容：一是企业要举办职业院校，二是企业要加强在岗职工的培训，三是企业要与学校加强合作。不仅鼓励企业举办职业学校，还鼓励企业去举办对于当时而言还是新鲜事物的高等职业技术学院。企业举办职业教育在这一阶段是职业教育的主要组成部分。

随着市场经济体制的逐步建立和完善，国家大力推进企业管理体制改革。1999年，《中共中央关于国有企业改革和发展若干重大问题的决定》提出了"产权清晰、权责明确、政企分开、科学管理"。2002年，国家经贸委和教育部联合发布《关于进一步推进国有企业分离办社会职能工作的意见》，明确提出分离企业自办普通中小学，并未提及职业学校。但此后，许多企业将职业学校教育转移到地方政府。之后的相关重大文件中，关于企业举办职业教育的内容发生了变化。

2005年《国务院关于大力发展职业教育的决定》（国发[2005]35号）提出要求，"政府主导、依靠企业、充分发挥行业作用、社会力量积极参与，公办与民办共同发展"，"企业……要继续办好已有职业院校，企业可以联合举办职业院校，也可以与职业院校合作办学"。2010年的《国家中长期教育改革和发展规划纲要（2010–2020年）》提到"鼓励行业组织、企业举办职业学校"。此后，2011年教育部《关于充分发挥行业指导作用推进职业教育改革发展的意见》、2012年《国家教育事业发展第十二个五年规划》、2013年《教育部关于2013年深化教育领域综合改革的意见》等教育部下发的重要文件，更强调企业参与职业教育，强调推进校企合作，要求制定相关政策，鼓励企业承担接受学生实习、教师素质提升、实习实训基地建设等。在这一阶段，行业企业参与职业教育更为强调校企合作，行业企业在职业教育里接受学生实习、素质提升、实习实训基地建设等方面与院校有了更多的合作。而企业举办职业教育的政策明显弱化。

近年来，企业举办职业教育又被重新重视起来。2014年6月教育部等六部门印发的《现代职业教育体系建设规划（2014–2020年）》的通知（教发[2014]6号）提出，"充分调动社会力量，吸引更多资源向职业教育汇聚，促进政府办学、企业办学和社会办学共同发展"。同年，《国务院关于加快发展现代职业教育的决定（国发〔2014〕19号）》指出，"健全企业参与制度……鼓励行业和企业举办或参与举办职业教育，发挥企业重要办学主体作用"，"对举办职业院校的企业，其办学符合职业教育发展规划要求的，各地可通过政府购买服务等方式给予支持"。

从1980年的"实行国家办学与业务部门、厂矿企业、人民公社办学并举的方针"，到2005年"政府主导、依靠企业、充分发挥行业作用、社会力量积极参与，公办与民办共同发展"，再到2014

年"政府办学、企业办学和社会办学共同发展"这些政策文本里，企业举办职业教育一直是我国职业教育办学的组成部分，但从"并举"到"鼓励"到"共同发展"，不同阶段的用词一是体现了各个不同历史时期企业办职业教育所处的不同地位，二也表现出了一种"回归"，企业举办职业教育受到国企改革、普通教育剥离企业的影响，企业举办职业教育在某一段时期内出现了弱化。2014年被再次被提到了"共同发展"的高度，是我国近年来职业教育探索的新选择。

二、企业办学中企业拨款的数据分析

经费投入状况是事业发展的晴雨表，也是评价发展状况的一个重要指标。对《中国教育经费统计年鉴》历年数据进行分析，数据背后体现了企业办职业教育的发展曲线、现状与深层的问题。

1. 企业办学占全国教育经费的比例连年下降，职业教育是企业办教育的最主要类型

将数据回溯到更远的时间，可以更清晰地看出我国企业举办教育的投入比例差距。与国家政策相呼应，1990–2014年，在全国教育总收入不断增长的背景下，我国企业办学中企业拨款数额占全国教育经费总收入的比例逐年下降，由1990年的7.11%下降至2013年的0.11%(参见表1)。

表1　企业办学中企业拨款占全国教育经费总收入的比例

	全国教育总收入(千元)	企业办学中企业拨款(千元)	企业办学中企业拨款在全国教育经费总收入中的占比
1990年	59950877	4265774	7.11%
1991年	70539036	4849610	6.88%

（续表）

（接上表）

1995年	187795011	10490816	5.59%
1996年	226233935	11559764	5.10%
1997年	253173257	11940185	4.71%
1998年	294905918	12875054	4.37%
1999年	334904164	13232576	3.95%
2000年	384908058	13581523	3.53%
2001年	463766262	13948974	3.01%
2002年	548002476	8810376	1.61%
2003年	620826530	9800570	1.58%
2004年	724259892	9171896	1.27%
2005年	841883905	7717961	0.92%
2006年	981530865	6903022	0.72%
2007年	1214806630	5202838	0.42%
2008年	1450073742	4941007	0.34%
2009年	1650270650	4412893	0.26%
2010年	1956184707	5191138	0.26%
2011年	2386929356	5125495	0.21%
2012年	2865530519	4895784	0.17%
2013年	3036471815	4820400	0.15%
2014年	3280646093	3758596	0.11%

　　在企业的教育投入逐年减少的情况下，近五年来，企业办学的职业教育投入占比都超过1/3（参见表2）。在有限的企业教育投入中，职业教育投入的比例是各类教育中是最多的。2013年，企业办学中职业教育占比43.57%，幼儿园为29.80%，中学为11.01%，小学为9.88%，除高职高专外的高等学校投入占比5.5%。2014年，企业办学中职业教育占比37.38%，幼儿园为31.16%，中学为14.5%，小学为11%，除高职高专外的高等学校投入占比5.1%。

表2   企业投入职业教育经费占企业办学中企业拨款总额的比例

年份	高等职业教育(千元)	中等职业教育(千元)	当年企业投入职业教育总计(千元)	当年企业办学企业拨款总额(千元)	占企业办学中企业拨款总额比例(%)
2010年	1327081	650725	1977806	5191138	38.09
2011年	1573440	637181	2210621	5125495	43.12
2012年	1318553	814344	2132897	4895784	43.56
2013年	1272594	827939	2100533	4820400	43.57
2014年	1081881	323444	1405325	3758596	37.38

同时，数据也显示，虽然企业投入职业教育在企业投入教育中所占比例越来越高，但从总额上看，企业投入职业教育的总额在连年下降。

2. 企业举办职业教育财政预算内拨款远低于教育部门举办的职业院校，高职院校学生学费比例基本持平，企业办中职学校学生学费远高于政府举办的学校

数据显示，近五年来，企业办高职院校的国家财政性教育经费的比例远低于教育部门举办的职业院校。最大差距在2013年，两者占比相差近40个百分点(参见表3)。近五年来，在高职院校学生学费收入方面，企业办和教育部门办的两类院校基本持平(参见表5)，在财政性投入差距很大的情况下，意味着企业要作大量投入。近五年来，企业办高职院校和企业的拨款占比国家财政性教育经费的比例，最少为20%，最多达到近40%(参见表7)。

企业办中职院校与教育部门举办的财政预算拨款同样相当悬殊，近五年中有4年相差30个百分点以上(参见表4)。我国中等职业教育逐步实行免学费后，教育部门举办的职业院校学生学杂费收入越来越少，学费占比越来越小。但企业办职业学校，学费收入比教育部门举办的学校要高出至少10个百分点，学生和家庭负担相对较重(参见表6)。

另外，企业在经营过程中要缴纳教育附加费用，然而对企业举办的职业院校中能享受到教育附加的比例远低于教育部门主办的职业院校。

表3 近五年企业举办高职财政预算拨款与教育部门举办的院校对比

年份	企业举办高职高专国家财政性教育经费	当年教育经费收入		政府举办高职高专国家财政性教育经费	当年教育经费收入	
		总额	占比		总额	占比
2010年	659871	4634372	14.23	42460893	85339713	49.76
2011年	2821157	7502026	37.6	57095960	103202833	55.32
2012年	2338702	6754301	34.6	72375996	119350314	60.65
2013年	1240307	6030098	20.56	72242313	120841368	59.78
2014年	2728990	4905879	55.62	86576103	130903677	66.14

表4 近五年企业举办中职财政预算拨款与政府举办的院校对比

年份	企业举办中职国家财政性教育经费	占教育经费收入的比例		政府举办中职国家财政性教育经费	占教育经费收入的比例	
		总额	占比		总额	占比
2010年	1234703	3858733	31.99	79649684	121795453	65.39
2011年	1475283	4055330	36.37	99801673	149667468	66.68
2012年	2029613	4648895	43.66	124094790	176410059	70.34
2013年	1600606	4175954	38.32	135087096	186163149	72.56
2014年	1586601	2643068	60.02	159429957	178598740	89.26

表5　近五年企业举办高职学费收入与政府举办的院校对比

年份	企业举办高职高专学费收入	占教育经费收入的比例		政府举办高职高专学费收入	教育经费收入	
		总额	占比		总额	占比
2010年	2051768	4634372	44.27	31284085	85339713	36.66
2011年	2103338	7502026	28.03	32451442	103202833	31.44
2012年	1884523	6754301	27.90	33430847	119350314	28.01
2013年	1814509	6030098	30.09	34623585	120841368	28.65
2014年	1339418	4905879	27.30	32478716	130903677	24.81

表6　近五年企业举办中职学费收入与政府举办的院校对比

年份	企业举办中职学费收入	教育经费收入		政府举办中职学费收入	教育经费收入	
		总额	占比		总额	占比
2010年	1308871	3858733	33.91	21356891	121795453	17.53
2011年	1163238	4055330	28.68	20848117	149667468	13.92
2012年	1015574	4648895	21.84	18708779	176410059	10.60
2013年	748079	4175954	17.91	10694647	186163149	5.74
2014年	409798	2643068	15.50	8130795	178598740	4.55

表7　企业办高职院校企业拨款占比国家财政性教育经费的比例

年份	企业办高职中的企业拨款	企业办高职教育经费总收入	占比
2010	1327081	4634372	28.63
2011	1573440	7502026	20.97
2012	1318553	6754301	19.52
2013	1272594	6030098	21.10
2014	1081881	4905879	39.64

三、企业举办职业教育的现实困境与发展建议

尽管企业举办职业教育的政策出现了"回暖"，但从经费的角度而言，企业举办职业教育的总投入在下降，也就是说企业对举办职业教育的热情并没有回暖。从企业办职业教育的经费收入组成来看，其办职业教育明显要比政府举办的职业教育更为艰难。

1. 企业举办职业教育是我国职业教育的宝贵资源，需要充分鼓励和利用

企业办职业院校具有天然的优势。企业的工程师和技师就是具有丰富实践和一线经验的"师傅"，可以指导职业院校师生的实操能力，了解一线实际需要；企业的生产岗位提供学生实习实训、教师的顶岗实践；企业的用人需求与流动为学生提供更对口的就业岗位，更便于实现"无缝对接"。根据对教育部公布的相关数据的实证分析，许多研究者也用数据证明了这一点。金鑫、王蓉依据2010年"高等职业院校人才培养工作状态数据"，分析得出"相较于举办和民办的高职院校，企业举办的高职院校的校企合作水平较高，且具有垄断特性的企业举办的高职院校的合作水平更高"。吴冰依据教育部2014年"高等职业院校人才培养工作状态数据"和教育部课题专项调查，分析得出"企业举办的高职院校，其校企合作企业年接受毕业生就业数高出教育部门举办高职院校约1.66人，接受顶岗实习学生数"。在实践中，也有许多教育部门主办的学校在努力融入企业，在成为企业战略发展的一分子的同时实现学校的长远发展。

企业办职业院校是优质的职业教育资源，值得珍惜和重视。就我国目前企业的规模和发展阶段而言，真正能够并且有能力举办职业教育的企业数量并不多。因此，应通过制定标准、划定"教育型企业"给予政策倾斜和平等对待，让有条件举办职业教育的企业鼓起热情举办教育，充分利用这一部分职业教育资源让这一类院校成

为我国职业教育的重要组成。

2. 鼓励企业举办职业教育的积极性，需要更具体的支持性政策

企业投入职业教育的总额连年下降，企业没有举办职业教育的热情，政策的缺失甚至是限制是其重要原因。多年来，关于教育部门主办的职业院校如何深化校企合作，从政策文本中能清晰地看出政府部门所做的努力，相关的规定越来越详细，举措也越来越得力。目前正在酝酿国家层面的《职业教育校企合作促进法》，希望从国家法律层面来保护和促进职业院校的校企合作。但对企业举办职业教育的发展方面，还在原地踏步。

一是从最初"并举"时期到最近的"共同发展时期"，一直没有对如何鼓励和扶持企业举办职业教育这一点做出详细规定。

二是在已有的规定中，"可"、"鼓励"等非约束性的规定较多，或是规定模糊的问题。如2014年的《决定》提出，"对举办职业院校的企业，其办学符合职业教育发展规划要求的，各地可通过政府购买服务等方式给予支持"。

三是对于企业举办职业教育的特殊问题并没有政策倾斜。如企业办职业教育的资金问题。企业办职业教育，近几年的投入都超过财政拨款的1/5，比例高的时候甚至达到40%，企业负担很重。与此同时，还有其他方面的投入，如企业办职业院校的各种税费也都需要缴纳。《职教法》第三十条规定，"省、自治区、直辖市人民政府按照教育法的有关规定决定开征的用于教育的地方附加费，可以专项或者安排一定比例用于职业教育"。这里对教育费附加返还是否可用于企业举办的职业教育也没有明确的规定。近年来的经费数据显示，企业举办职业院校享受到的教育附加费总额少，占经费收入比例非常低，说明多数企业办职业院校并没有享受到教育费附加返还。

企业办职业教育在目前的环境下不仅无利可图，还需要投入大量的人力、物力和财力。因此，企业举办的职业院校，其荣衰往往

取决于企业的经济效益和企业领导对职业院校的看法和态度。没有制度的保障和稳定的资金投入，这一类的院校的大发展无从谈起。

3. 经费是支持的关键，保障企业举办职业教育的经费来源

企业举办职业教育是在自身发展"得"与"失"的权衡下做出的选择，要鼓励企业举办职业教育的热情，经费是重点。经费的重点又在于平等对待。将企业举办职业教育作为职业教育体系的重要组成部分，需要在财政投入上与教育部门主办的院校一视同仁。减少企业经济投入的压力，鼓励企业充分利用自己的场地、专业技术人员、设备的优势投入职业教育。其途径：一是可以通过生均拨款的方式，解决企业举办职业教育过程上存在的经费问题。如天津、辽宁、浙江等均以地方财政专项的形式为本地区所有职业院校提供生均经费，公平的态度和必要的形式保障了企业举办职业院校的经费问题。二是要明确举办职业院校的企业其教育附加费全额返还给所举办的职业院校的做法。三是以政府购买的方式，鼓励企业举办的职业院校在达到设定的培养标准和要求的情况下，由政府按年度提供生均培养费和办学经费。四是探索混合所有制，将部分因企业上市而剥离或企业无力举办的优质职业院校转变为政府和企业混合所有制的学校。生均经费由财政拨付。

综上所述，企业举办职业教育政策上的回暖需要在相应措施，尤其是经费措施上给予支持。真正转变观念，将企业办职业教育作为职业教育的重要组成部分，政策上与政府举办的职业院校同等对待，才能让企业重拾办职业教育的热情，也才能确保这一块优质的职业教育资源进一步发展。

参考文献：

1. 金鑫，王蓉. 高职院校办学主体差异与校企合作水平的实证分析 [J]. 高等教育研究. 2013，(2)：50.

2. 钟卫平. 2009年全国高职高专院校分析报告——经费情况[EB/OL].北京大学中国教育财政科学研究所简报. http://ciefr.pku.edu.cn/publishsinfo_338.html,2011–12–08/2012–11–30.

3. 吴冰. 高职院校办学主体差异对校企合作的影响——基于新制度经济学的视角[J]. 中国职业技术教育. 2016，(30).

4. 童卫军，任占营. 行业企业举办职业院校的现实困境与对策研究[J]. 高等工程教育研究，2015(6)：167.

5. 郭静. 现代职业教育体系建设背景下行业、企业办学研究[J]. 教育研究. 2014(3).

6. 国家教育行政学院.职业教育法律法规文件选编（1996–2009)[M]. 北京：中央文献出版社，2010.